수학 종이접기

초등 수학 공부를 위한

지은이 **오영재** 감수 **백석윤**

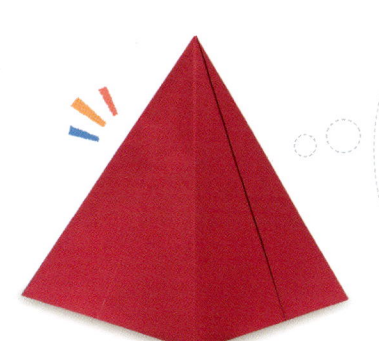

〈종이도시만들기 2〉의
'지붕접기'는
사각뿔 형태입니다(132쪽).
이 형태를 접은 후 펼치면
왼쪽 면지처럼 종이의 선들이
그 자체로 예술이 됩니다.
종이접기 전개도의
멋진 선들의 모습을
감상해 보세요!

수학을 재미있게 배우고, 자신감까지!
종이접기로 수학과 친해지는 법!

오영재 종이문화재단 / 한국수학종이접기교육협회장

종이접기는 놀랍게도 수학적이고 과학적이고 예술적인 특징을 가지고 있습니다. 색종이를 접었다 펴는 과정에서 다양한 도형을 만들게 되며, 이 도형들을 다시 어떻게 조합하여 목적물을 만들 것인가를 생각하기에 종이접기를 수학, 과학 예술이라고 할 수 있는 것입니다.

2012년 『초등 수학 공부를 위한 수학 종이접기』를 출간한 이래, 올해까지 여러분들의 격려로 많은 부수를 발행했습니다. 학생들이 수학에 흥미를 가지는 데 도움을 주었으리라 자부해 봅니다. 이즈음에 그동안 새로이 생각해 온, 초등 영역 외에 중학교 과정과 영재성을 가지고 있는 내용을 포함하여 학생들에게 꼭 알려주고 싶은 내용들을 모아 개정판을 내게 되었습니다.

초판 발행 이후 지금까지 한국과학창의재단과 교육청 주관으로 많은 초등학생과 중학생을 만나 종이접기를 활용한 수학 학습을 지도하면서, 의외로 너무 일찍 수학을 어려워하고, 자신이 없는 과목으로 생각하는 학생들이 많은 것을 보고 안타까웠고, 수학과 종이접기를 연구하는 사람으로서 이 책으로 학생들에게 자신감을 주어야 하겠다는 의지가 더욱 생겨났습니다.

이 책은 초등학생들이 수학 영역을 좀 더 쉽고 구체적이고 재미있게 공부할 수 있도록 구성되어 있습니다. 어렵게 생각되는 수학의 추상적인 내용들을 색종이라는 교구를 조작하면서 확인 학습이 가능하게 된다는 것입니다. 이런 과정에서 수학에 재미를 느끼고 '나도 할 수 있다'는 자신감이 생긴다면 그 후에 학생에게 일어나는 학습의지와 학습효과는 상상을 넘어설 수 있을 것입니다. 부디 『초등 수학 공부를 위한 수학 종이접기』를 통해 수학에 담긴 흥미로움과 재미를 경험해 보시기 바랍니다.

이 개정판을 내기까지도 역시 노영혜 종이문화재단 이사장님을 비롯해서 종이나라 창의인성교육연구소 여러분들의 노고와 격려 없이는 해 낼 수 없는 일이었습니다. 여러분! 모두 감사합니다. 그리고 언제나 저의 옆에 있는 소중한 반려자와 수학적 전문지식에 도움을 준 두 아들(승구·현구)에게도 고마움을 전합니다.

추상적 수학에 구체적 조작물을 …
수학학습에 흥미를 유발하는 종이접기

백석윤 서울교육대학교 / 수학교육학과 교수

수학은 모든 학문의 기초가 되며, 인류 문명이 생겨나고 발전하는 데 중심이 된 기초과학입니다. 그리고 가장 오래 전부터 발달해 온 학문이며, 우리가 살아가는 데 꼭 필요한 학문이기도 합니다. 하지만 이러한 수학의 중요성에도 불구하고 안타깝게도 많은 학생들은 수학을 싫어하거나 수학 학습을 기피하여 수학 성취가 부진한 경우를 흔히 보게 됩니다.

많은 수학교육학자와 수학교육자들이 학생들로 하여금 수학과 수학학습에 흥미를 느끼게 하기 위하여 수학 교수법에 대해 다양한 연구를 해오고 있습니다. 특히 초등 수학교육에 있어서는 추상적인 수학의 내용을 효과적으로 교수하는 방법으로 구체적 조작물을 활용하는 것이 바람직하다는 생각을 하고 있습니다.

예를 들어, 도형 영역에서는 친근하면서도 간편한 종이접기 활동을 수학수업에 적용한 결과 교사와 학생간의 적극적이고도 활발한 상호작용이 일어나며, 수학에 대해 부정적인 태도를 갖고 있던 학생들로 하여금 수학학습에 흥미를 유발시킬 수 있으며, 학생들의 수업태도에도 긍정적인 변화가 있었다고 보고되고 있습니다. 무엇보다 종이접기 활동을 통해 학생 자신의 눈앞에서 자신의 손을 통해 구현되는 도형의 구체화로 학생들이 수학 수업에 몰입하게 되고 수학에 대한 거리감을 극복하게 되는 것은 특별한 효과라고 할 수 있습니다.

요즈음은 창의성을 발휘하여 수학적 사고력을 기르는 것이 수학교육의 목표입니다. 이번에 종이나라에서 이러한 수학교육의 목표를 실현시킬 수 있는 창의적인 종이접기 기법들을 활용하여 재미있게 도형을 공부할 수 있게 해주는 『초등 수학 공부를 위한 수학 종이접기』가 나오게 된 것을 기쁘게 생각합니다. 앞으로도 초등 수학교육과 연계된 종이접기에 대한 연구와 출판이 활발히 이루어지기를 기대합니다.

차례

머리말 ………………………………………… 2
추천사 ………………………………………… 3
초등 수학 도형영역 교육 과정과
종이접기 활동 연계표 ………………………… 6
이 책의 구성 ………………………………… 8
종이접기를 시작하기 전에 …………………… 9
종이접기 기본기호와 약속 …………………… 10
종이접기 기본형 ……………………………… 11
평면도형의 정의와 종류 ……………………… 12
입체도형의 정의와 종류 ……………………… 16

1 각이네 개라서 사각형

정사각형이란? ………………………………… 18
사각형 내각의 합은 항상 360° ……………… 20
정사각형으로 알아보는 도형의 이동(밀기, 돌리기) ·· 21
정사각형 2등분, 4등분하기 ………………… 24
정사각형 변의 길이 나누기 ………………… 25
정사각형 전통문양 접기 ……………………… 27
정사각형을 사용하는 다양한 퍼즐-폴리오미노 …… 28
펜토미노 조각 접기 …………………………… 29
펜토미노 퍼즐 게임을 위한 12가지 조각 조립하기 …… 30
정사각형의 일정한 변화 ……………………… 32
정사각형 변의 길이 재보기, 피타고라스 나무 …… 33
직사각형이란? ………………………………… 34
A4 비율의 직사각형 만들기 ………………… 35
직사각형 활용 ………………………………… 36

A4 비율의 종이로 접는 메모꽂이 …………… 38
A4 비율의 종이로 접는 요정 ………………… 40
평행사변형이란? ……………………………… 42
평행사변형으로 바람개비 접기 · 모빌 접기 …… 43
마름모란? ……………………………………… 44
사다리꼴이란? ………………………………… 46
사각형 ………………………………………… 48

2 각이 세 개라서 삼각형

삼각형이란? …………………………………… 52
이등변삼각형 ………………………………… 53
도깨비 접기 …………………………………… 54
직각이등변삼각형 …………………………… 55
직각이등변삼각형 접기를 이용한 요정 · 액자 …… 56
직각이등변삼각형 접기를 이용한 왕관 ……… 57
정삼각형 ……………………………………… 58
정삼각형으로 코끼리 · 팽이 접기 …………… 59
정삼각형으로 프랙탈 알아보기 ……………… 60
삼각형의 여러 가지 중심점 ………………… 62
내심점과 외심점을 만날 수 있는 튤립 접기 …… 63
삼각형의 무게중심 …………………………… 64
무게중심을 만날 수 있는 여우 접기 ………… 64
여러 가지 삼각형 타일 접기 ………………… 66
삼각형 각의 크기 표현하기 ………………… 68
삼각자 세트 만들기 …………………………… 69
칠교놀이 접기 ………………………………… 70
둘레의 길이를 알아봅시다. ………………… 72

3 각이 여러 개라서 다각형

- 다각형이란? 74
- 정오각형 그릇 접기 75
- 황금비 76
- 정육각형 78
- 정육각형 문양구성 79
- 정팔각형 80
- 정팔각형 오리기 · 정팔각형으로 투피스 접기 81
- 평면채우기 82
- 삼각형으로 평면 채우기 83
- 사각형으로 평면 채우기 84
- 정육각형으로 평면 채우기 85
- 황금비와 피보나치 수열 86

4 동그란 원

- 원이란? 88
- 원의 둘레와 넓이 89
- 원으로 달리아꽃 접기 · 이름표 접기 90
- 원으로 나리꽃 접기 92
- 원주율 π 종이접기 실습 94

5 서로 맞추어 보아요! 합동과 대칭

- 평면도형의 합동 96
- 선대칭 도형 98
- 점대칭 도형 100
- 점대칭 도형 접기 1 (태극문양) 101
- 점대칭 도형 접기 2 102

6 서 있는 입체 도형 각기둥과 각뿔

- 각기둥 104
- 삼각기둥 접기 105
- 사각기둥 접기 106
- 오각기둥과 육각기둥 접기 107
- 각기둥의 겉넓이 108
- 회전체 109
- 원기둥 접기 110
- 원뿔 111
- 각뿔 112
- 각뿔과 삼각기둥을 응용한 다면체 접기 113
- 각뿔의 종류에 따라 완성할 수 있는 다면체 115
- 각뿔대 116
- 각뿔대를 응용한 소품상자 접기 117
- 오각뿔대 접기 118

7 면이 여러 개라서 다면체

- 다면체란? 120
- 정다면체의 특징 121
- 정사면체란? 122
- 정육면체란? 124
- 정육면체 접기 · 마을 꾸미기 125
- 소마큐브 126
- 직육면체 128
- 직육면체 접기(반닫이) 129
- 종이 도시 만들기 1 130
- 종이 도시 만들기 2 (성:Castle) 132

초등 수학 도형영역 교육 과정과 종이접기 활동 연계표

		교과 내용	종이접기 활동 예시
1학년	1학기	• 여러 가지 모양 • 정육면체, 원기둥 공, 직육면체, 원뿔 등 쌓아보고 마을 연상해서 꾸미기	• 삼각형 사각형과 여러 가지 기둥들을 접어보며 기본 도형 익히기 • 도형을 이용해 마을 꾸미기
	2학기	• 여러 가지 모양 • 주변에서 삼각형, 사각형, 직사각형을 찾아 보고 그리거나 만들어 보고 다른 모습으로 표현하기 • 여러 가지 도형을 이용한 규칙 설명과 규칙 찾기	• 도형을 이용한 규칙을 만들어 보거나 이미 설정된 규칙을 찾아 다음을 예상해보기 • 기초 기둥 모양인 삼각기둥으로 설계된 모양 완성하기
2학년	1학기	• 여러 가지 도형 • 원 • 칠교놀이(길이의 개념) • 다각형 • 삼각형(변, 꼭지점) • 쌓기나무 • 사각형 • 색종이 잘라 여러 가지 도형 만들기	• 색종이로 변, 모서리, 꼭지점 등 개념 익히기 • 원기둥, 삼각기둥 쌓기 • 평면도형 접기
	2학기	• 규칙정하기 • 곱셈표 만들기 • 시각과 시간 • 생활 속에서 규칙 찾기, 규칙 만들기 • 색종이로 무늬 만들기	• 여러 가지 도형으로 규칙 만들기 • 주어진 모양에서 규칙 찾기 • 도형 돌리기, 밀기, 뒤집기
3학년	1학기	• 평면도형 • 선의 종류와 각 • 직사각형, 정사각형 • 숨은 도형 찾기 • 도형을 이용한 놀이기구 만들기 • 분수와 소수(색종이 나누기) • 수학으로 세상보기	• 평면도형 접어보기 • 색종이로 각 만들기 • 여러 가지 각을 포함한 도형접기 • 칠교놀이 • 도형 퍼즐놀이
	2학기	• 원(중심, 지름, 반지름 …) • 원의 성질을 이용하여 여러 가지 그리기 • 트랙 그리기(곡선 구간 원의 중심) • 수학으로 세상보기	• 크기가 다른 원들을 중심에 맞춰보기(과녁) • 원 안에 들어있는 여러 가지 도형 접기

학년		교과 내용	종이접기 활동 예시
4학년	1학기	• 각도 • 직각, 예각, 둔각 • 삼각형 세 각의 합 • 사각형 네 각의 합 • 각 만들기 및 각의 크기 비교 • 평면도형의 이동(밀기, 뒤집기, 돌리기) • 무늬꾸미기 • 펜토미노	• 삼각자 만들어 보기 • 각도기 없이 여러 가지 각 만들기 • 평면도형을 접은 후 이동으로 무늬 만들기 • 평면 채우기의 기초를 위한 다각형 접기
	2학기	• 삼각형의 종류 및 성질 알아보기 • 삼각형을 두 가지 기준으로 분류하기 • 각의 크기, 변의 길이 • 평면채우기 • 사각형의 종류 및 성질 • 칠교 • 다각형(정다각형, 대각선, 각의 크기 …)	• 삼각형의 종류 접어보고 특징 익히기 • 여러 가지 사각형 접어보고 특징 및 관계 익히기 • 칠교 조각 접기 및 넓이과 둘레의 길이 구하기
5학년	1학기	• 직육면체, 정육면체 (전개도, 겨냥도) • 다각형의 넓이 및 둘레 (단위넓이) • 색종이 등분(단위분수) 색종이로 크기가 같은 분수 표현하기 • 도형의 합동과 대칭	• 다각형을 접은 후 평면채우기 조건 익히기 • 여러 가지 도형 넓이 및 둘레 구하기 • 색종이 등분으로 단위 분수 및 분수 곱하기 • 직육면체·정육면체 접기 및 전개도 확인
	2학기	• 합동과 대칭 • 선대칭도형&점대칭도형 • 삼각형의 넓이 • 펜토미노 • 프렉탈, 뫼비우스 • 정사각형의 넓이 • 입체 Art Book	• 여러 가지 도형을 접어 보고 대칭 확인 • 삼각형 및 다각형을 접은 후 내각의 크기 확인 및 넓이 비교
6학년	1학기	• 각기둥과 각뿔 • 도시 건축가(평면·입체도형으로 도시만들기) • 모양조각으로 작품 만들기 • 원의 넓이 구하기 • 직육면체의 겉넓이와 부피	• 각기둥과 각뿔 접어보고 규칙 확인하기 • 입체 도형으로 건축물 및 조형물 세우기 • 다각형의 분할 • 원주율에 접근하는 다각형 접기
	2학기	• 쌓기 나무 • 소마큐브 • 모빌 • 원기둥, 원뿔, 구 • 일정 도형의 분할 (꼭같은 모양으로 나누기) • 종이를 접어 각도기 만들기	• 색종이 1장으로 정육면체 접기 • 정육면체를 접어 직접 쌓아 보면서 확인하기 • 여러 개의 정육면체로 건축물 만들기 • 무게중심과 거리 등을 생각하여 균형있는 모빌 • 종이로 구조물 만들기 • 보도 블록 수 계산 및 디자인

이 책의 구성

수학에서 가장 중요한 것은 개념 이해입니다. 교과서에서 제시된 개념을 학생의 눈높이에 맞춰 나타내 주는 것은 무엇보다 중요합니다. 이 책에서는 가장 기본이 되는 교과서 내용을 알기 쉽게 제시하고, 그 내용을 종이접기와 접목하여 다시 한 번 학습할 수 있도록 해줍니다. 더 알아보기를 통해 재미있는 내용들도 습득할 수 있습니다.

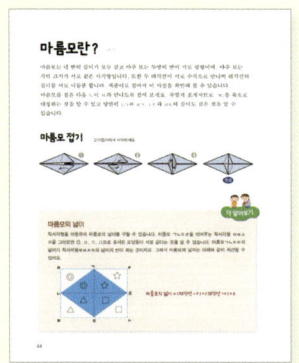

초등 수학 개념 익히기

이 책에서는 흥미로운 종이접기를 통해 도형을 직접 접을 수 있도록 도면을 수록하였습니다. 책의 그림만으로 도형을 익히는 것이 아니라 접은 도형을 만져보면서 그 도형에 대한 성질을 이해하도록 구성하였습니다. 도면을 따라 접다 보면 수학적 지식도 어느새 머리에 쏙쏙 들어옵니다.

배운 도형으로 응용 작품 접기

기본 개념을 이해하고 그 이론을 바탕으로 응용한 아름다운 종이접기 작품을 수록하였습니다. 수학에 관련된 이론을 기본으로 하여 창작된 종이접기 작품을 엄선하여 수록하였으므로 종이접기 활동을 하면서도 이론 학습을 하고 있는 효과를 얻을 수 있습니다.

더 알아보기로 지식이 빵빵!

좀 더 깊이 알아야 할 수학 이론과 수학적 상식이 풍부해지는 내용들로 가득합니다. 더 알아보기를 통해 수학적 지식노트를 풍부하게 쌓아 보세요.

종이접기를 시작하기 전에

접기를 시작하기 전에 손을 깨끗이 씻고 나서,
종이의 앞면과 뒷면을 잘 살펴 본 다음 책상 위에 반듯하게 놓고
정성스럽게 차례차례 접어 가는 것이 좋습니다.

색종이의 선택

접었을 때 각이 정확하게 맞아야 하며 종이의 탄력성이 좋고 색상이 고와야 합니다.
색이 손에 묻어 나거나 힘없이 찢어지는 종이는 좋지 않습니다.
15cm 크기의 종이나라 색종이, 광고지나 포장지 등 여러 가지 종이를 활용해 봅시다.

삼각형(세모)를 바르게 접는 법

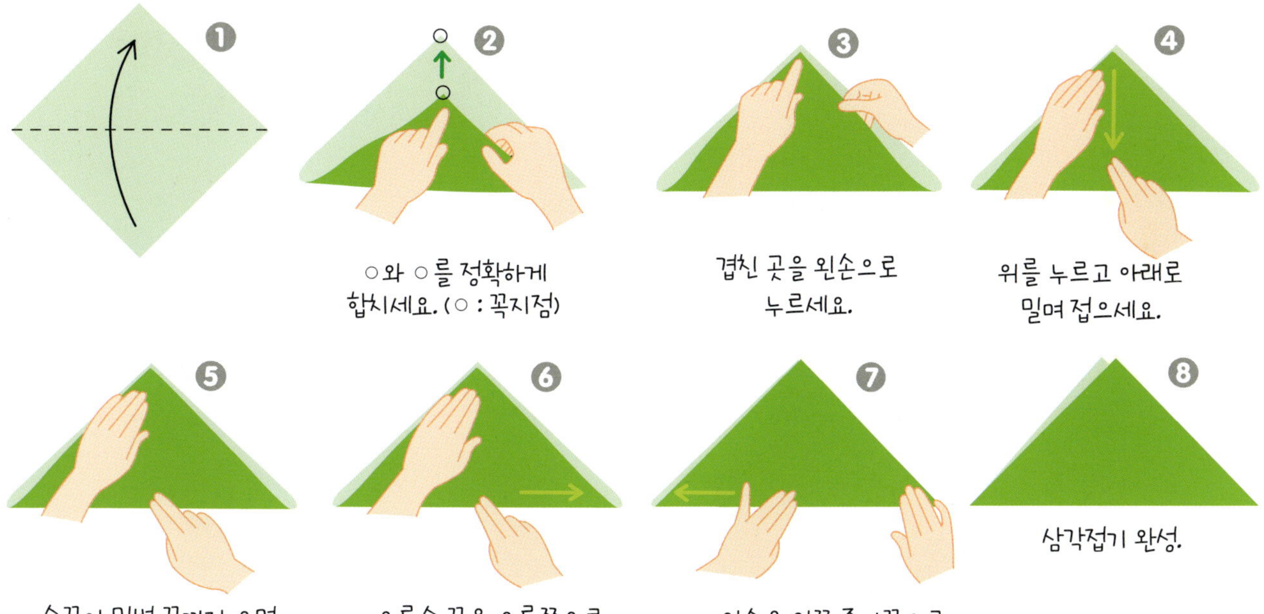

❶

❷ ○와 ○를 정확하게 합치세요. (○ : 꼭지점)

❸ 겹친 곳을 왼손으로 누르세요.

❹ 위를 누르고 아래로 밀며 접으세요.

❺ 손끝이 밑변 끝까지 오면 그곳을 꼭 누르세요.

❻ 오른손 끝을 오른쪽으로 움직여 반듯하게 접어 나가세요.

❼ 왼손을 왼쪽 종이끝으로 향해 움직여 반듯하게 선을 만드세요.

❽ 삼각접기 완성.

종이접기 기본기호와 약속

다음 기호에 의해 종이접기 방법이 표시됩니다.
시작하기 전에 꼭 읽어 본 후, 방법을 익히고 종이접기를 시작하세요.

골짜기모양접기

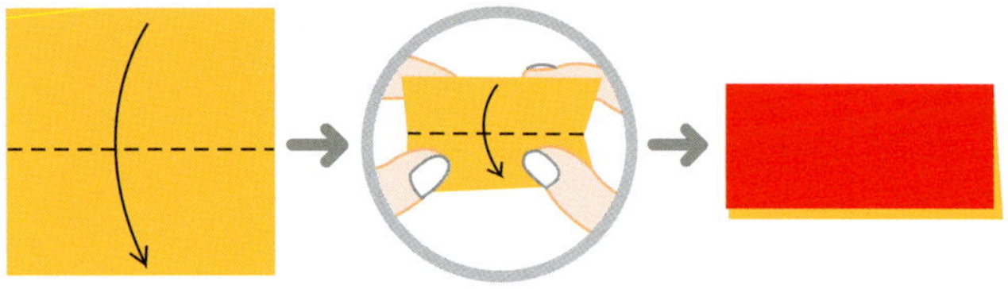

산모양접기

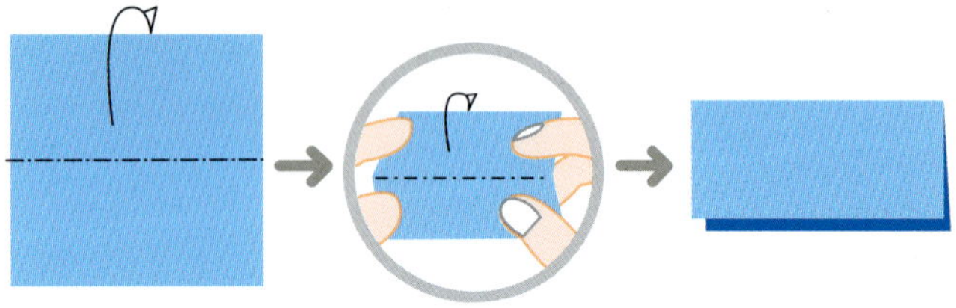

접었다 편다.

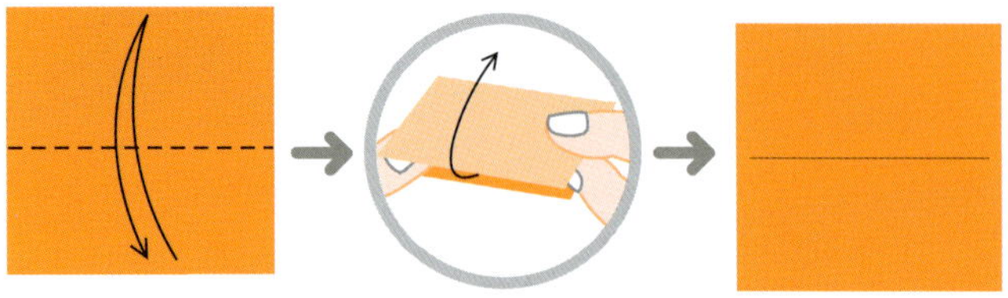

다양한 기호들
- 돌려놓는다.
- 부풀린다.
- 화살표 방향으로 끼우거나 잡아뺀다.
- 확대
- 축소
- 펼친다.
- 밀어넣는다.

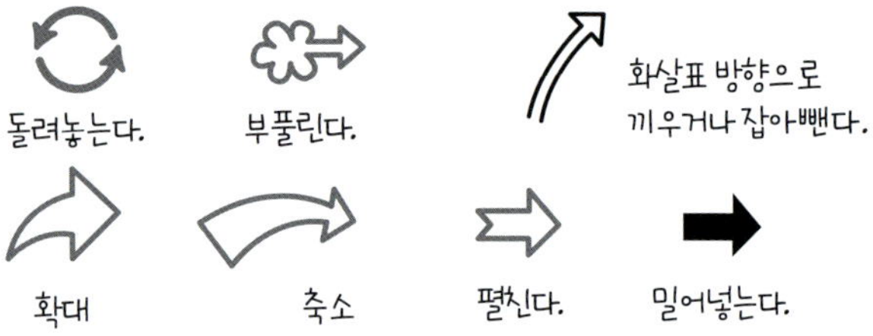

계단접기

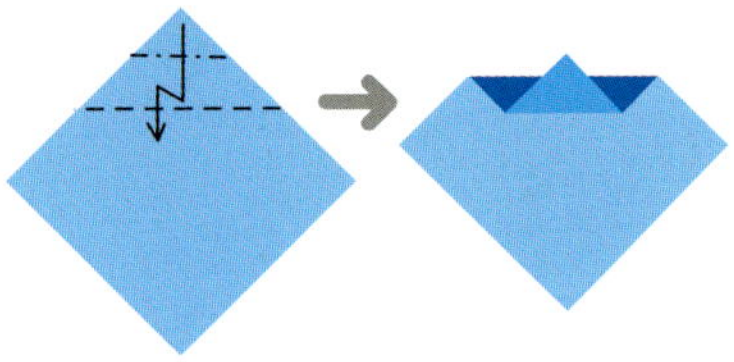

같은 방향으로 연달아 접기

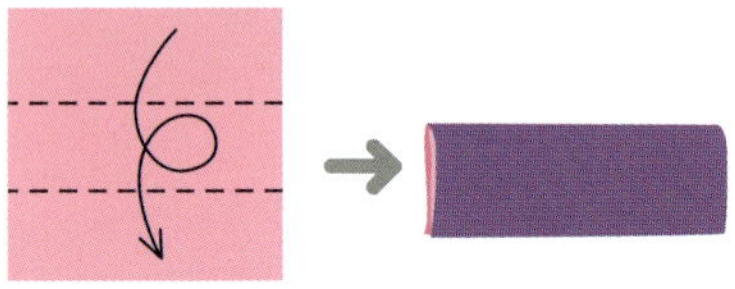

등분하여 접기

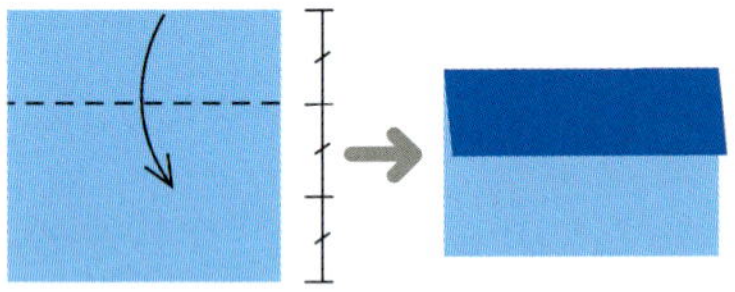

뒤집기

자르기

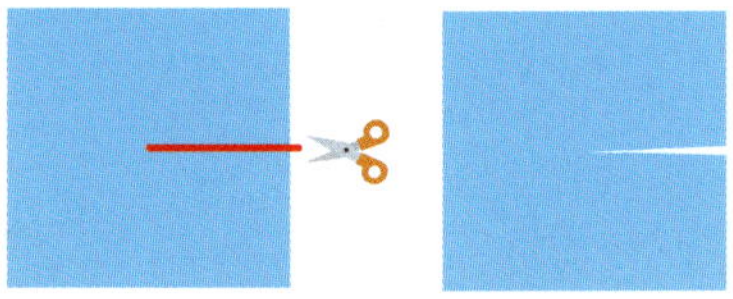

종이접기 기본형

종이접기의 기본형을 미리 익히면, 종이접기를 더욱 쉽고 재미있게 할 수 있습니다.

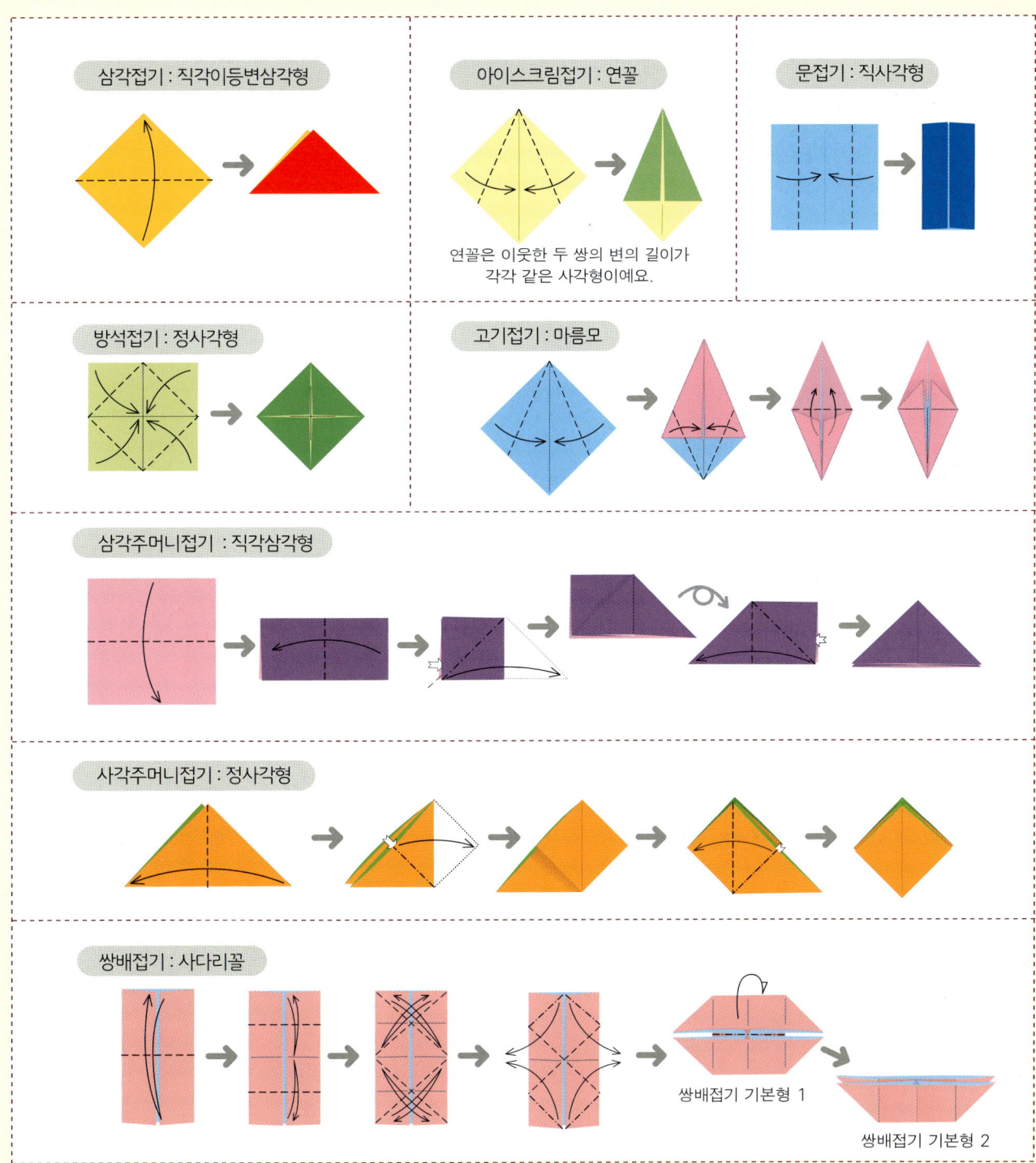

평면도형의 정의와 종류 (3학년 1학기, 4학년 1학기)

평면도형이란 평면 위에 곡선이나 선분으로 둘러 싸여 있는 도형으로 사각형, 삼각형, 다각형, 원 등과 같이 길이와 각의 크기는 있고 높이는 없는 도형을 말합니다. 평면도형은 넓이는 가질 수 있지만 부피는 가질 수 없습니다.

삼각형

삼각형은 하나의 직선상에 있지 않은 3개의 점이 선분으로 연결되어 만들어진 도형입니다. 삼각형은 각의 크기와 변의 길이에 따라 다음과 같은 종류가 있습니다.

정삼각형	이등변삼각형	직각삼각형	예각삼각형	둔각삼각형
3각의 크기와, 3변의 길이가 모두 같은 삼각형.	2변의 길이가 같고 밑변 2각의 크기가 같은 삼각형.	3개의 각 중 하나의 각이 직각인 삼각형.	3개의 각이 모두 90°보다 작은 각으로 이루어진 삼각형.	하나의 각이 90°보다 큰 각이 있는 삼각형.
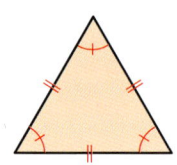	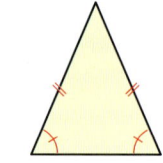	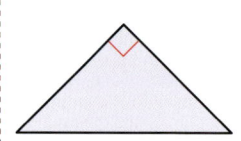	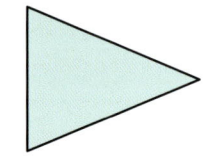	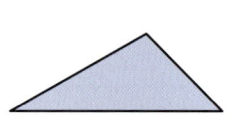

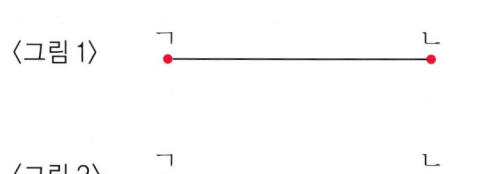

선분과 직선의 차이

선분은 점과 점이 이어진 선으로서 시작점과 끝점이 필요합니다. 〈그림1〉과 같이 점 ㄱ, ㄴ과 같이 곧게 이은 선을 '선분' 이라고 하며 〈그림2〉와 같이 점 ㄱ, ㄴ을 곧게 이어 끝없이 늘인 선을 '직선' 이라고 합니다.

〈그림 1〉 ㄱ●————————●ㄴ

〈그림 2〉 ㄱ●————————●ㄴ

사각형

사각형은 4개의 선분으로 만들어진 모양으로 4개의 각을 가지고 있습니다.
각의 크기와 변의 길이에 따라 모양이 달라집니다.

정사각형	직사각형	마름모	평행사변형	사다리꼴
4변의 길이가 같고, 4각이 모두 직각인 사각형.	마주 보는 두 쌍의 변의 길이가 서로 같고, 평행하며 4개의 각이 모두 직각인 사각형.	4변의 길이가 같고 마주보는 변이 서로 평행이고 마주 보는 각의 크기가 서로 같은 사각형.	마주보는 변의 길이와 각이 서로 같고, 2쌍의 변끼리 서로 평행인 사각형.	4개의 변에서 마주보는 한 쌍의 변만 평행인 사각형.

사각형들의 포함관계

사각형들의 포함관계를 알아보면 사각형 안에 사다리꼴이 포함되고 그 안에는 평행사변형이, 또 그 안에 직사각형과 마름모 그리고 정사각형이 포함됩니다. 평행사변형 안에 직사각형과 마름모, 정사각형이 있는데 이들이 '마주 보는 두 변이 평행한' 평행사변형의 성질을 갖고 있기 때문입니다.
하지만 반대로 평행사변형이 직사각형과 마름모, 정사각형의 성질을 모두 갖고 있지는 않습니다.

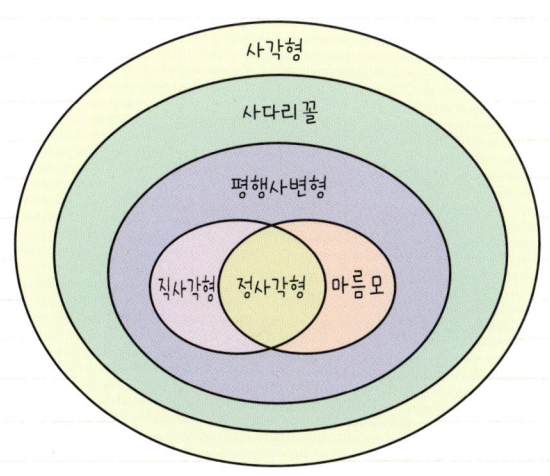

다각형 (2학년 1학기, 4학년 2학기)

다각형은 3개 이상의 선분으로 이루어진 평면도형으로, 앞에 나온 삼각형과 사각형도 다각형에 속하지만, 일반적으로 사각형보다 선분이 많은 도형을 말합니다.

오각형	육각형	팔각형
5개의 선분으로 이루어져 있는 도형. 특히 5개 선분의 길이와 내각 5개가 모두 같은 것을 정오각형이라고 합니다.	6개의 선분으로 만들어진 도형. 6개의 변의 길이와 6개의 내각이 모두 같은 도형을 정육각형이라고 합니다.	8개의 선분과 8개의 각으로 이루진 다각형으로, 모든 변의 길이가 같고 8개의 내각이 모두 같은 도형을 정팔각형이라고 합니다.
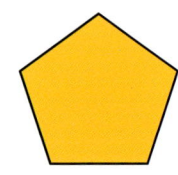	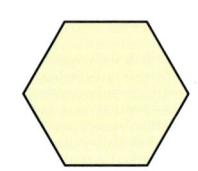	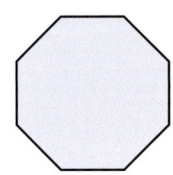

원

평면상의 한 점으로부터 일정한 거리에 있는 점들로 이루어진 도형을 말합니다. 원은 크기만 다를 뿐 모양은 1가지입니다. 중심이 같고 크기가 다른 2개 이상의 원을 '동심원'이라고 합니다.

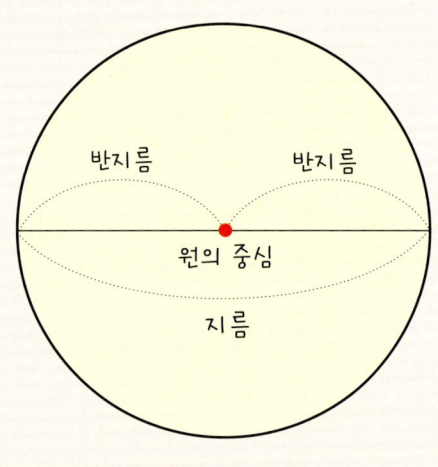
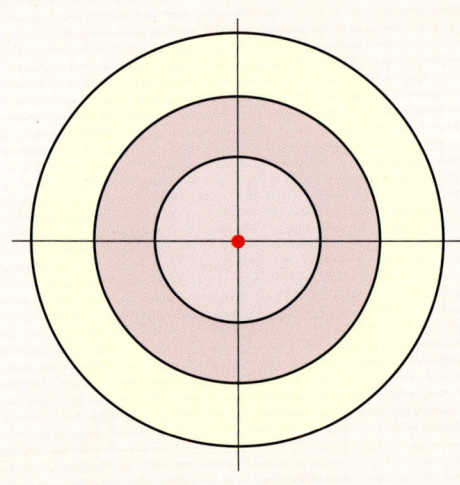

꼭짓점과 변 (2학년 1학기)

〈그림 3〉에서 점 ㄱ, ㄴ, ㄷ, ㄹ을 사각형의 꼭짓점이라고 합니다. 선분 ㄱㄴ, ㄴㄷ, ㄷㄹ, ㄱㄹ을 사각형의 변이라고 합니다.
변은 다각형을 둘러싸고 있는 선분입니다.

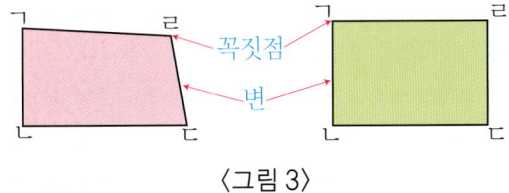

〈그림 3〉

수직선, 수평선, 대각선

정사각형 색종이를 〈그림4〉와 같이 접었다 펴면 수직선과 대각선, 수평선도 알아볼 수 있어요.

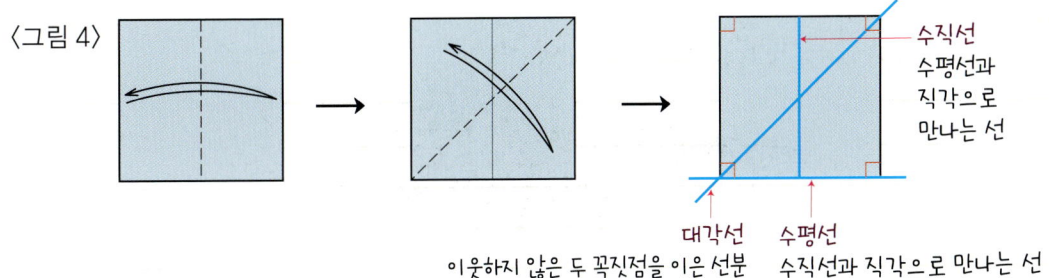

직각이란?

〈그림 5〉처럼 각 ㄱㄴㄷ과 같은 모양의 각을 직각이라고 합니다.

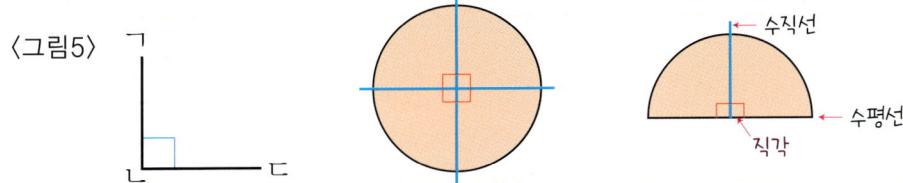

입체도형의 정의와 종류 (5학년 2학기~6학년 2학기)

공간에서의 입체도형은 위치와 모양·길이·폭·두께를 가집니다. 입체도형은 평면이나 곡면으로 둘러싸여 공간에서 일정한 부피를 차지합니다. 특히 다각형인 면으로만 둘러싸인 입체도형을 다면체라고 하며 그밖에 각기둥, 각뿔, 각뿔대 등이 있습니다.

원기둥 : 하나의 직선이 그와 나란한 직선의 둘레를 한 바퀴를 돌아서 생긴 곡면으로 둘러싸인 입체도형입니다.

다각기둥 : 밑면이 다각형인 기둥 모양의 입체 도형입니다. 밑면의 다각형 종류에 따라 삼각기둥, 사각기둥, 오각기둥, 육각기둥… 등으로 부릅니다.

삼각기둥   사각기둥   오각기둥 ….

원뿔 : 원의 평면 밖의 한 정점과 원주 위의 모든 점을 연결하여 생긴 면으로 둘러싸인 입체도형 입니다.

각뿔 : 밑면이 다각형이고 옆면이 삼각형인 뿔모양의 입체도형입니다.

삼각뿔   사각뿔   오각뿔 ….

각뿔대 : 각뿔을 밑면과 평행이 되도록 잘랐을 때 만들어지는 입체도형입니다. 옆면의 모양은 사다리꼴이며 두 밑면의 크기는 다르답니다.

삼각뿔대   사각뿔대   오각뿔대 ….

다면체 : 평면다각형 면으로 둘러 싸인 입체도형 입니다. 정다면체는 5개만이 존재합니다.

사면체   육면체   팔면체   정이십면체…

구 : 한 점에서 같은 거리에 있는 모든 점으로 이루어진 입체도형

각이 네 개라서
1. 사각형

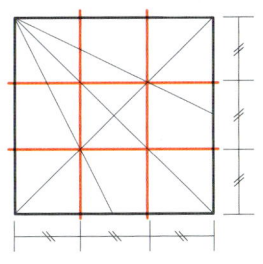

네 변의 길이가 같고, 네 각이 직각인 도형을 정사각형이라고 합니다.
그 자체가 정사각형인 색종이를 대각선으로 접었다 펴서 중심점을 만든 후
그 중심점에 각을 맞추어 접으면 멋진 사각형이 계속 나타납니다.

정사각형이란? (2학년 1학기)

정사각형은 네 변의 길이가 같고, 네 각이 모두 직각인 도형으로 두 대각선의 길이가 서로 같고, 서로를 수직이등분 합니다.

정사각형 접기

정사각형 색종이로 넓이가 $\frac{1}{2}$, $\frac{1}{4}$로 줄어드는 정사각형을 접을 수 있습니다.

먼저 색종이를 접었다 펴서 중심점을 만든 후 그 중심점에 각을 맞추어 접으면 됩니다.

정사각형의 넓이를 ½로 줄이는 접기

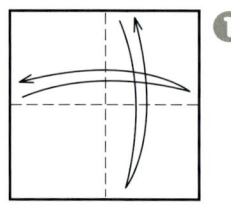
접었다 펴서 중심선을 만듭니다.

가운데에 네 개의 직각이 만들어진 것을 알 수 있습니다.

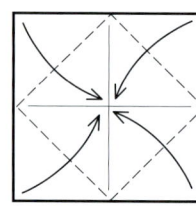
중심에 모아 접으세요.

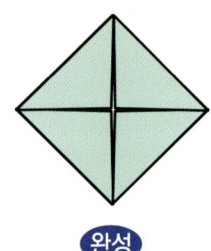
완성

정사각형의 넓이를 ¼로 줄어드는 접기 1

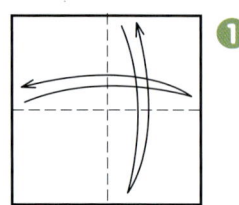
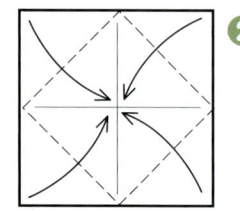
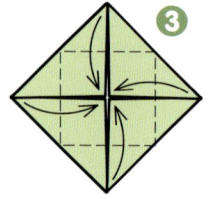

완성

정사각형의 넓이를 ¼로 줄어드는 접기 2

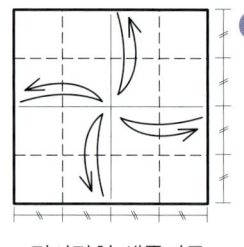
정사각형 색종이를 4등분하여 접었다 펴세요.

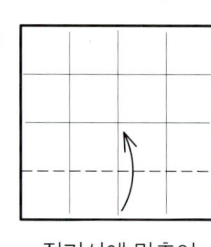
접기선에 맞추어 접어 올리세요.

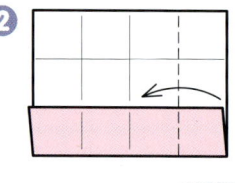

완성 후 모서리를 조금씩 뒤로 접어서 수국꽃으로 꾸밀 수도 있어요.

완성

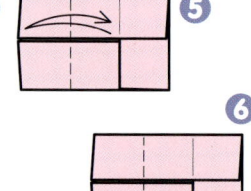
안쪽으로 끼워 넣으며 완성 모양이 되도록 접으세요.

사각형 내각의 합은 항상 360° (4학년 1학기)

정사각형, 직사각형, 마름모, 평행사변형, 사다리꼴 등 사각형의 종류는 많습니다. 이렇게 다양한 사각형들의 내각의 합은 얼마일까요? 내각의 합이 같을까요? 물론 쉽게 알아보려면 각도기로 사각형 내각의 크기를 재어 모두 합쳐보면 됩니다. 하지만 아래 그림을 따라 해보아도 내각을 합친 값이 360°라는 것을 알 수 있어요.

방법 1

모서리에 표시를 만든 후, 접었다 펴서 중심선을 만드세요.

색종이의 네 각을 그림과 같이 색연필로 그린 다음 중심선에 맞춰 접으세요. 뒤집어 보면 원의 $\frac{1}{4}$모양이 네 개가 모여 원 하나를 이루고 있으므로 내각의 합이 360°인 것을 알 수 있습니다.

방법 2

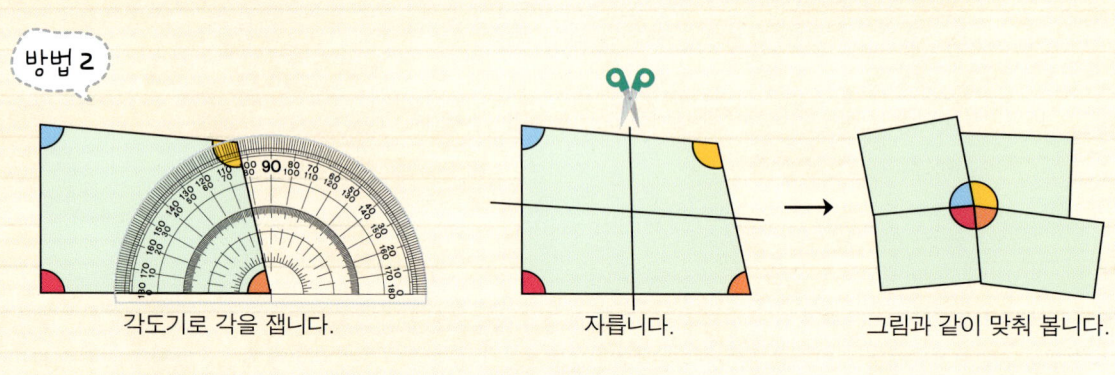

각도기로 각을 잽니다.   자릅니다.   그림과 같이 맞춰 봅니다.

이제 사각형의 내각의 합은 360°라는 것을 확실하게 알 수 있지?

색종이를 접어서 각을 맞춰보거나 오려 붙여보니 쉽게 알 수 있구나!

정사각형으로 알아보는 도형의 이동 (밀기, 돌리기) (4학년 1학기)

한 가지 색으로 완성되는 정사각형과 양면 색종이로 두 가지의 색상이 서로 대칭이 되는 정사각형을 접어 봅시다.

정사각형 유닛 1

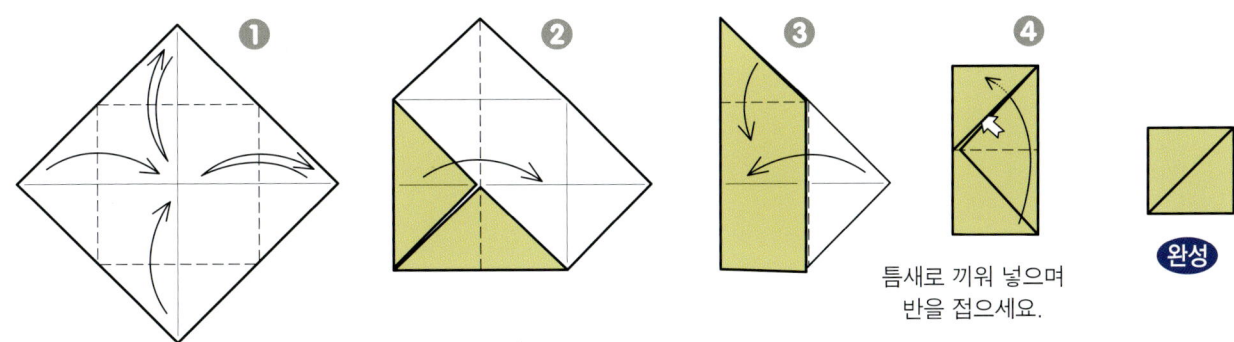

정사각형 유닛 2

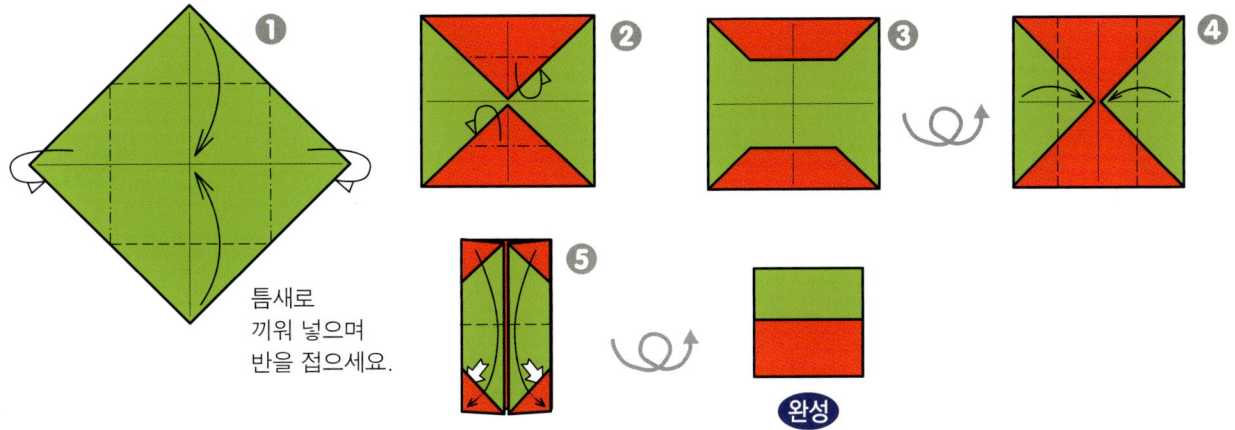

정사각형 유닛 3

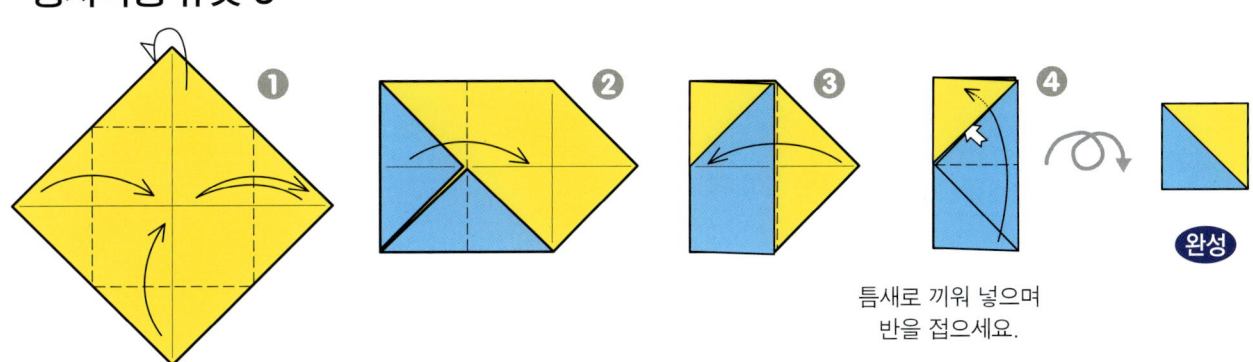

도형밀기, 도형돌리기, 도형뒤집기

밀기는 자리만 바뀌는 것이고 돌리기는 회전시키는 것입니다. 그리고 뒤집기는 말그대로 접은 도형을 뒤집어 앞뒤와 좌우가 바뀌게 되는 것입니다. 21쪽에서 접은 사각형으로 아래 그림과 같이 밀기, 돌리기, 뒤집기를 실습해 보세요.

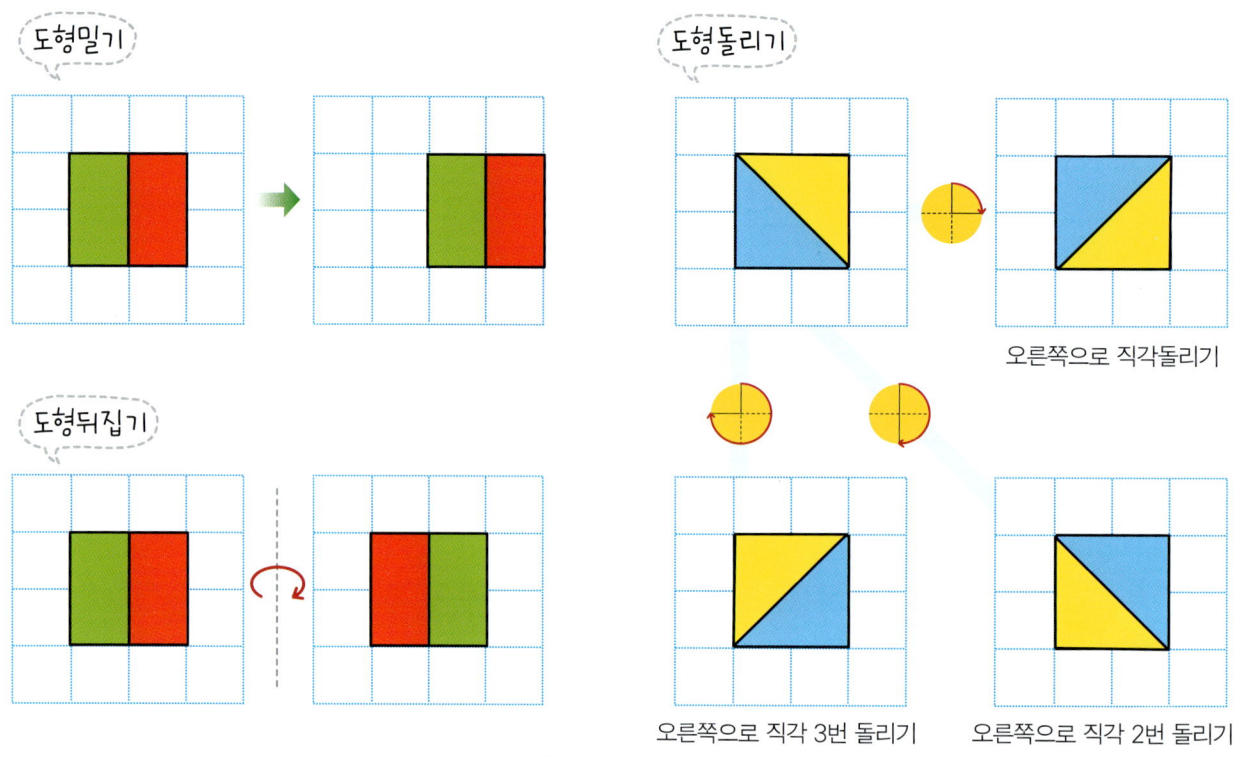

도형의 이동으로 다양한 무늬 만들기

먼저 색종이 한 장을 대각선으로 접었다 편 후 중심에 맞추어 가로, 세로를 수직선으로 접었다 펴면 색종이 중심의 각이 45°로 나뉘어집니다. 그 선에 맞추어 돌려 보세요.

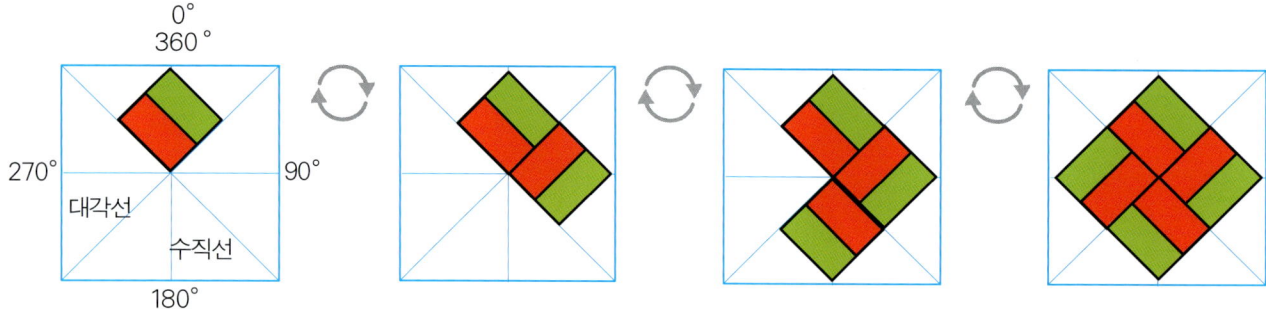

「도형밀기, 도형돌리기, 도형뒤집기」로 규칙이 있는 무늬를 만들기

정사각형 2등분, 4등분하기 (3학년 1학기, 2학년 1학기)

정사각형 색종이를 세로, 가로로 반을 접었다 폈습니다. 접었다 편 수직선이나 대각선들을 따라 색종이를 자르면 색종이가 2등분, 4등분 된 것을 알 수 있습니다.

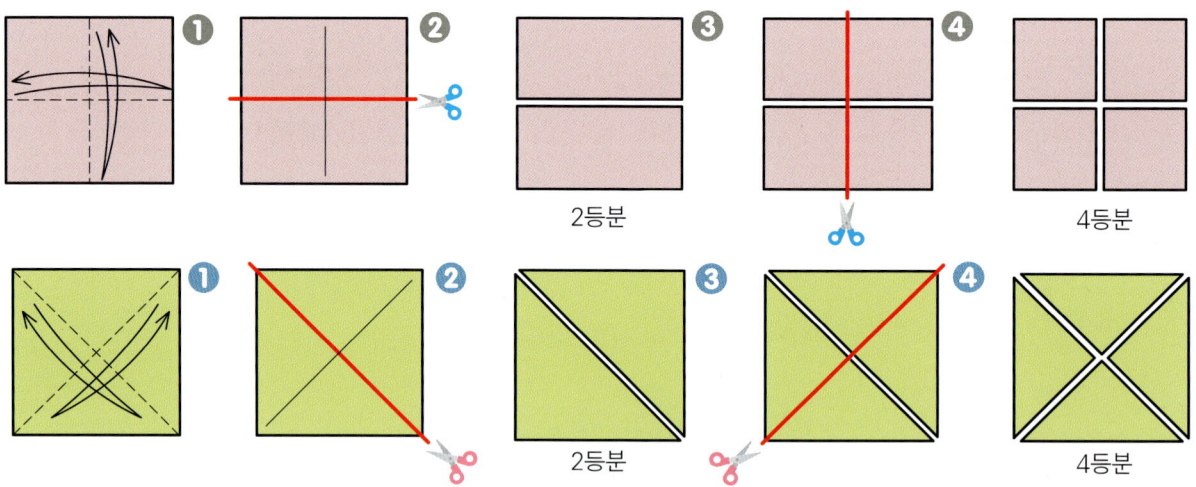

이것을 수식으로 써 보면 $1 \div 2 = \frac{1}{2}$, $\frac{1}{2} + \frac{1}{2} = \frac{2}{2}$, $1 \div 4 = \frac{1}{4}$, $\frac{1}{4} + \frac{1}{4} + \frac{1}{4} + \frac{1}{4} = \frac{4}{4}$
즉 1이 되는 것을 알 수 있습니다.

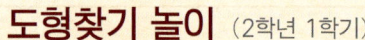

도형찾기 놀이 (2학년 1학기)

정사각형 색종이를 아래와 같이 접었다 펴서 나타나는 선을 따라 아는 도형의 이름을 말하며 색연필로 색칠해 보세요. 정사각형, 직사각형, 마름모, 사다리꼴 등 다양한 도형의 모양을 찾을 수 있습니다.

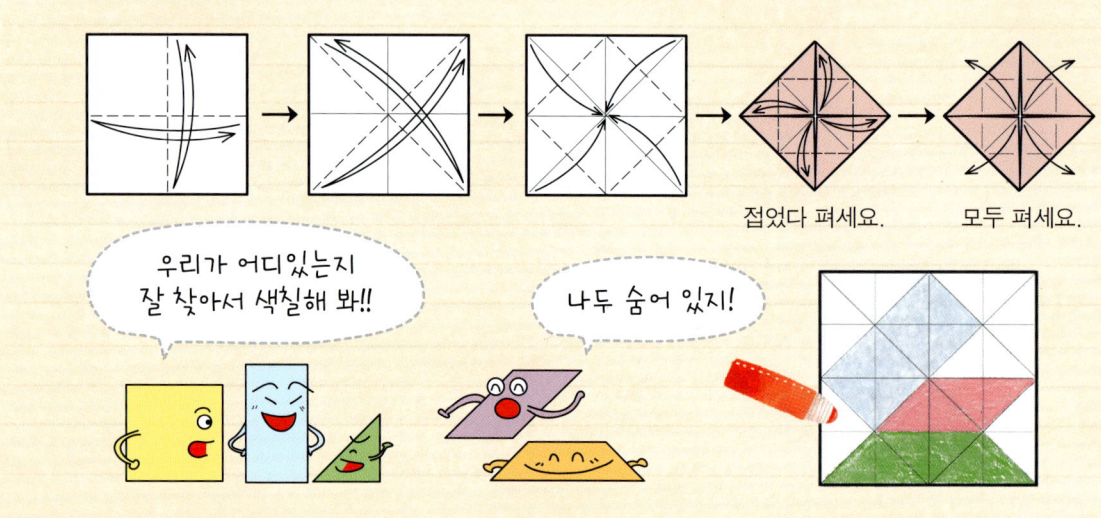

정사각형 변의 길이 나누기 (3학년 1학기)

종이접기를 하다 보면 색종이를 3등분, 5등분하여 아름다운 형태로 접어나가는 경우가 있습니다. 이럴 때 눈대중으로 대충 접지 않고 좀더 정확하게 등분하면 더 완성도 있고 반듯한 종이접기 작품이 탄생합니다. 먼저 2등분, 4등분 하는 방법을 알아봅시다. 정사각형의 색종이를 반을 접었다 펴면 한 변의 길이를 2등분 할 수 있습니다.
❸번처럼 이등분선에 맞추어 4부분을 모두 접었다 펴면 한 변을 4등분할 수 있습니다. 이와 방법을 이용하면 색종이의 한 변을 8등분, 16등분 등 짝수로 얼마든지 등분할 수 있습니다.

한 변의 2등분과 4등분

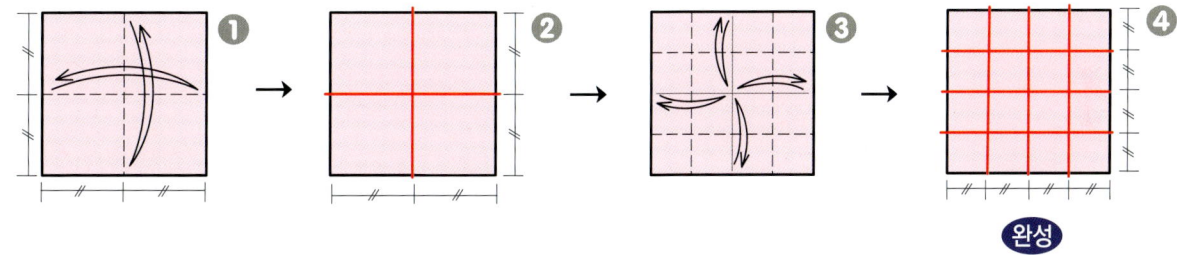

한 변의 3등분

다음 그림은 변의 길이를 3등분 하는 방법입니다. 아래 그림처럼 ❶~❻번 까지 과정의 접기선을 만들고 ❼번에서 빨간 점에 맞춰 접었다 펴면 정확하게 3등분이 됩니다.

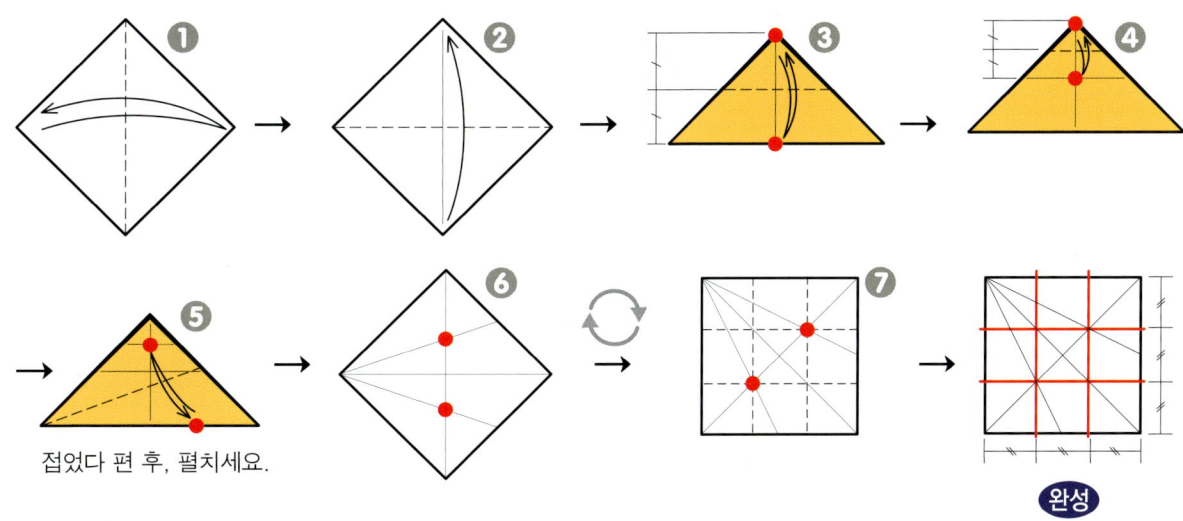

한 변의 5등분

이번에는 5등분하는 방법을 알아보겠습니다. ❶~❻번 까지 과정을 접은 후 ❼번에서 표시된 점대로 접었다 펴면 ❽번과 같이 5등분선이 완성됩니다. 또 ❽번에서 표시된 교차점을 이용하면 세로 5등분 선도 쉽게 접을 수 있습니다.

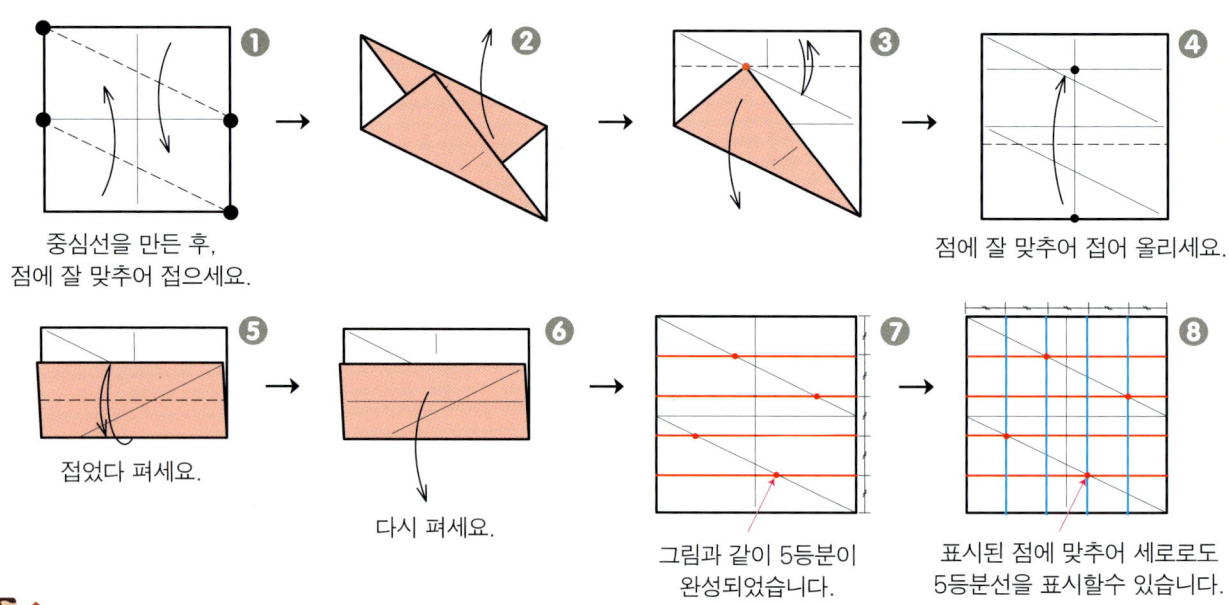

종이접기 활동

사각상자
한 변의 4등분을 활용하여 사각상자를 만들어 보세요.

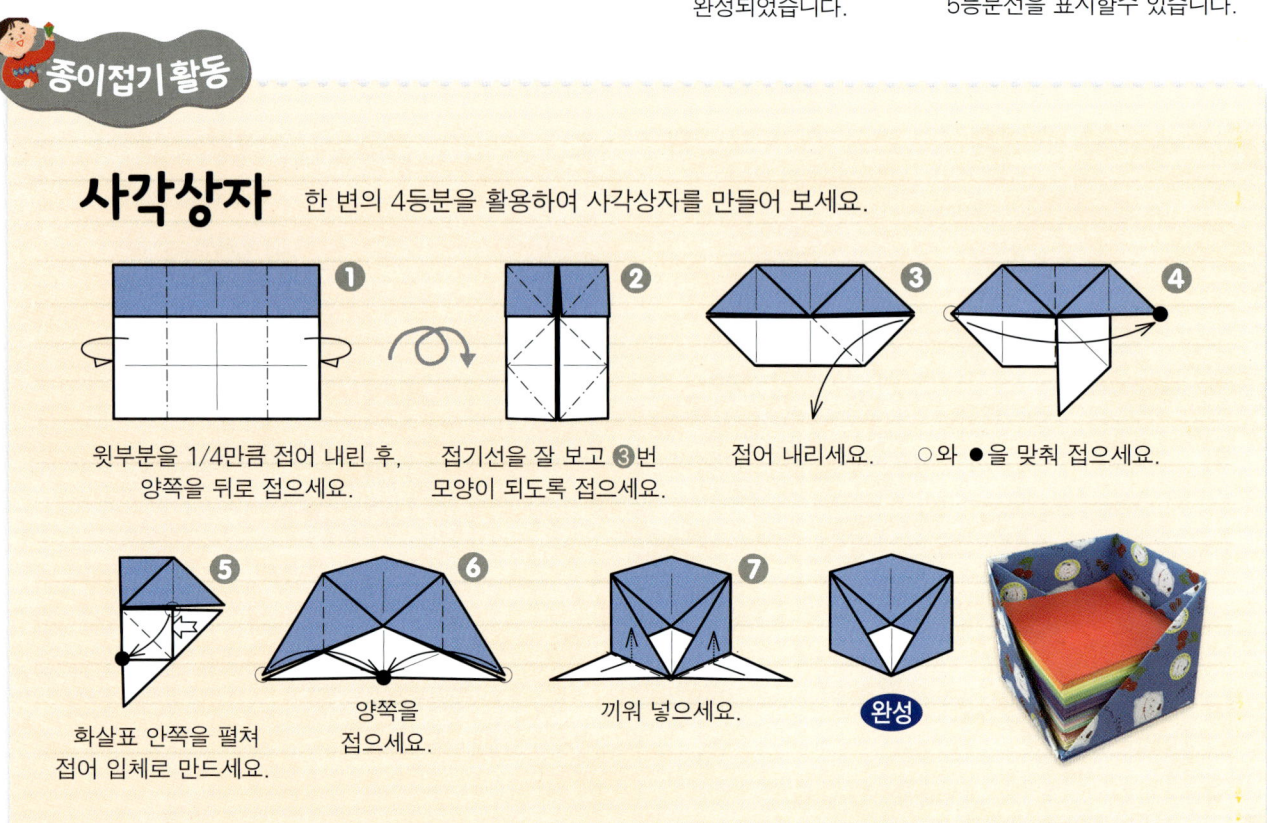

정사각형 전통문양 접기

중심선을 만든 후, 반을 접고 시작하세요.

① 접었다 펴세요.
② ⇨화살표 안쪽을 펼쳐 접으세요.
③ 아래로 접으세요.
④ 4장을 접으세요.
⑤ 4장 모두 조립 후, 딱지접기처럼 접으세요.
⑥ 빗금 친 부분에 종이나라 「나라풀」을 칠해서 조립하세요.
⑦ 뒤로 접으세요.
⑧

완성

장식을 달아 노리개로, 손잡이를 달아 부채를 만드세요.

정사각형을 사용하는 다양한 퍼즐 – 폴리오미노

색종이로 정사각형을 여러 개 접어 퍼즐을 즐길 수 있습니다. 정사각형의 한 변을 서로 이어서 다양한 모양을 만드는 것이지요. 정사각형을 간단하게 두 개만 이어 붙여 만들 수 있는 직사각형에서부터 다섯 개를 붙여서 만드는 10각형, 12각형까지 다양합니다. 이렇게 정사각형을 이어 붙여 만든 도형들을 통틀어 '폴리오미노'라고 합니다. 물론 이어붙일 때 정사각형의 변과 변이 정확히 맞닿아야만 합니다. 폴리오미노 조각들은 뒤집기나 회전으로 같아지는 모양은 같은 종류로 봅니다. 정사각형을 이어 붙이는 개수에 따라 아래와 같이 퍼즐의 종류를 나눌 수 있습니다.

모노미노 Monomino
모노미노란 정사각형 1개로 만들어지는 모양이며 1가지의 모양이 있습니다.

도미노 Domino
도미노란 정사각형 2개로 만들어진 도형. 모양은 1가지 입니다.

트리오미노 Triomino
트리오미노란 정사각형 3개로 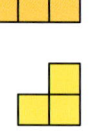 만들어진 도형이며 2가지의 모양이 있습니다.

테트라미노 Tetromino
테트라미노란 정사각형 네 개를 이어서 만드는 도형으로 5가지의 모양이 있습니다.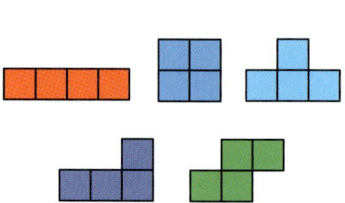

펜토미노 Pentomino 펜토미노란 정사각형 5개를 이어서 만드는 도형으로 12가지의 모양이 있습니다.

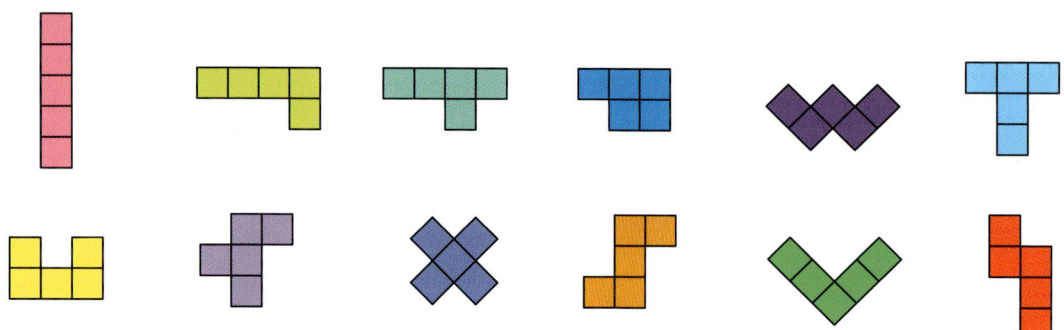

펜토미노 조각 접기

28쪽에 나온 5가지의 퍼즐 즉, 모노미노, 도미노, 트리오미노, 테트라미노, 펜토미노 중 펜토미노 퍼즐을 위한 조각을 접어 봅시다. '끼우는 손'과 '끼우는 주머니'가 있는 정사각형 유닛인데, 따로 연결 유닛은 필요하지 않습니다.

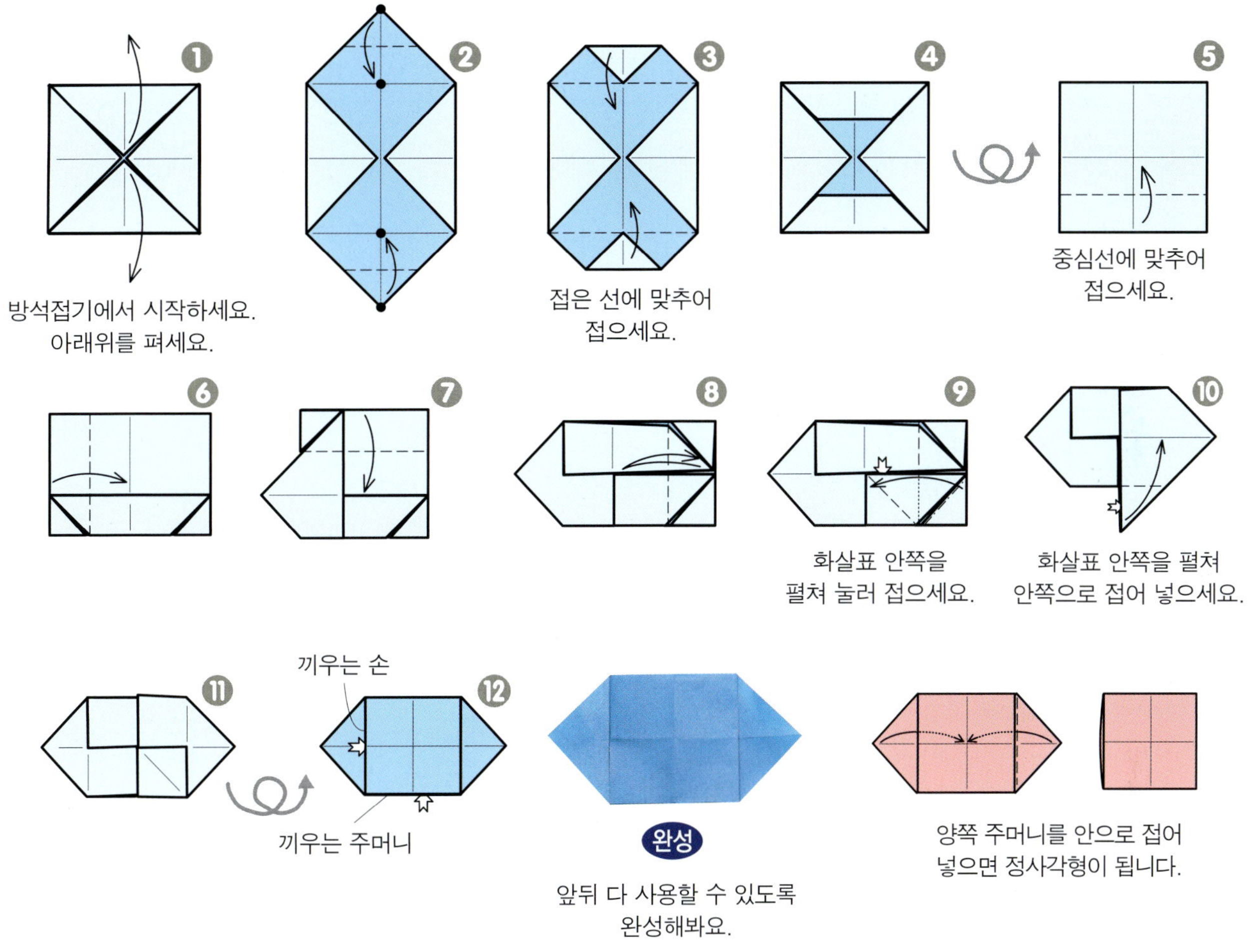

❶ 방석접기에서 시작하세요. 아래위를 펴세요.

❷

❸ 접은 선에 맞추어 접으세요.

❹

❺ 중심선에 맞추어 접으세요.

❻

❼

❽ 화살표 안쪽을 펼쳐 눌러 접으세요.

❾ 화살표 안쪽을 펼쳐 안쪽으로 접어 넣으세요.

❿

⓫

⓬ 끼우는 손 / 끼우는 주머니

완성 앞뒤 다 사용할 수 있도록 완성해봐요.

양쪽 주머니를 안으로 접어 넣으면 정사각형이 됩니다.

우리가 알고 있는 '도미노 게임'이나 '테트리스 게임' 등도 폴리오미노의 종류랍니다.

도미노 게임

테트리스 게임

펜토미노 퍼즐 게임을 위한 12가지 조각 조립하기

29쪽에서 만든 정사각형을 연결하여 아래와 같은 펜토미노 조각을 조립해 보세요. 아래의 F~Z까지의 조각을 다 조립하려면, 조금 힘들겠지만 60장의 조각을 접어야 합니다. 각각 다른 색깔로 접어서 완성하면 더욱 즐겁게 모양을 맞출 수가 있습니다.

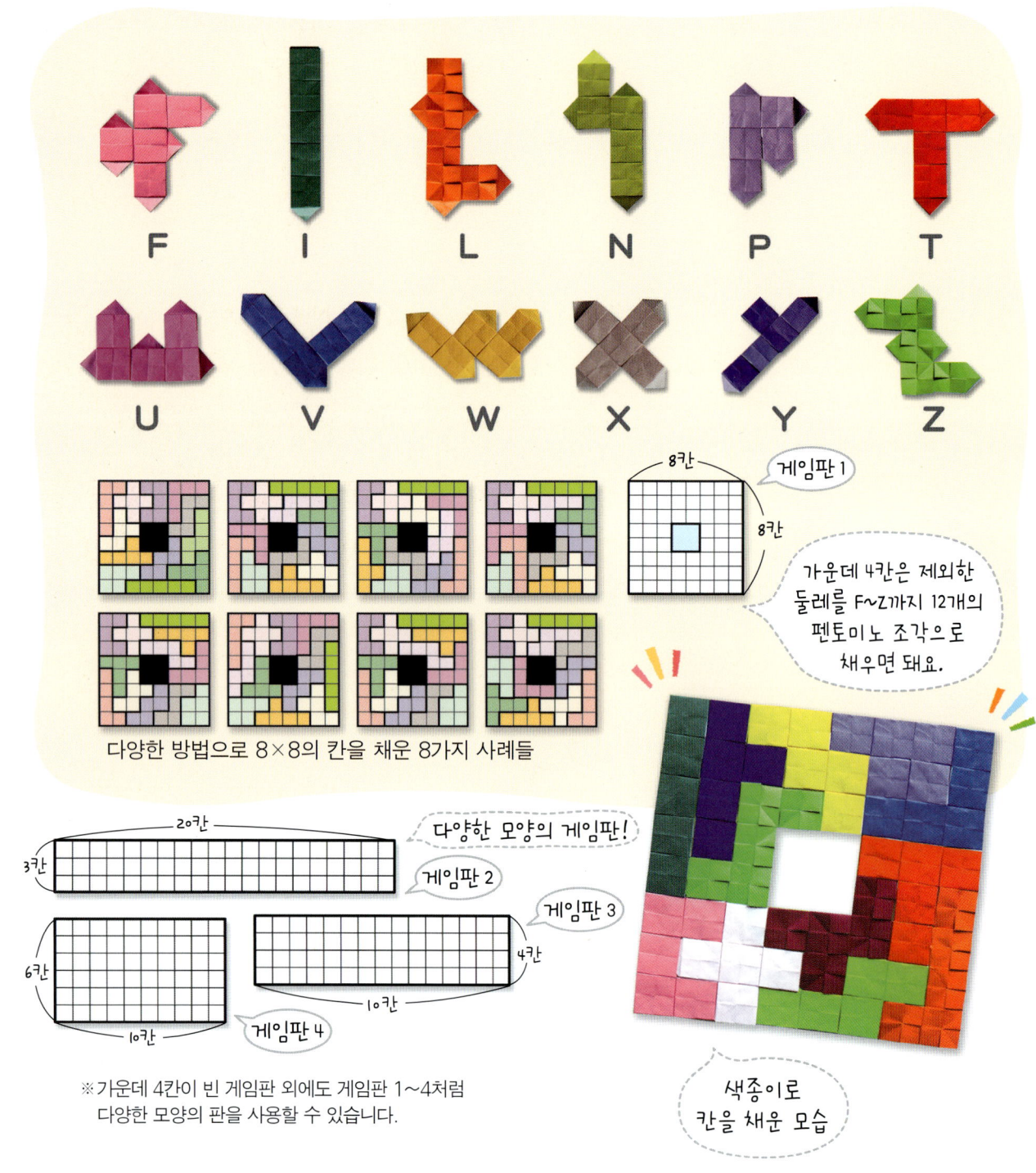

다양한 방법으로 8×8의 칸을 채운 8가지 사례들

게임판 1

가운데 4칸은 제외한 둘레를 F~Z까지 12개의 펜토미노 조각으로 채우면 돼요.

다양한 모양의 게임판!

게임판 2

게임판 3

게임판 4

※ 가운데 4칸이 빈 게임판 외에도 게임판 1~4처럼 다양한 모양의 판을 사용할 수 있습니다.

색종이로 칸을 채운 모습

펜토미노 조각으로 어떤 모양을 만들 수 있을지 생각하며 화보를 구성해 봅시다.

정사각형의 일정한 변화

가로세로의 길이가 15cm인 정사각형 색종이가 있습니다. 이것을 방석접기 즉, 중심점에 직각 부분인 네 개의 꼭짓점을 모아 접으면 한 변의 길이가 10.6cm가 됩니다. 같은 방법으로 한 번 더 접으면 한 변의 길이는 7.5cm가 됩니다. 또 한 번 더 접으면 5.3cm가 됩니다. 여기에서 15cm를 1.414($\sqrt{2}$)로 나누고, 그 몫을 다시 1.414($\sqrt{2}$)로 나눈 규칙이 있음을 알 수 있지요(15÷1.414=10.6cm, 10.6÷1.414=7.5cm, 7.5÷1.414=5.3cm).

즉, 방석접기를 할 때마다 색종이 한 변의 길이는 1.414($\sqrt{2}$)로 나눈값으로 줄어들고, 넓이는 $\frac{1}{2}$ 만큼씩 작아지는 것을 알 수 있습니다.

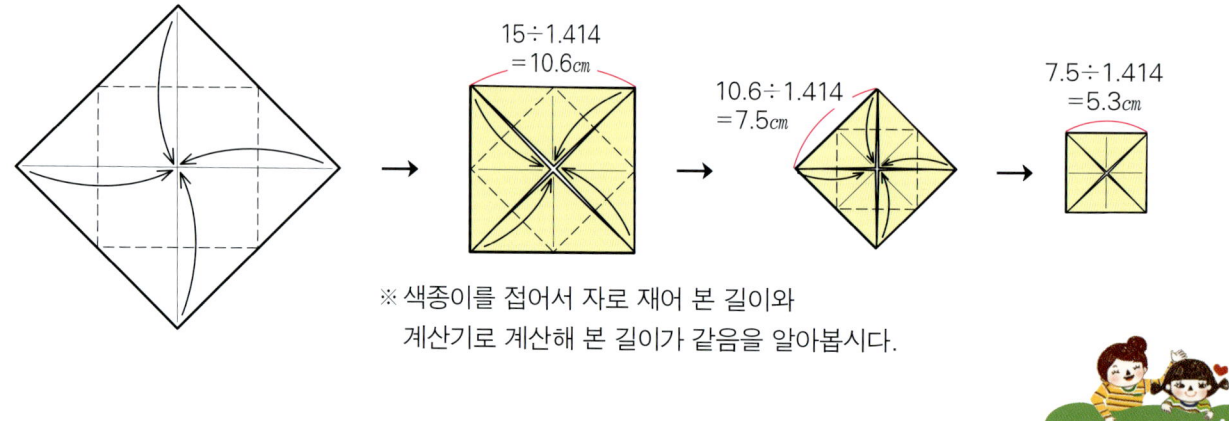

※ 색종이를 접어서 자로 재어 본 길이와 계산기로 계산해 본 길이가 같음을 알아봅시다.

더 알아보기

피타고라스의 정리

'직각삼각형의 빗변을 한 변으로 하는 정사각형의 넓이는 나머지 두 변을 각각 한 변으로 하는 정사각형 두 개의 넓이의 합과 같다'는 정리입니다. 직각삼각형에서 직각을 낀 두 변의 길이를 각각 a, b라 하고, 빗변의 길이를 c라하면 $a^2+b^2=c^2$이 성립합니다.

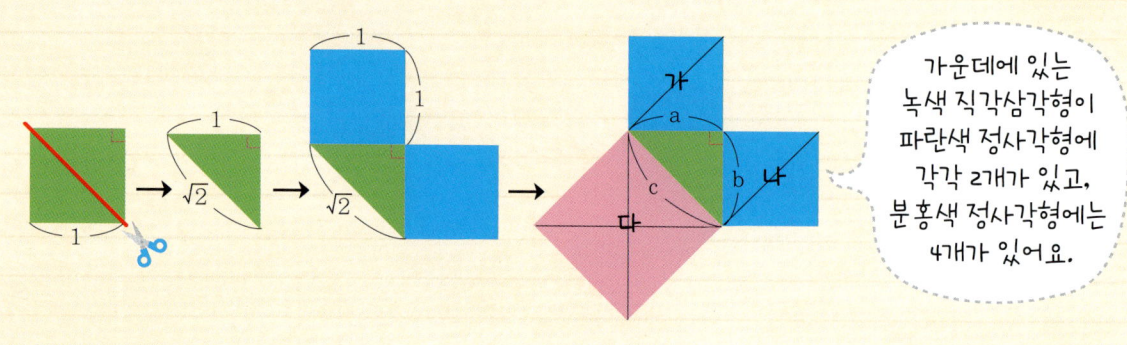

가운데에 있는 녹색 직각삼각형이 파란색 정사각형에 각각 2개가 있고, 분홍색 정사각형에는 4개가 있어요.

정사각형 변의 길이 재보기

15㎝ 색종이를 여러 장 준비합니다. 먼저 방석 접기를 한 번하고 변의 길이를 재어 봅시다. 두 번째는 두 번 방석접기를, 세 번째는 세 번 방석접기를 한 후, 한 변의 길이를 재어 봅시다. 32쪽에서 계산해 본 결과와 같음을 알 수 있습니다.

아 이렇게도 접을 수 있구나!

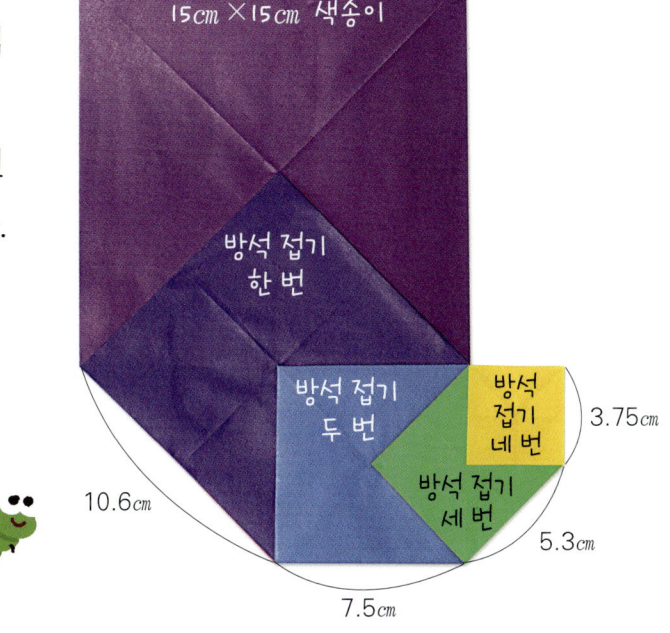

피타고라스 나무

32쪽 피타고라스의 정리가 반복해서 나뭇가지 처럼 뻗어 나가는 모습입니다. 같은 모양이 계속되는 프랙탈 구조의 좋은 예입니다.

직사각형이란? (2학년 1학기, 3학년 1학기)

직사각형은 마주보는 두 쌍의 변의 길이가 서로 같고, 네 개의 각이 직각인 사각형입니다. 책, 신문지, 컴퓨터 복사지, 스케치북 등이 대표적인 직사각형이지요.

직사각형 오리기

색종이를 준비하여 반을 접었다 펴고 접힌 선을 따라 자르면 정확히 2개로 나뉘어 집니다. 즉, 원래 정사각형 넓이의 $\frac{1}{2}$이 되며 직사각형이 만들어 집니다.

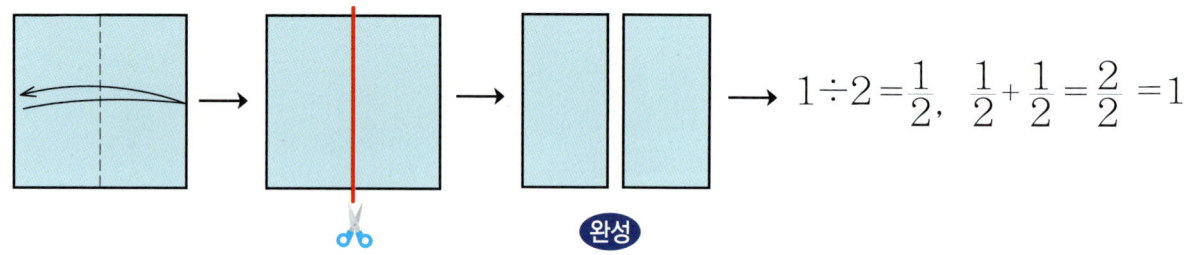

$1 \div 2 = \frac{1}{2}, \quad \frac{1}{2} + \frac{1}{2} = \frac{2}{2} = 1$

직사각형 접기

색종이를 준비하여 아래의 방법으로 접으면 네 개의 각이 각각 90°이고 가로 세로의 비율이 3:4인 직사각형이 완성됩니다.

가운데 중심선을 먼저 만드세요.

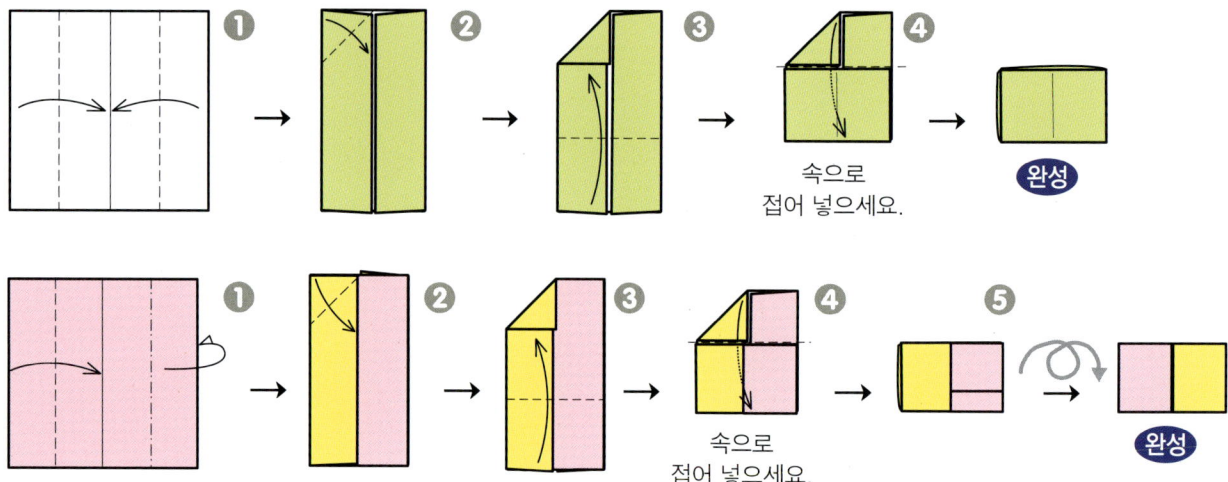

A4 비율의 직사각형 만들기

가로·세로의 길이가 15cm인 정사각형 색종이를 사람들이 많이 사용하는 A4 복사지 비율의 직사각형으로 만들 수 있습니다. A4 복사지는 21.0cm×29.7cm로서 29.7÷21을 하면 값이 1.414…이므로 가로와 세로 비율이 1:√2입니다.

정사각형 색종이를 아래와 같이 접어서 자른 후 길이를 재보세요. 가로 15cm, 세로 10.6cm가 나오는데 15를 1.414(√2)로 나누기 한 값 10.6과 같으므로 1:√2의 비율이 완성됩니다.

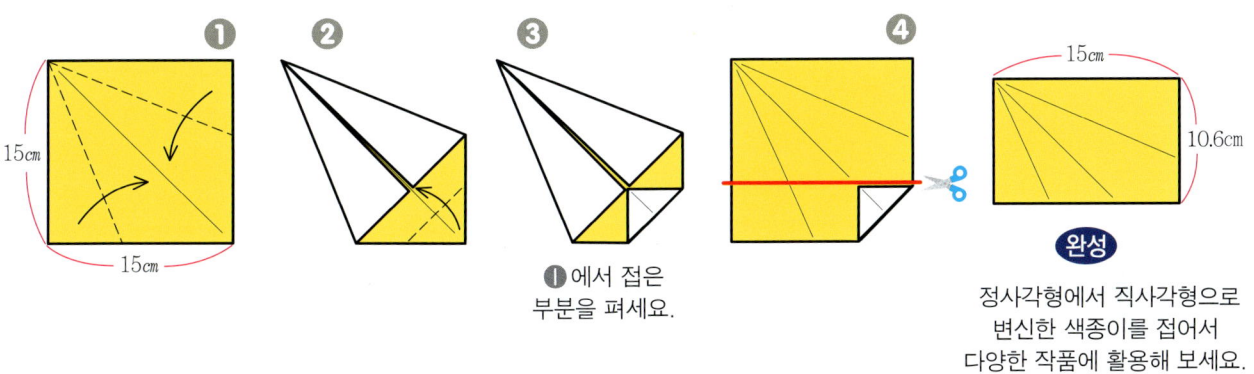

A4 용지를 정사각형으로 만들기

이제 위와는 반대로 A4 비율을 정사각형으로 만들어 보아요.

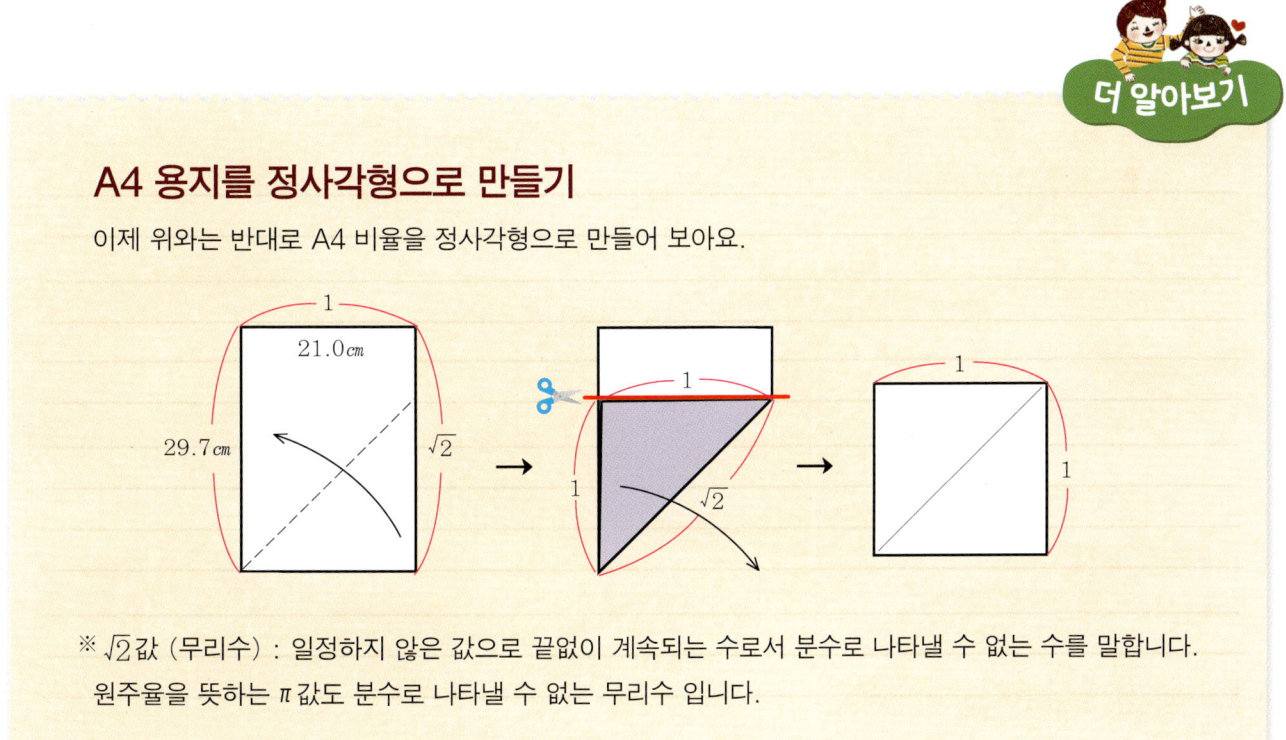

※ √2값 (무리수) : 일정하지 않은 값으로 끝없이 계속되는 수로서 분수로 나타낼 수 없는 수를 말합니다. 원주율을 뜻하는 π값도 분수로 나타낼 수 없는 무리수 입니다.

직사각형 활용

34쪽의 〈직사각형 접기〉로 22쪽에서 배운 도형돌리기와 뒤집기 등을 활용하여 색의 느낌을 표현해 보세요.

무채색과 유채색

모든 색은 크게 무채색과 유채색으로 구분할 수 있습니다. 흰색, 회색, 검정색을 무채색이라고 하며 무채색 이외의 색을 유채색이라고 합니다.

무채색

유채색

반대색과 유사색

색상환에서 멀리 떨어져 있는 색을 반대색이라 하며, 그 중에서도 정반대의 색을 보색이라고 합니다. 유사색은 서로 가까운 거리에 있는 있는 비슷한 색을 말합니다.

반대색

유사색

따뜻한 색과 차가운 색

색에 따라 따뜻함과 차가움을 느낄 수 있는데, 빨강 계통의 색은 따뜻한 느낌을 주고, 파랑 계통의 색은 차가운 느낌을 줍니다.

따뜻한 색

차가운 색

실용적인
종이나라
「A4양면색상지」

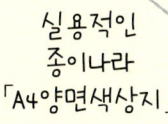

A4비율의 종이를
겹겹이 붙여 멋진 구성작품을
만들어 보아요!

 ## A4 비율의 종이로 접는 메모꽂이

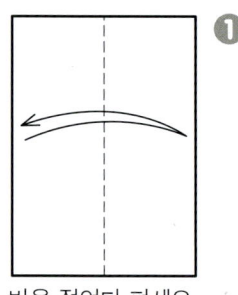
반을 접었다 펴세요.

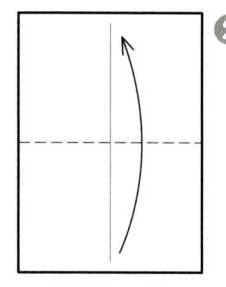
반을 접으세요.

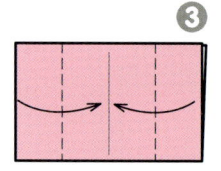

화살표 안쪽을
펼쳐 눌러 접으세요.

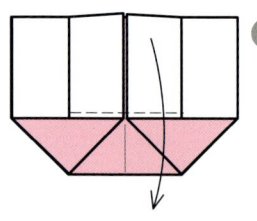

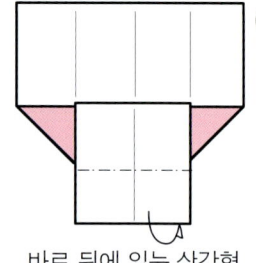
바로 뒤에 있는 삼각형
속으로 넣으세요.

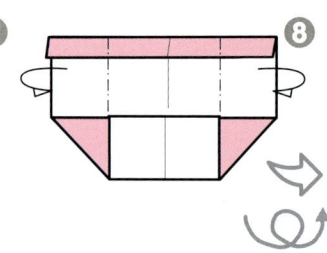

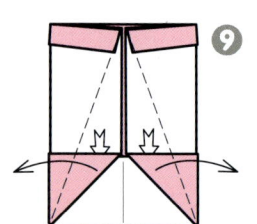

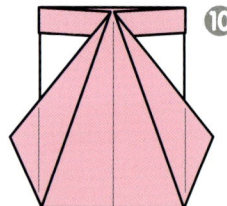
화살표 안쪽을
펼쳐 눌러 접으세요.

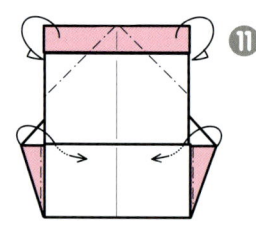

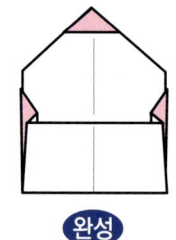
완성

 더 알아보기

A4 비율의 종이로 접은 지갑

위의 메모꽂이 ⑪번에서 시작하여 접어주면 예쁜 지갑이 완성됩니다.
앞부분에 장식품을 달아 꾸며 보세요.

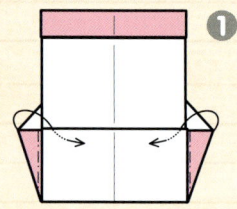
안으로 접으세요.

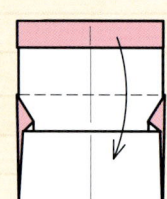
끝선에 맞추어
접어 내리세요.

완성

종이나라 무늬색종이로
메모꽂이를 접어 벽에
붙여 두면 메모지나 명함,
색종이, 액세서리 등을
보관하기에 편리합니다.

종이나라 색종이로
지갑을 접어 보세요.
A3크기의 종이로
접으면 지폐를 넣을 수
있습니다.

다양한 무늬나
크기, 두께가 있는
종이나라 색종이로
접어보세요.

 ## A4 비율의 종이로 접는 요정

얼굴 15×15㎝ 색종이를 35쪽을 참고로 A4 비율로 자른 후 시작하세요.

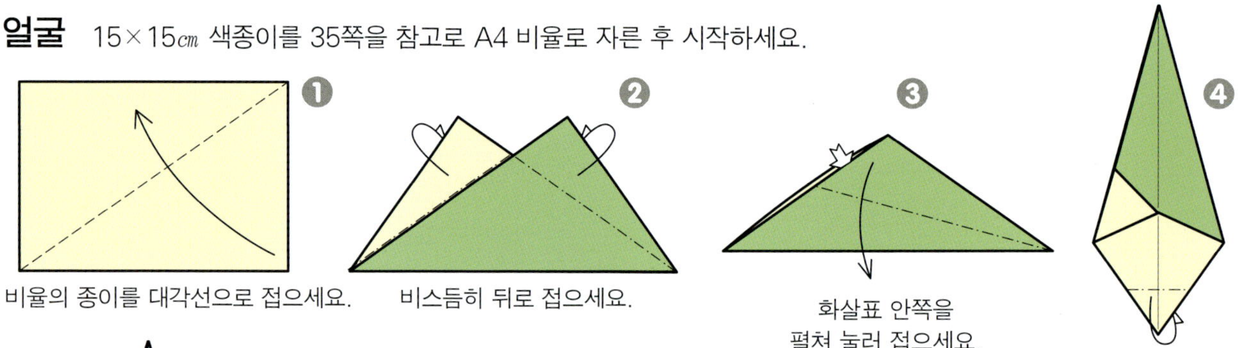

① A4 비율의 종이를 대각선으로 접으세요.
② 비스듬히 뒤로 접으세요.
③ 화살표 안쪽을 펼쳐 눌러 접으세요. 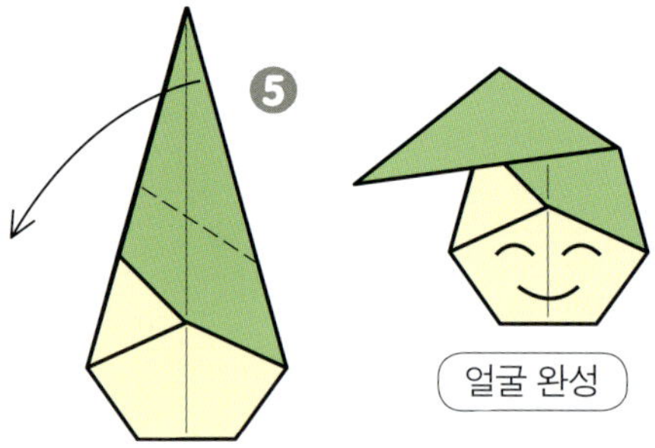
④
⑤ 얼굴 완성

신발 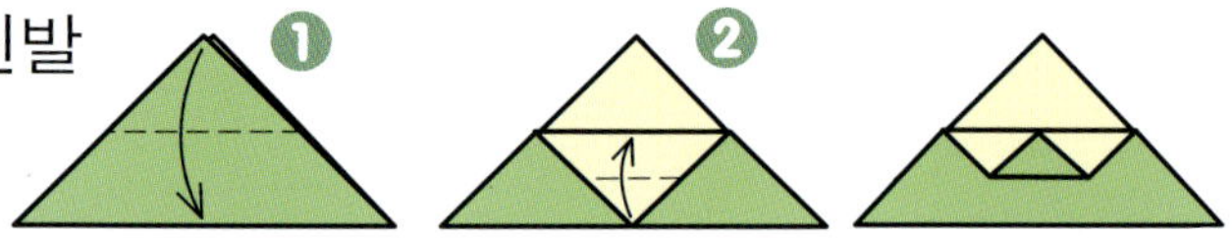
① 가로, 세로 3㎝정도의 정사각형 색종이로 접으세요.
② 신발 완성

옷 15×15㎝ 색종이 2장을 준비하세요.

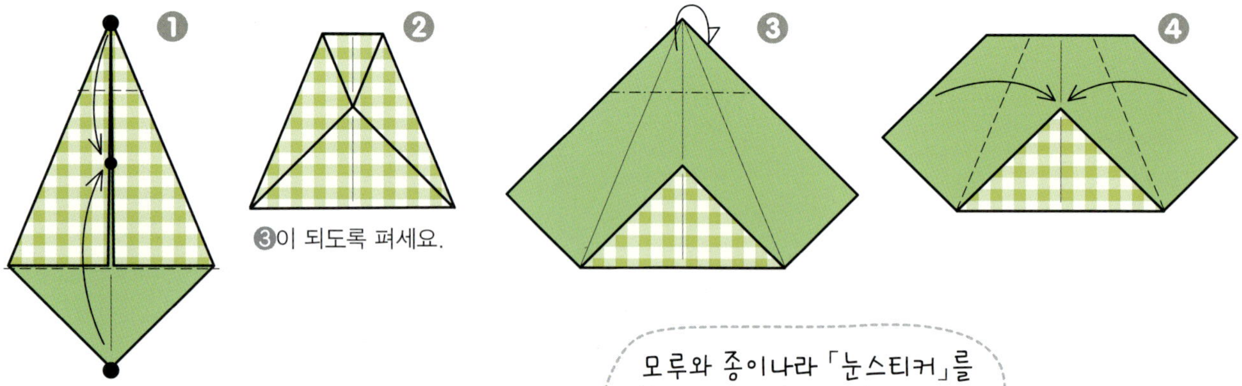

① 아이스크림접기에서 시작하여 ●과 ●에 맞추어 접으세요.
② ③이 되도록 펴세요. 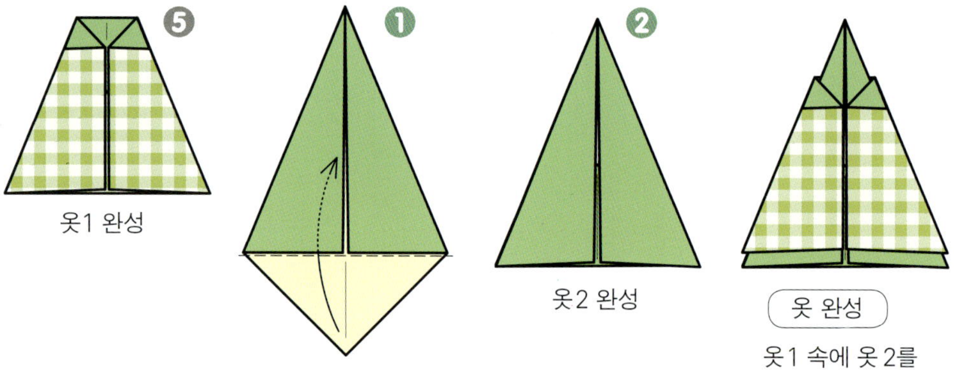
③
④
⑤ 옷1 완성

①
② 옷2 완성
③ 옷 완성 - 옷1 속에 옷2를 끼워 넣으세요.

모루와 종이나라「눈스티커」를 활용하여 요정을 완성해 보세요.

완성

평행사변형이란? (4학년 2학기)

평행사변형은 마주보는 변의 길이와 각의 크기가 서로 같고 두 쌍의 변이 서로 평행한 사각형입니다.

평행사변형 접기 1

정사각형 색종이를 사용해 평행사변형을 접을 수 있습니다.

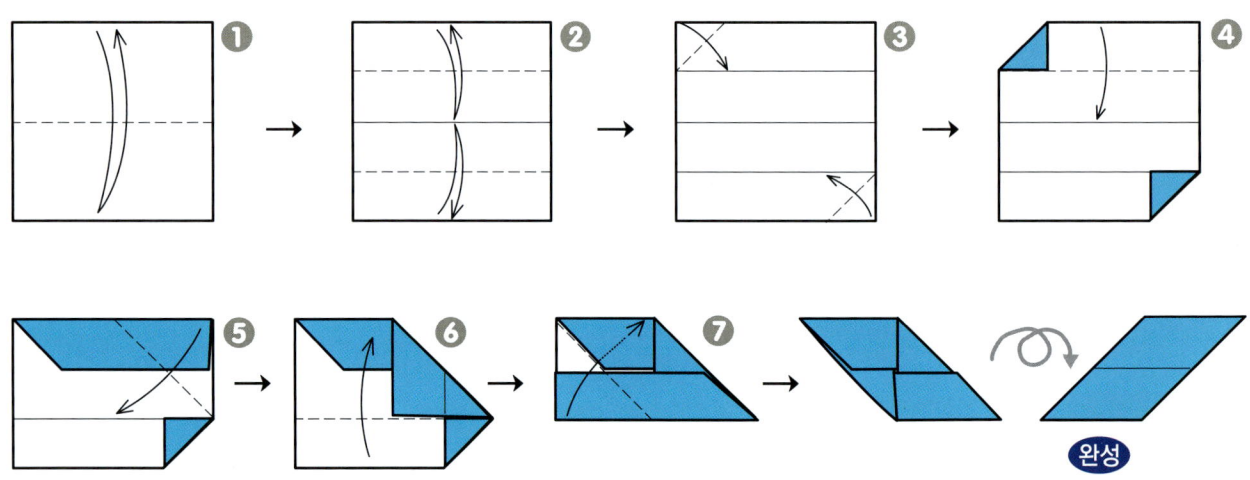

평행사변형의 넓이 (5학년 1학기)

평행사변형은 사각형이지만 기울어진 선분 때문에 넓이를 어떻게 구해야할지 망설이게 됩니다. 그런데 평행사변형을 잘라서 붙여보면 금방 직사각형이 되는 것을 알 수 있어요. 따라서 직사각형의 넓이를 '가로×세로'로 구하듯이 평행사변형의 넓이도 '밑변(가로) × 높이(세로)'로 구하면 됩니다.

평행사변형의 넓이 = 밑변 × 높이

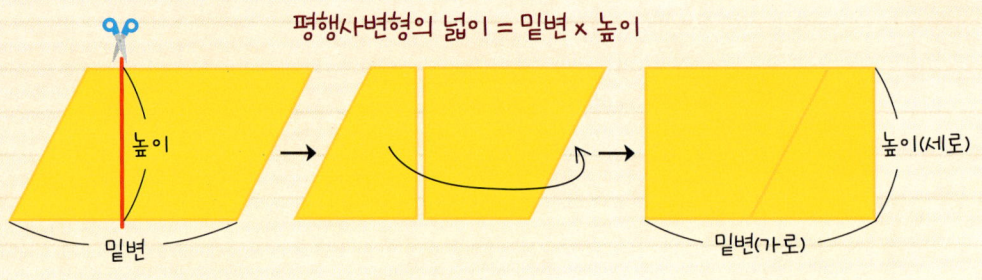

 ## 평행사변형으로 바람개비 접기

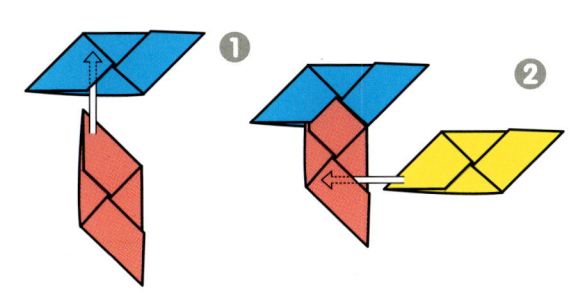
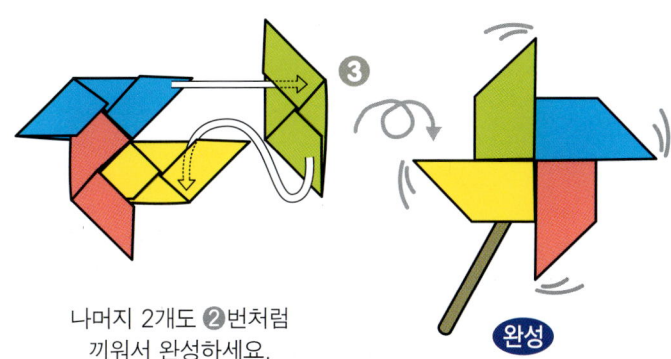

42쪽 평행사변형을 네 개 접은 후, 그림처럼 조립하세요.

나머지 2개도 ❷번처럼 끼워서 완성하세요.

완성

평행사변형 접기 2 (모빌 접기)

평행사변형 8개를 접어서 각에 맞추어 둥글게 끼우면 다양하게 활용할 수 있는 원형의 종이접기 작품이 탄생합니다.

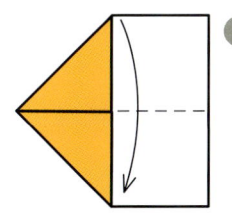
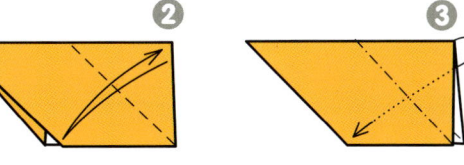

반을 접었다 편 후, 그 선에 맞추어 양쪽을 접은 다음 반을 접으세요.

접었다 펴세요.

안쪽으로 접어 넣으세요.

8개를 접으세요.

평행사변형 모양이 완성되었습니다!

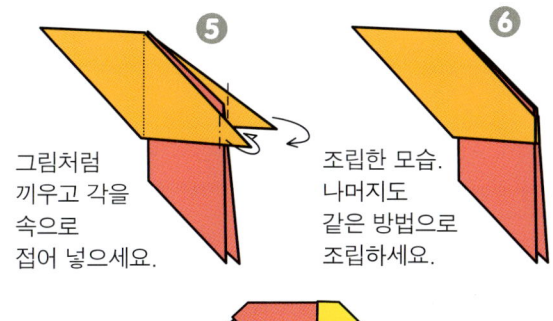

그림처럼 끼우고 각을 속으로 접어 넣으세요.

조립한 모습. 나머지도 같은 방법으로 조립하세요.

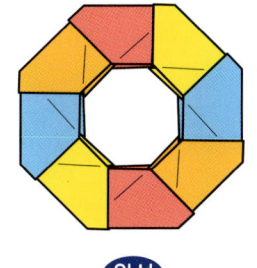

완성

다양한 배색으로 여러 개를 접어 교실이나 내방을 장식해 보세요!

마름모란? (4학년 2학기)

마름모는 네 변의 길이가 모두 같고 마주 보는 두 쌍의 변이 서로 평행이며, 마주 보는 각의 크기가 서로 같은 사각형입니다. 또한 두 대각선이 서로 수직으로 만나며 대각선의 길이를 서로 이등분 합니다. 색종이로 접어서 이 사실을 확인해 볼 수 있습니다. 마름모를 접은 다음 ㄴ이 ㄹ과 만나도록 접어 보세요. 꼭맞게 포개지므로 ㄱㄷ을 축으로 대칭하는 것을 알 수 있고 당연히 ㄴㄱ과 ㄹㄱ, ㄴㄷ과 ㄹㄷ의 길이도 같은 것을 알 수 있습니다.

마름모 접기 고기접기에서 시작하세요.

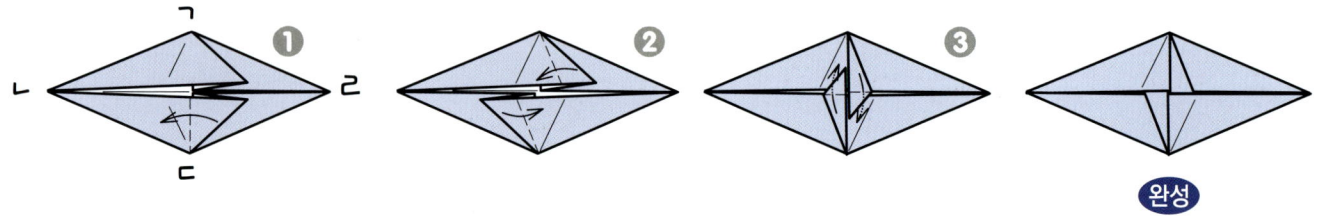

마름모의 넓이 (5학년 1학기)

직사각형을 이용하여 마름모의 넓이를 구할 수 있습니다. 마름모 ㄱㄴㄷㄹ을 이어주는 직사각형 ㅁㅂㅅㅇ을 그려보면 ◎, ☆, □, △으로 표시된 모양들이 서로 같다는 것을 알 수 있습니다. 마름모 ㄱㄴㄷㄹ의 넓이가 직사각형 ㅁㅂㅅㅇ의 넓이의 반이 되는 것이지요. 그래서 마름모의 넓이는 아래와 같이 계산할 수 있어요.

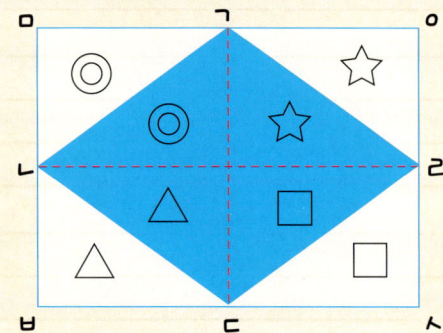

마름모의 넓이 = (대각선 ㄴㄹ) × (대각선 ㄱㄷ) ÷ 2

종이나라 색종이로 마름모를 5개 접어 붙여 반지를 만들었어요. 왕관, 팔찌 등으로 응용할 수 있어요.

다양한 크기의 색종이로 마름모 접기를 하여 멋진 상상의 세계를 연출해 보세요.

사다리꼴이란? (4학년 2학기)

사다리꼴은 마주 보는 한 쌍의 대변이 평행한 사각형입니다.
평행한 하나의 변을 밑변이라고 하고 밑변의 위치에 따라
윗변과 아랫변이라고 합니다.
두 밑변 사이에 있는 거리를 높이라고 합니다.

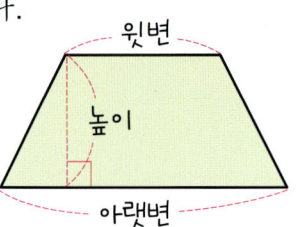

사다리꼴 접기

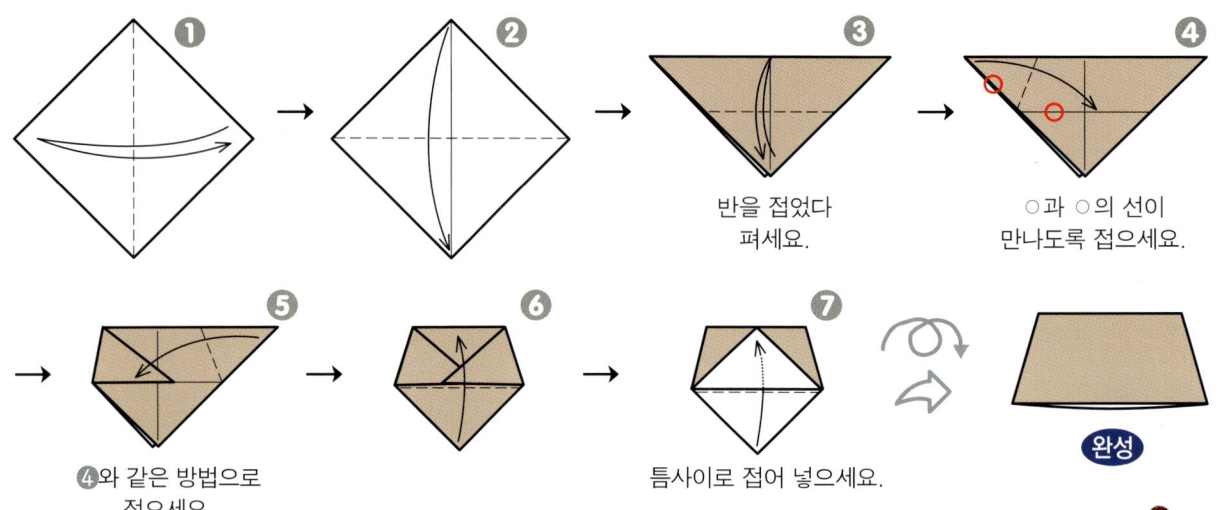

사다리꼴의 넓이 (5학년 1학기)

사다리꼴의 넓이를 구할 때 앞에 나온 평행사변형의 넓이 구하는 방법을 활용해 보면 쉽게 이해가 될거예요. 일단 구하고자 하는 사다리꼴 두 개를 이어붙여 평행사변형을 만들어 줍니다. 평행사변형의 넓이는 '밑변×높이' 이지만 사다리꼴 두 개를 붙인 것이니까 한 개의 넓이를 구하여 2로 나눠 주면 돼요.

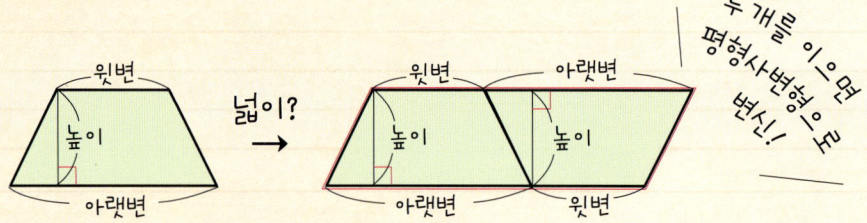

사다리꼴의 넓이 = { (윗변 + 아랫변) } × 높이 ÷ 2

사각형

우주로 향하는 꿈의 시작인 우주선이나 달까지 갈 수 있는 우주 엘리베이터 설계의 기초에 놀랍게도 종이접기가 활용되고 있습니다. 우주로 가는 꿈을 담아 종이접기의 기초이자 기본인 사각형을 접어 보고 각각의 사각형들의 특징과 관계에 대하여 알아봅시다. 특히 한 장으로 접은 후 벌어진 부분들을 끼워서 조립하여 완성하는 데 묘미가 있는 작품입니다. 먼저 같은 크기의 정사각형 색종이를 준비하세요.(가로 · 세로 15㎝ 색종이)

정사각형

정사각형은 네 변의 길이가 같고, 네 각이 모두 직각인 사각형입니다. 18쪽 '정사각형 넓이가 1/4로 줄어드는 접기 2' 완성에서 시작하여 접어보고 넓이도 구해 보세요.

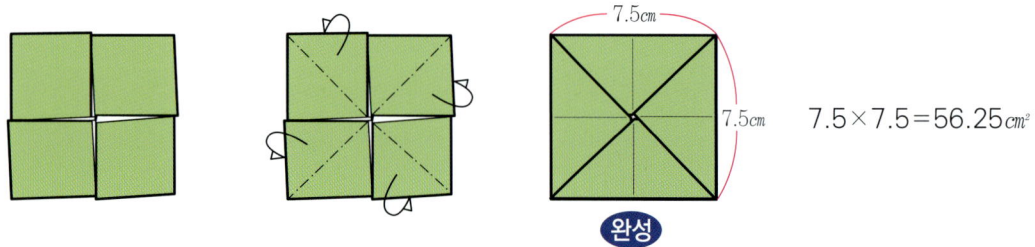

$7.5 \times 7.5 = 56.25 ㎠$

직사각형

직사각형은 마주 보는 두 쌍의 변의 길이가 서로 같고, 평행하며 네 개의 각이 모두 직각인 사각형입니다.

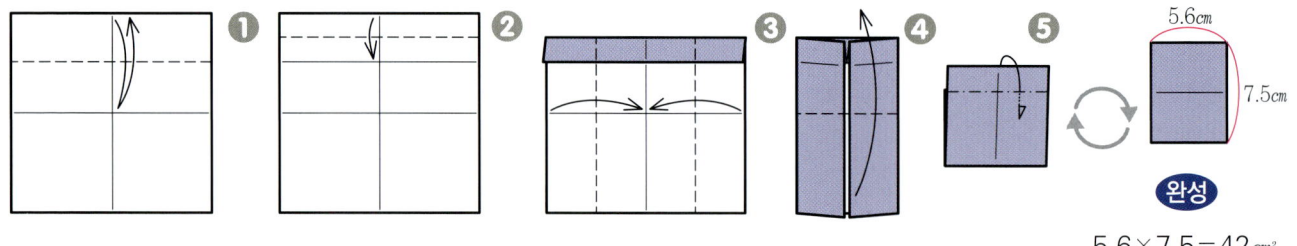

$5.6 \times 7.5 = 42 ㎠$

마름모

마름모는 네 변의 길이가 같고, 마주 보는 변이 서로 평행이고, 마주 보는 각의 크기가 서로 같은 사각형 입니다.

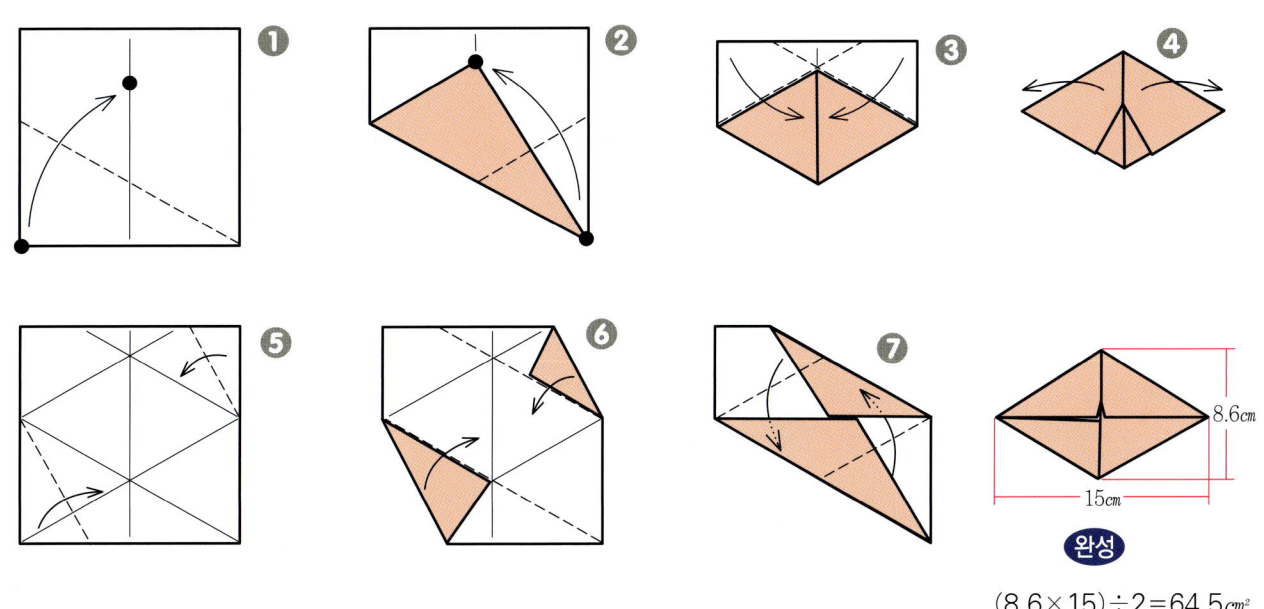

$(8.6 \times 15) \div 2 = 64.5\,cm^2$

평행사변형

평행사변형은 마주보는 변의 길이와 각이 서로 같고, 두 쌍의 변끼리 서로 평행인 사각형입니다.

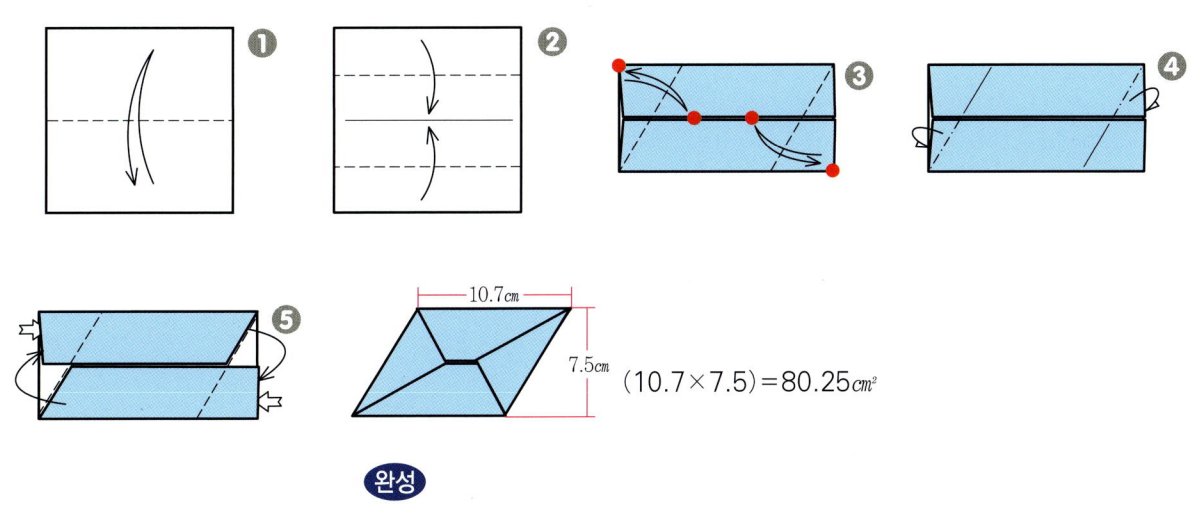

$(10.7 \times 7.5) = 80.25\,cm^2$

사다리꼴

사다리꼴은 네 개의 변에서 마주 보는 한 쌍의 변만 평행인 사각형입니다.

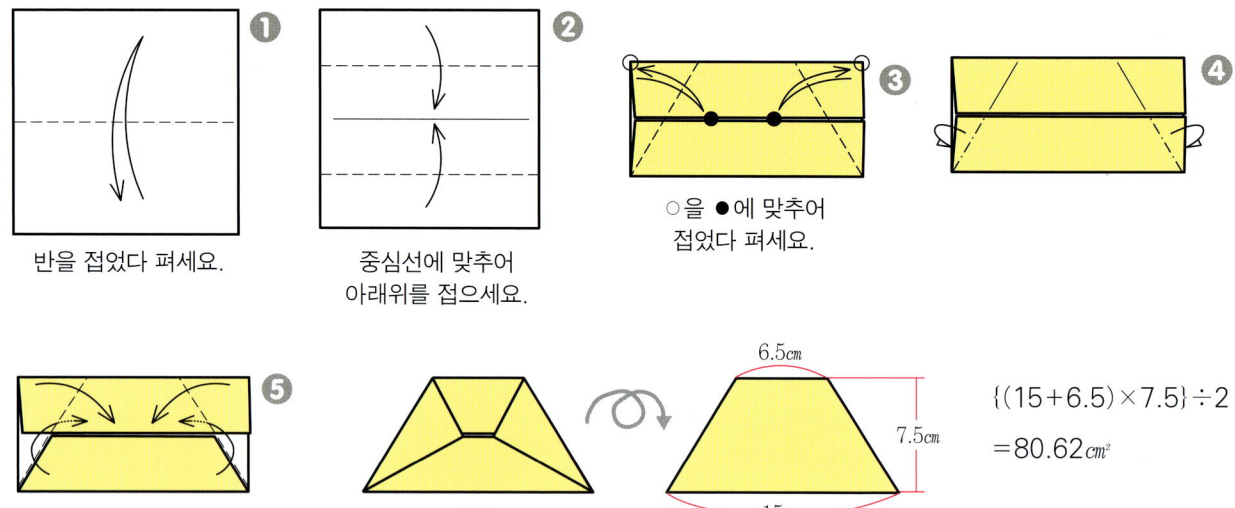

$\{(15+6.5)\times 7.5\} \div 2$
$= 80.62\,cm^2$

사다리꼴은 네 개의 변에서 마주 보는 한 쌍의 변만 평행인 사각형입니다.

 같은 크기의 색종이로 위의 도면대로 접었을 경우, 평행사변형과 사다리꼴의 넓이는 같습니다. 그러나 접는 사람에 따라 한 변의 길이에 아주 조금 차이가 날 수 있기 때문에 넓이에도 차이가 있을 수 있습니다(일반화된 수식 생략합니다).

아래의 사진은 48쪽~50쪽의 사각형들을 넓이가 큰 순서대로 늘어놓은 것입니다.

1. 이 그림에서 사다리꼴이라고 할 수 있는 사각형은 몇 개 일까요? (   )

2. 평행사변형의 성질을 갖고 있는 사각형은 몇 개 일까요? (   )

답 : 사다리꼴인 사각형? 5개
평행사변형인 사각형? 4개

각이 세 개라서
2. 삼각형

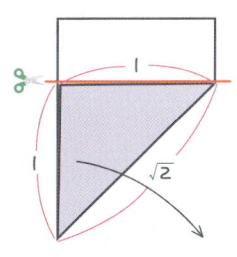

삼각형은 같은 직선 위에 있지 않는 3개의 점을 이은 선분으로 만들어진 도형입니다. 또 세 개의 변과 세 개의 내각을 가지는데 이것을 삼각형의 6요소라고 한답니다.

삼각형이란? (2학년 1학기, 4학년 2학기)

삼각형은 같은 직선 위에 있지 않는 세 개의 점을 이은 선분으로 만들어진 도형입니다.
삼각형은 세 개의 변과 세 개의 내각을 가지는데 이것을 '삼각형의 6요소'라고 합니다.
삼각형의 종류는 다음과 같습니다.

- **정삼각형** : 세 변의 길이와 세 각의 크기가 같은 삼각형
- **이등변삼각형** : 두 변의 길이가 같고 두 개의 밑각 크기가 같은 삼각형
- **직각삼각형** : 하나의 내각의 크기가 90°인 삼각형
- **둔각삼각형** : 하나의 내각의 크기가 90°보다 큰 삼각형
- **예각삼각형** : 세 개의 내각의 크기가 모두 90°보다 작은 삼각형

삼각형 색종이로 접어서 완성한 〈코끼리〉 작품 : 만드는 방법 59p.

더 알아보기

각도의 종류와 뜻

각도는 한 점에서 갈리어 나간 두 직선의 벌어진 정도를 원의 중심에서 원의 둘레를 360으로 등분한 것을 1°로 나타내고 이를 단위로 측정한 것입니다.

평각 : 180°로서 두 직선이 일직선으로 이어질 때의 각도입니다.
둔각 : 두 직선이 만나는 각도가 90°보다 크고 180°보다 작은 각도입니다.
직각 : 두 직선이 만나는 각도가 90°일 때의 각도입니다.
예각 : 90°보다 작은 각도입니다.

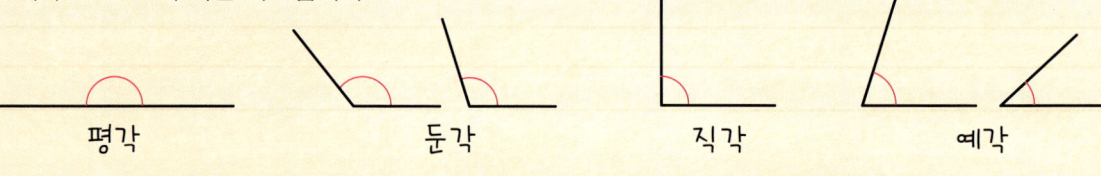

이등변삼각형

이등변삼각형은 세 개의 변 중에서 두 변의 길이가 같고, 두 밑각의 크기가 같은 삼각형입니다. 아래와 같이 쉬운 이등변삼각형을 접어 보아요.

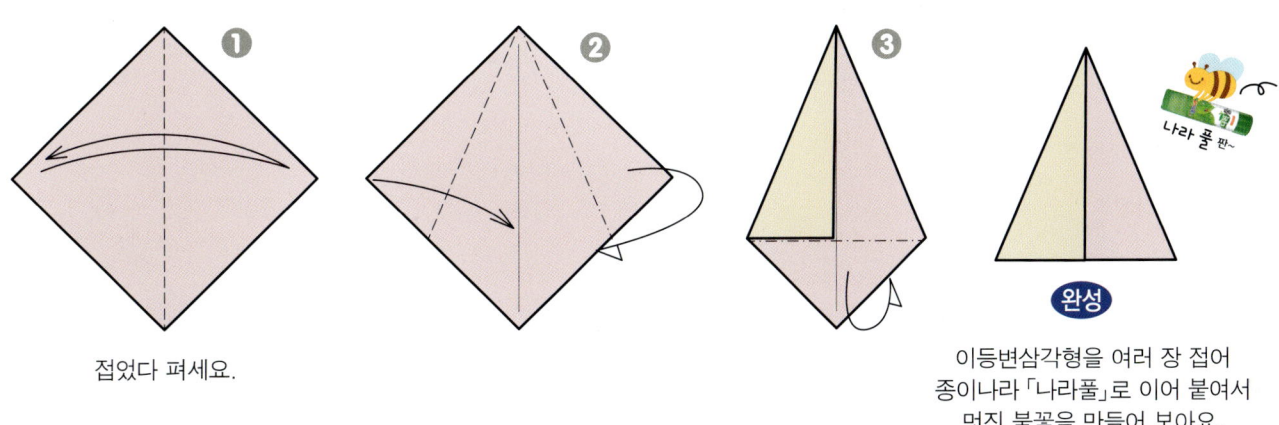

접었다 펴세요.

완성

이등변삼각형을 여러 장 접어 종이나라 「나라풀」로 이어 붙여서 멋진 불꽃을 만들어 보아요.

 ## 도깨비 접기

아이스크림접기에서 시작하세요.

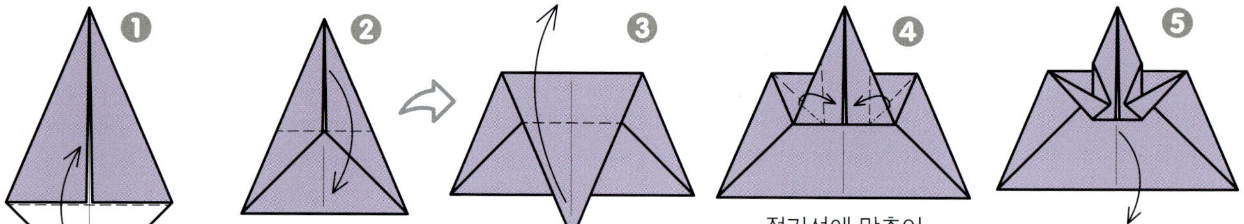

❶
❷ 접어 내리세요.
❸
❹ 접기선에 맞추어 접으세요.
❺ 펴세요.
❻ 계단접기 하세요.
❼ 접었다 펴세요.
❽ 화살표 안쪽으로 접어 넣으면서 입체로 만드세요.
❾ 접기선에 맞추어 접으세요.

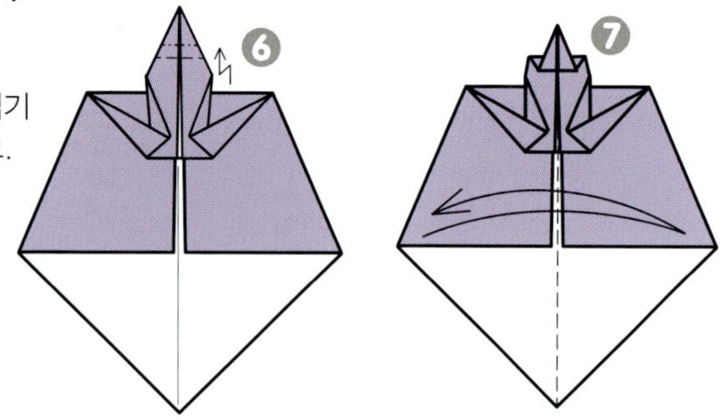

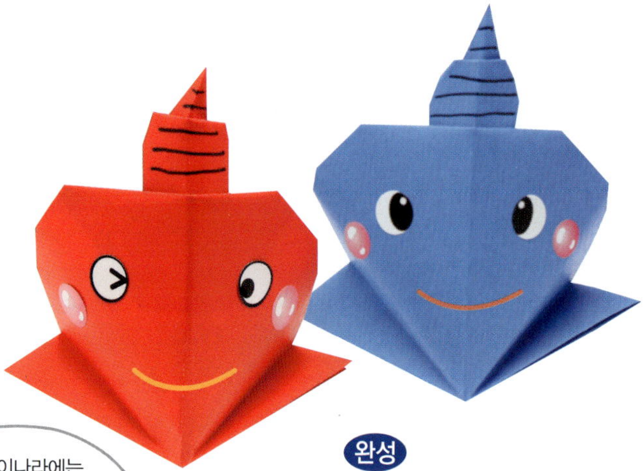

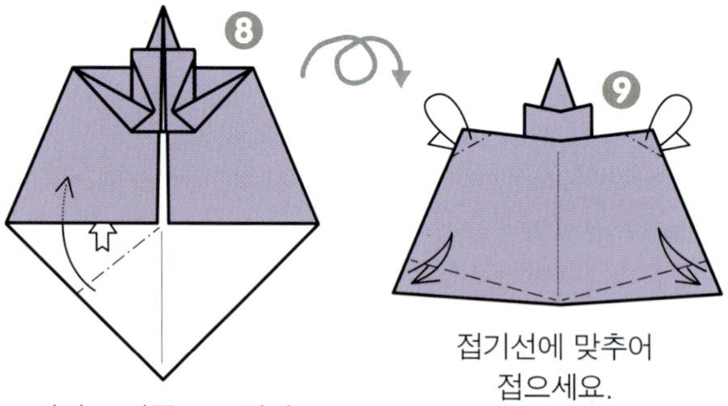

종이나라에는 간편히 사용할 수 있는 다양한 눈스티커가 있어요!

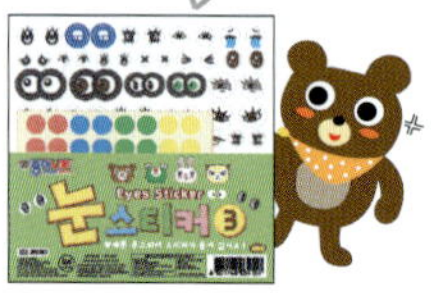

완성
재미있는 모양의 종이나라 「눈스티커」를 붙여서 꾸미세요.

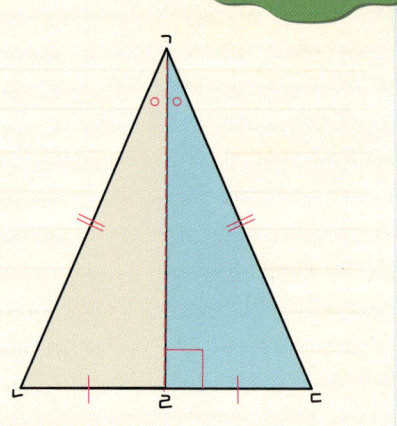

이등변삼각형 밑각의 크기는 항상 같다 (4학년 2학기)

53쪽에서 이등변삼각형 ㄱㄴㄷ를 접었습니다. 양면색종이로 접으니까 삼각형 ㄱㄴㄹ과 삼각형 ㄱㄷㄹ이 합쳐진 모양입니다.

선분ㄱㄹ를 따라 반을 접으면 두 개의 삼각형이 합동임을 알 수 있습니다.
1. 이등변삼각형 ㄱㄴㄷ의 두 변의 길이는 같으므로 선분ㄱㄴ과 선분ㄱㄷ의 길이는 같다.
2. 선분 ㄱㄹ을 같이 사용함으로 그 길이도 당연히 같다.
3. 각ㄴㄱㄷ을 반으로 나누었으므로 각ㄴㄱㄹ과 각ㄷㄱㄹ의 크기는 같다.

직각이등변삼각형 (4학년 2학기)

직각이등변삼각형은 길이가 서로 같은 두 변 사이의 각이 90°인 삼각형을 말합니다. 삼각형 세 각 크기의 합은 180°이므로 한 각이 90°이면 나머지 두 각은 각각 45°가 되겠지요. 아래와 같은 방법으로 직각이등변삼각형을 접어 보아요.

직각이등 삼각형 1

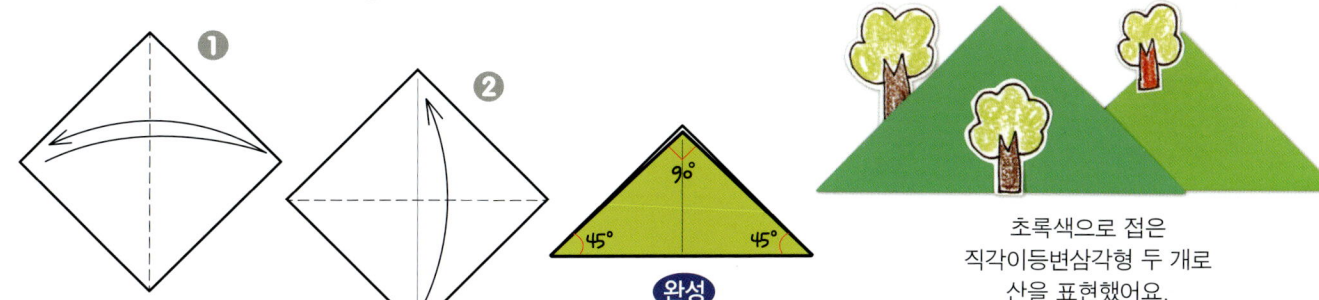

초록색으로 접은 직각이등변삼각형 두 개로 산을 표현했어요.

직각이등변삼각형 2

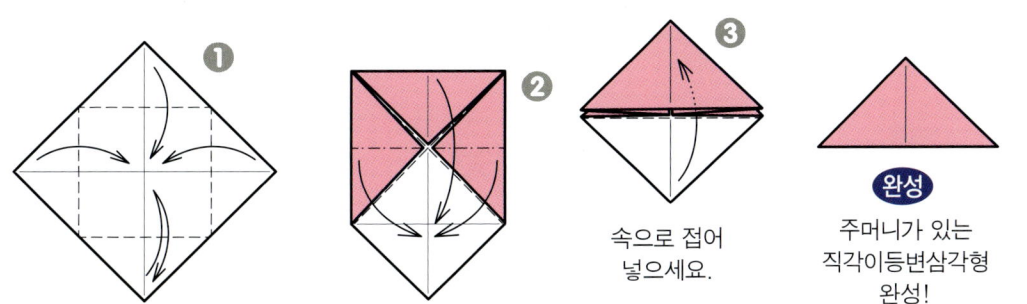

속으로 접어 넣으세요.

주머니가 있는 직각이등변삼각형 완성!

더 알아보기

삼각형의 넓이 구하기

정사각형이 직각삼각형 두 개로 나누어지는 것을 보면 삼각형의 넓이는 사각형의 반이므로 삼각형의 넓이를 구하는 방법은 가로(밑변) × 세로(높이) × $\frac{1}{2}$인 것을 알 수 있어요.

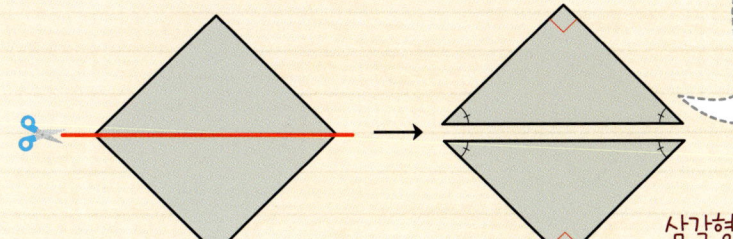

정사각형을 반 자르면 직각이등변삼각형 두 개가 탄생합니다. 직각이등변삼각형은 세 개의 각 중에서 하나의 각이 직각이며, 밑의 두 개의 각이 같습니다.

삼각형의 넓이 = 가로(밑변) × 세로(높이) × $\frac{1}{2}$

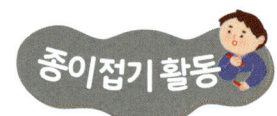
직각이등변삼각형 접기를 이용한 요정

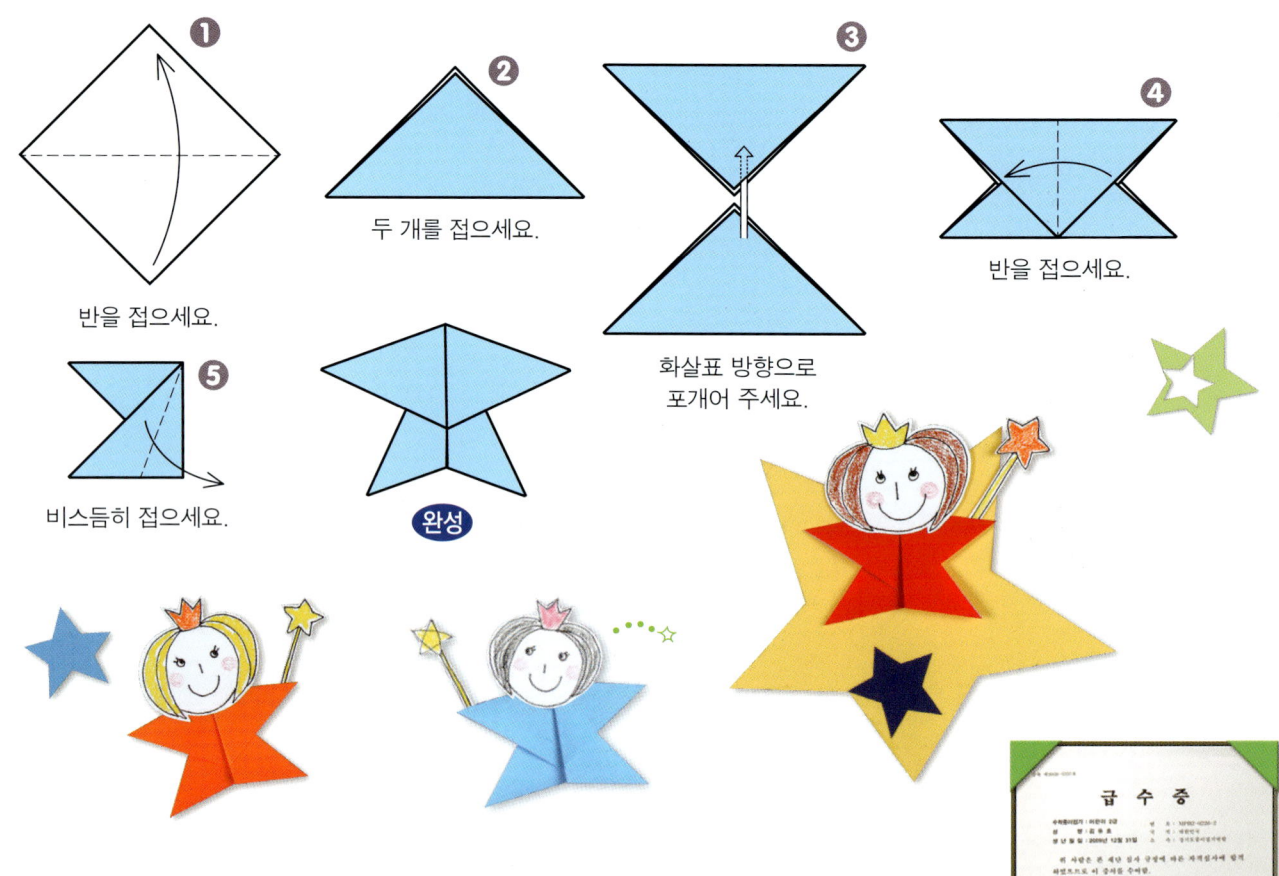

직각이등변삼각형으로 만드는 액자

같은 크기 색종이 4장을 준비하세요.

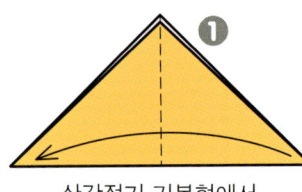

삼각접기 기본형에서 시작하세요.

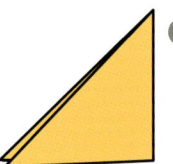

2장을 접으세요.

접혀진 틈새로 2장을 서로 끼우세요.

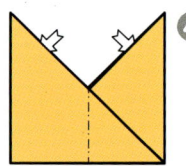

화살표 안쪽을 펼쳐 눌러 접으세요.

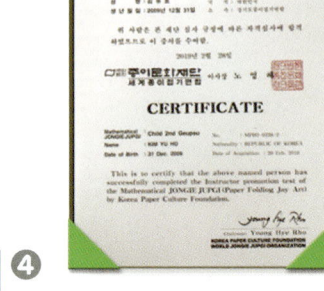

4개를 접어 상장이나 작품 등의 모서리에 끼워 장식해 보세요.

이 모양을 2장 접으세요.

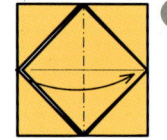

접혀진 틈새로 2장을 서로 끼우세요.

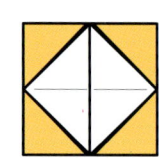

맨 위의 종이만 접으세요.

앞면에 사진 등을 붙이세요.

 # 직각이등변삼각형 접기를 이용한 왕관

왕관 55쪽 직각이등변삼각형 2를 15×15cm 5장, 10×10cm 2장을 준비하세요.

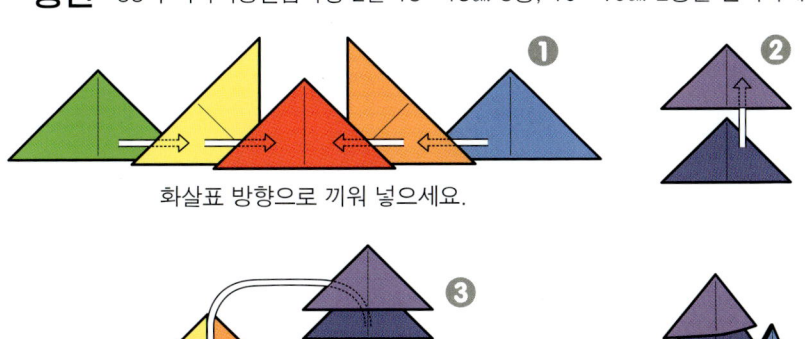

골판지로 띠를 만들어 붙이고 스티커로 꾸며 보세요.

물고기 같은 크기 색종이 4장을 준비하세요.

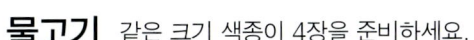

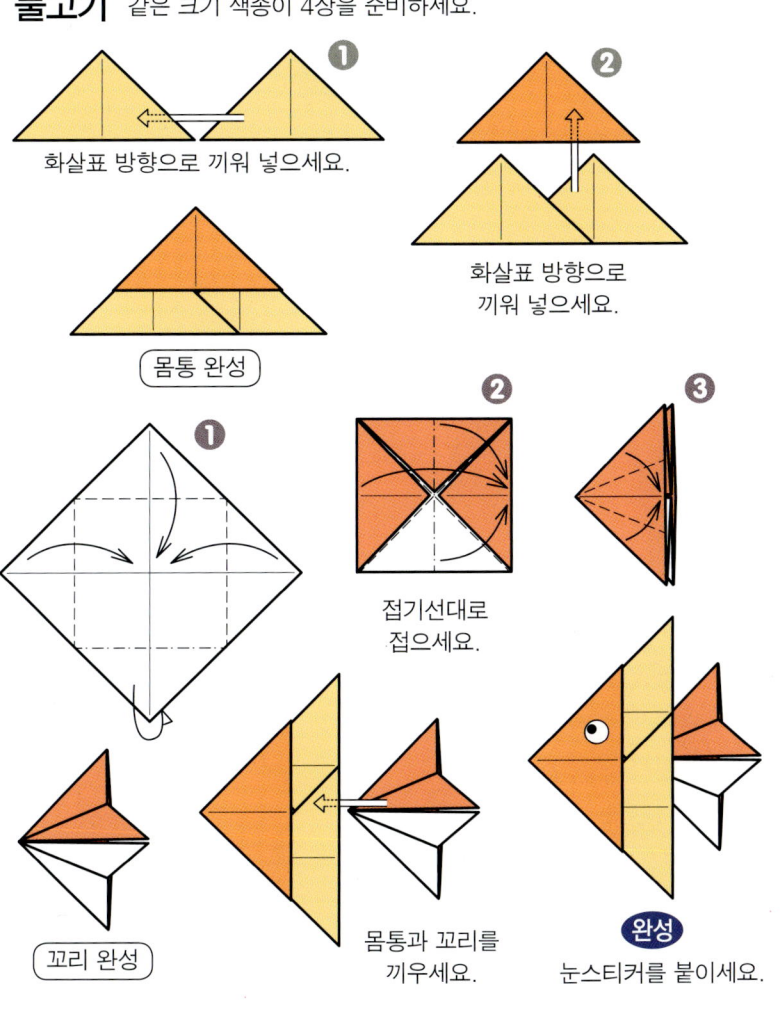

정삼각형 (2학년 1학기, 4학년 2학기)

세 각의 크기가 모두 같고, 세 변의 길이가 서로 같은 삼각형을 정삼각형이라고 합니다. 색종이를 오려서 정삼각형을 알아봅시다. 아래의 그림을 따라 색종이를 접고 ❸번과 같이 빨간색 선을 따라 오리면 정삼각형이 완성됩니다. 이 삼각형을 다시 ❺번과 같이 2개의 점이 만나도록 접으면 각의 크기가 똑같다는 것을 알 수 있습니다.

정삼각형 오리기

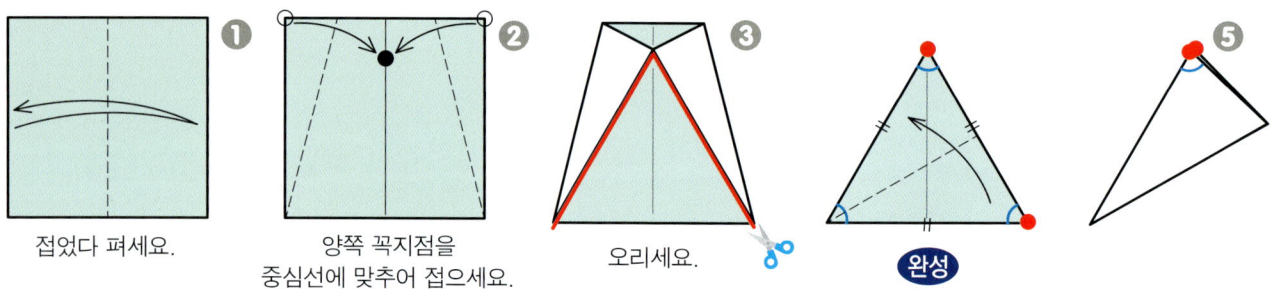

정삼각형 접기

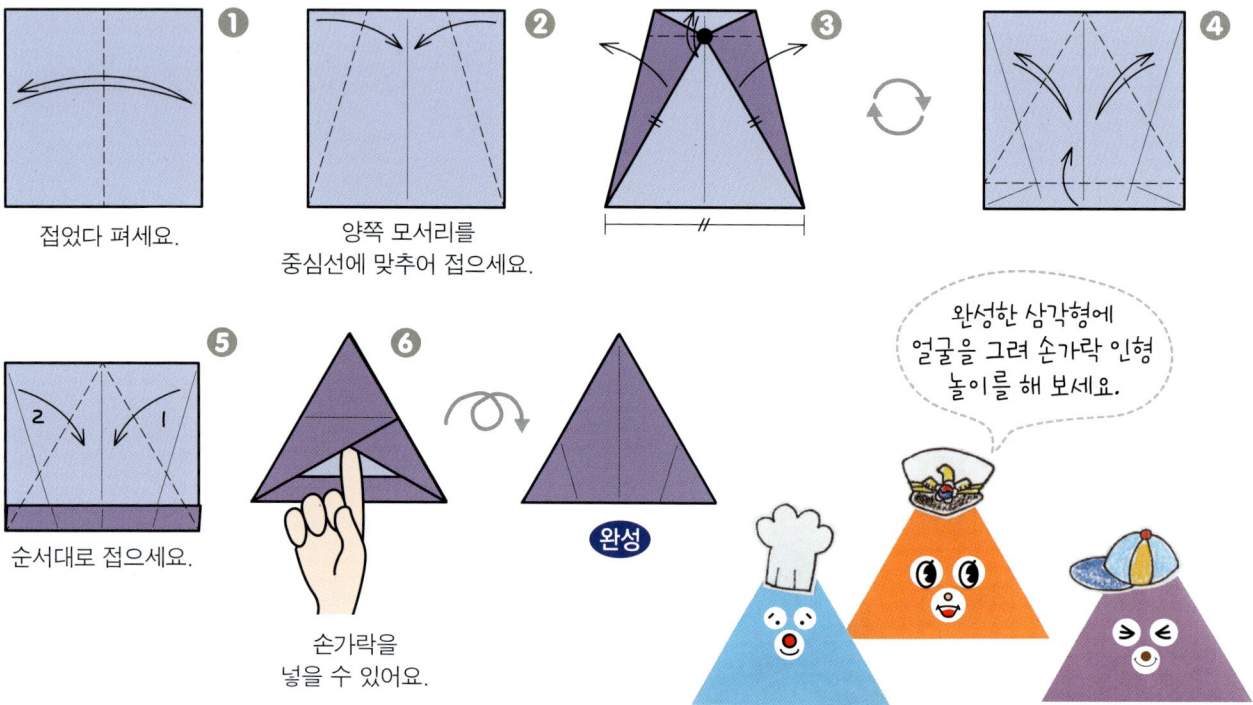

 ## 정삼각형으로 코끼리 접기

색종이를 정삼각형으로 자른 종이 2장을 준비하세요.

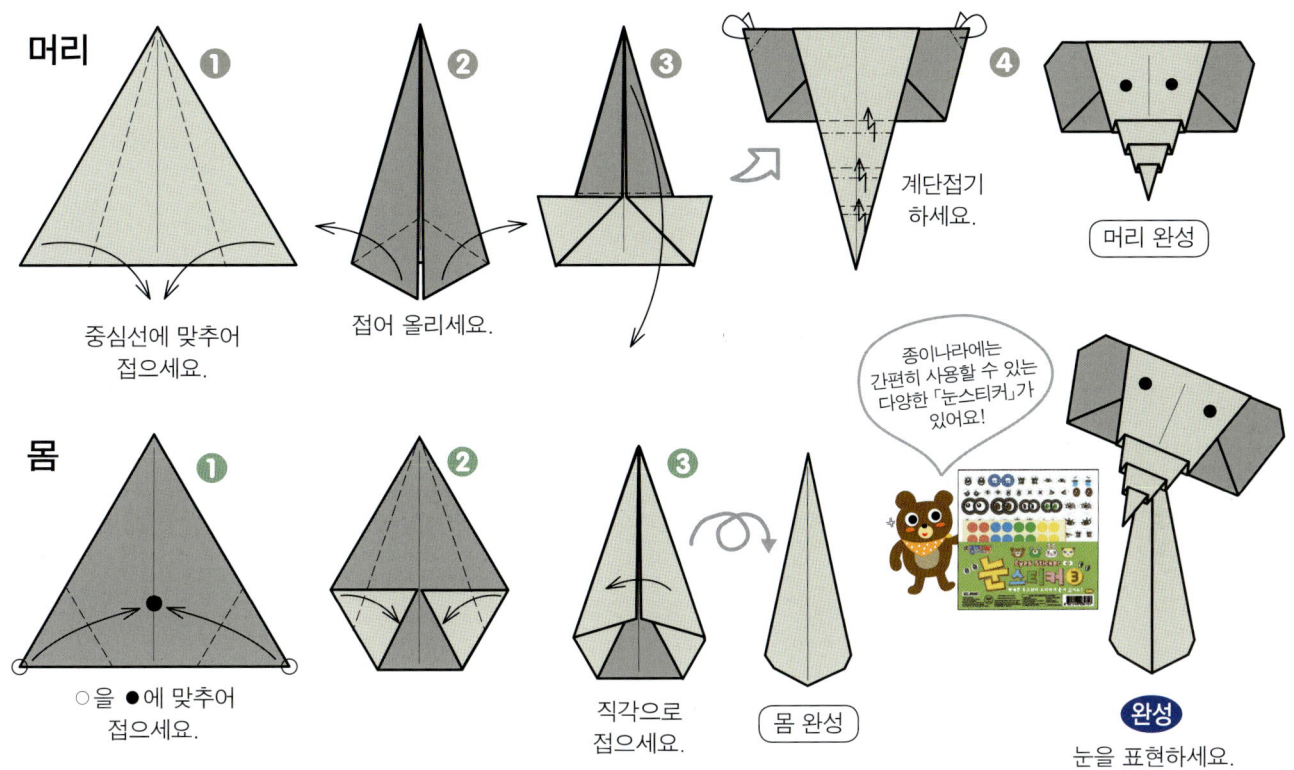

 ## 정삼각형으로 팽이 접기

색종이를 정삼각형으로 자른 후 시작하세요.

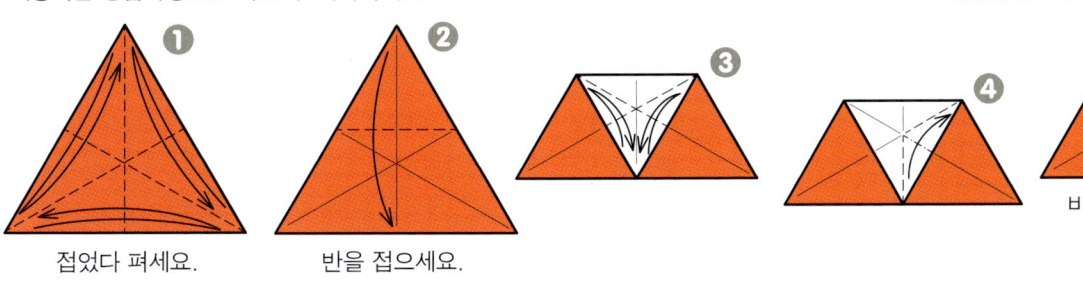

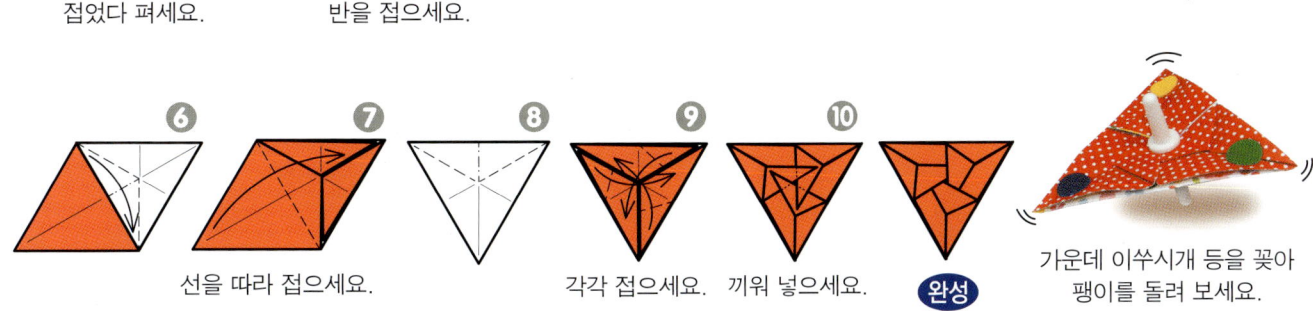

정삼각형으로 프랙탈 알아보기 (영재과정)

정삼각형을 아래와 같이 접어 나가면 큰 삼각형 안에 작은 삼각형들이 여러 개 생기게 됩니다. 작은 구조가 전체 구조와 비슷한 형태로 끝없이 반복되는 구조를 '프랙탈'이라고 해요. 프랙탈 구조는 나뭇가지나 리아스식 해안선, 산의 모양, 창가에 끼는 성애, 눈의 결정체 등에서 찾아볼 수 있습니다. 즉, 꼬불꼬불하고 주름지고 울퉁불퉁하거나 불규칙한 모양의 자연에서 흔히 볼 수 있는 것이지요.

프랙탈나무 58쪽을 참고하여 정삼각형 색종이를 준비하세요.

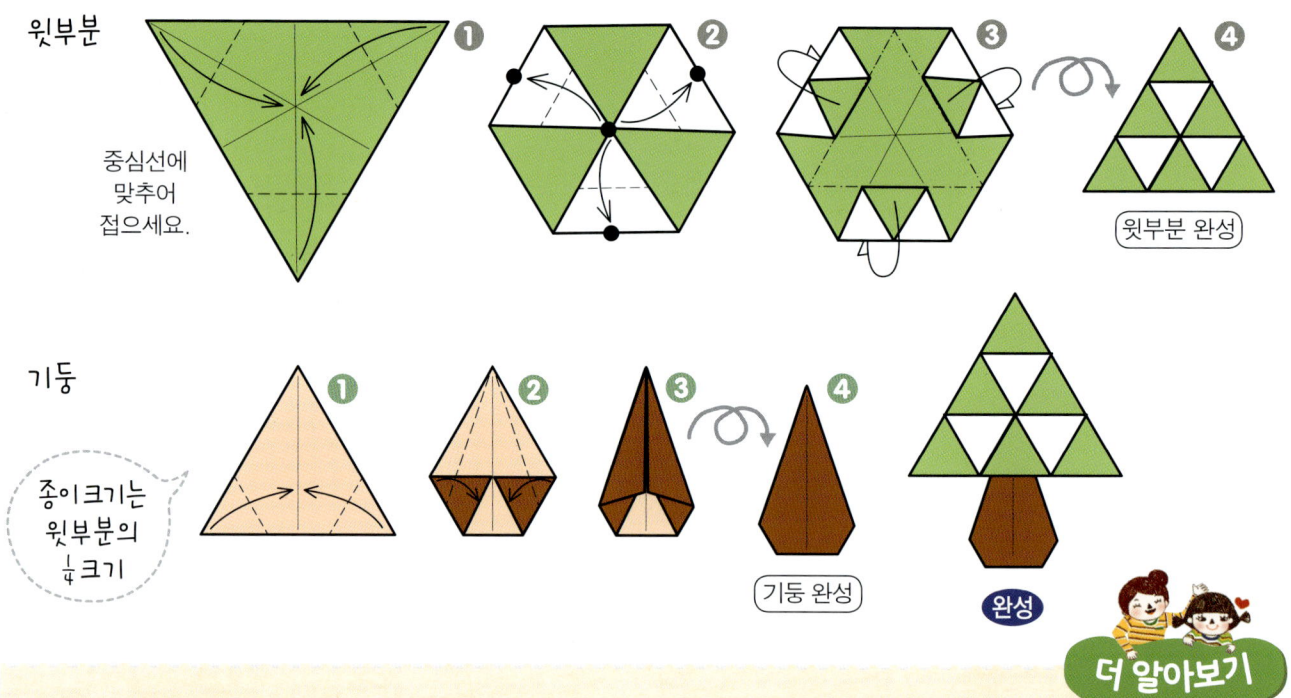

시어핀스키 삼각형이란?

폴란드의 수학자 바클라프 시어핀스키가 1917년에 고안한 삼각형입니다. 먼저 큰 정삼각형을 그리고 각 변의 중심에 점을 찍어 정삼각형을 그리면 정삼각형 4개로 나뉘어집니다. 그리고 가운데 정삼각형을 없앱니다. 이러한 규칙으로 계속 반복하면 삼각형 수는 늘어나지만 구멍이 뚫린 삼각형이 되어 넓이는 0에 가까워집니다. 이 삼각형을 공간으로 확대 시킨 것을 시어핀스키 피라미드라고 합니다. 시어핀스키 피라미드의 모양은 작은 부분과 큰 부분의 모양이 똑같이 닮은 도형입니다. ※ 시어핀스키 삼각형을 공간으로 확장한 피라미드는 123쪽에 있습니다.

프랙탈 카드 만들기

비슷한 모양이 입체로 반복되는 카드를 만들어 보아요. 33쪽의 피타고라스 나무도 프랙탈 구조의 좋은 예 입니다.

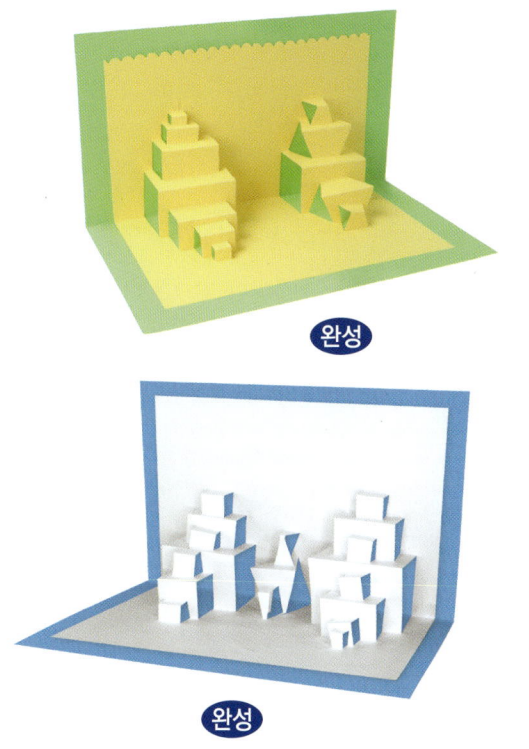

완성

종이나라에는 카드 만들 때 적합한 「엠보양면색상지」가 있어요.

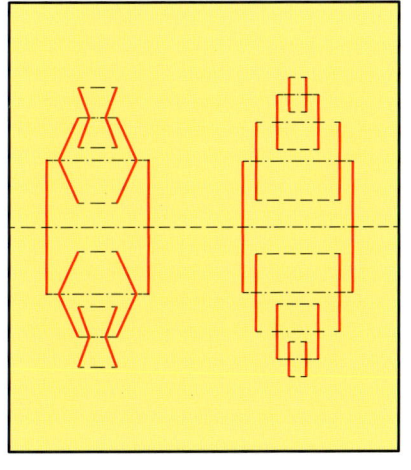

빨간색 선을 오리고 선대로 접으세요.

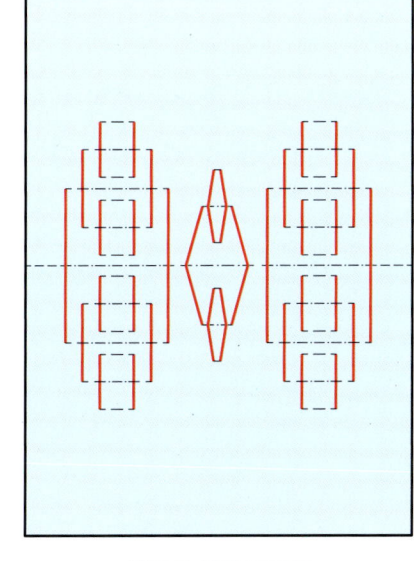

빨간색 선을 오리고 선대로 접으세요.

삼각형의 여러 가지 중심점 _(영재과정)

삼각형에는 내심, 외심, 수심, 무게중심, 방심이라는 다섯 가지의 중심점이 있습니다. 이 중에서 종이접기로 쉽게 알아볼 수 있는 세 가지 중심점 즉, 내심, 외심, 무게중심을 알아봅시다.

내심

내심이란 삼각형의 세 내각의 이등분선이 만나는 점으로 내접원의 중심이에요.

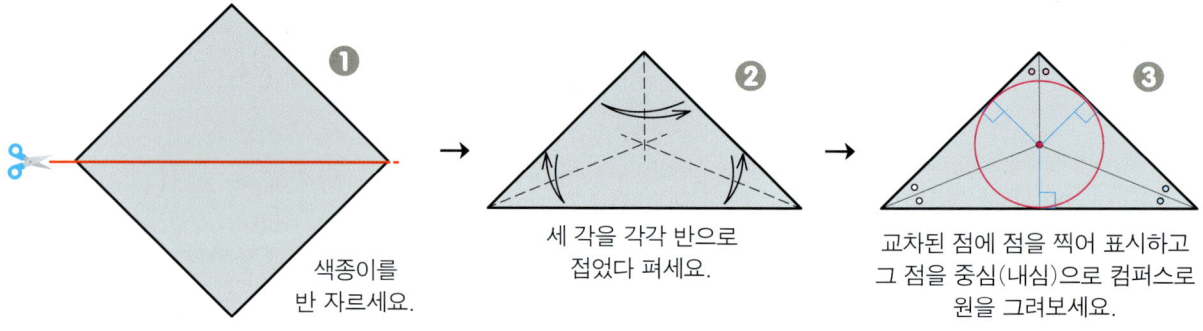

위의 그림 ❸번에서 찾은 교차점이 바로 삼각형 안에 들어 갈 수 있는 제일 큰 크기의 원을 그릴 수 있는 중심점, 즉 내심이며 그 점을 중심으로 그린 원을 내접원이라고 합니다. 내심점으로부터 각 변까지의 거리는 항상 같답니다.

외심

외심은 삼각형 세 변의 수직이등분선이 만나는 점입니다. 삼각형의 각 변을 ❷번과 같이 각각 정확히 반을 접었다 펴면 ❸번과 같이 세 개의 수직이등분선은 한 점에서 만나게 됩니다.

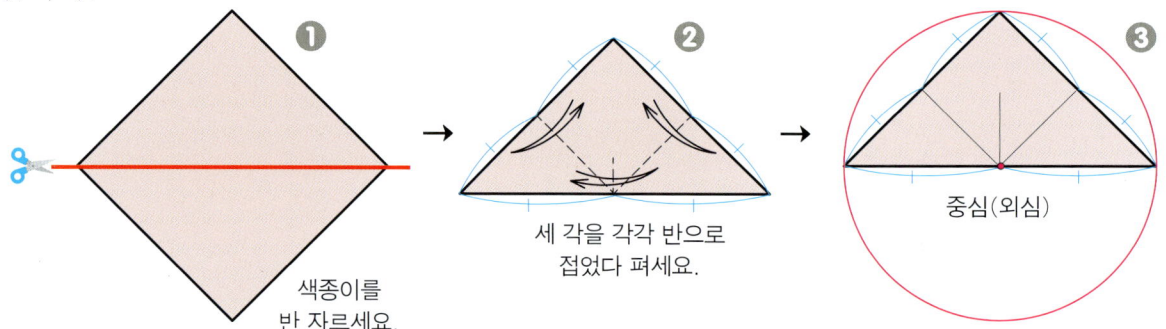

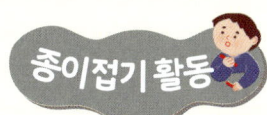 **내심점과 외심점을 만날 수 있는 튤립 접기**

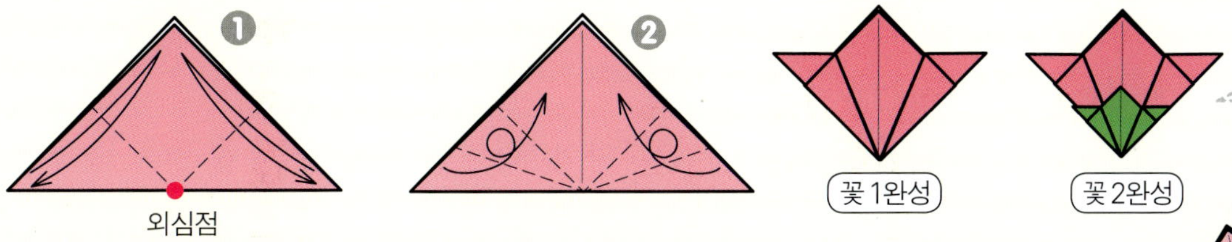

외심점

꽃 1완성 꽃 2완성

¼ 크기의 초록으로 접으면 꽃받침이 됩니다.

이와 같이 접었다 펴면 내심점을 찾을 수 있어요.

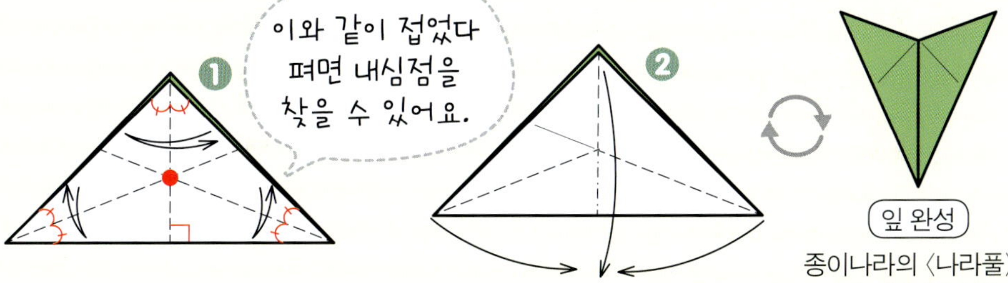

잎 완성
종이나라의 〈나라풀〉로 꽃과 잎을 붙이세요.

완성

튤립으로 평면작품을 구성했어요.

예쁘게 리스도 꾸밀 수 있어요.

꽃다발로 꾸며 부모님과 선생님께 선물해요!

삼각형의 무게중심

삼각형의 꼭지점과 그 대변의 중점을 이는 선분이 서로 만나는 점입니다. 무게중심점은 세 개의 중선의 길이를 각각 2:1로 나눕니다. 무게중심은 삼각형을 무게를 가지는 하나의 물체로 봤을 때 삼각형의 총 무게가 작용하는 점이랍니다. 따라서 어떤 물체의 뾰족한 곳에 삼각형의 무게중심점을 맞추어 올려 놓으면 기울거나 쓰러지지 않고 균형을 잘 잡아 평형을 유지하게 되지요.

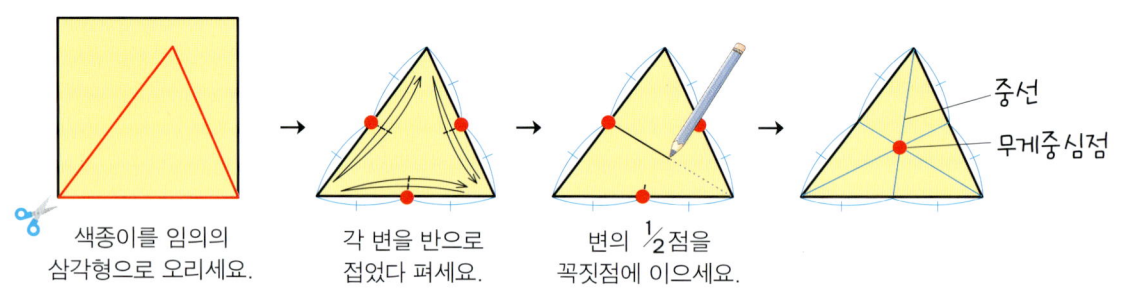

종이접기 활동 — 무게중심을 만날 수 있는 여우접기

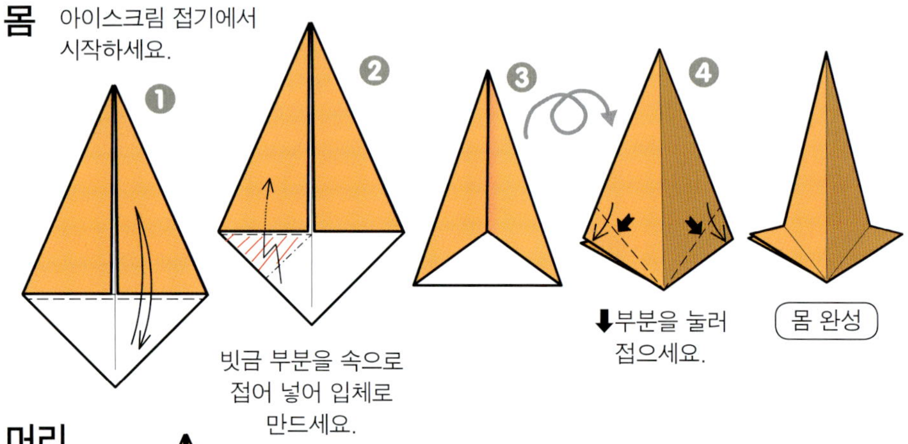

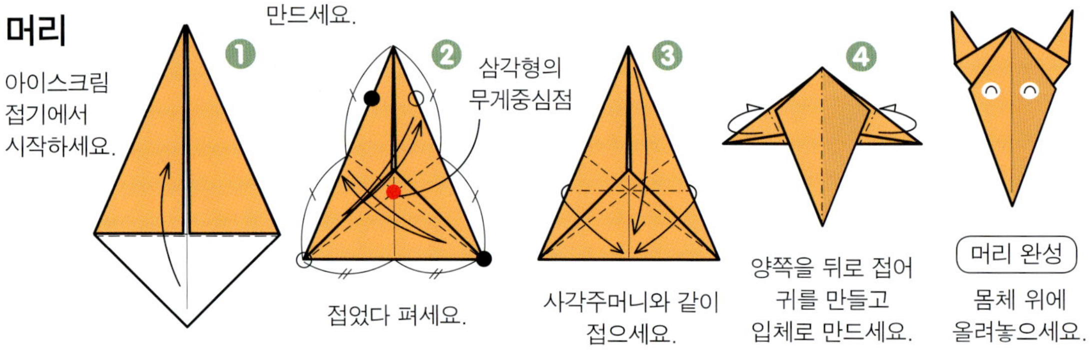

몸 아이스크림 접기에서 시작하세요.

① ② 빗금 부분을 속으로 접어 넣어 입체로 만드세요. ③ ④ ↓부분을 눌러 접으세요. 몸 완성

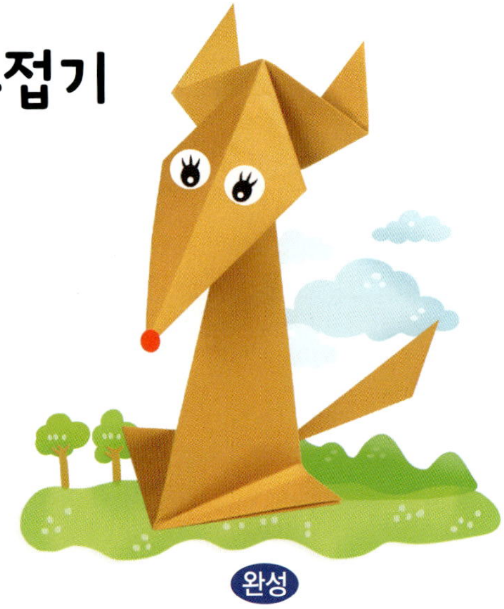

머리 아이스크림 접기에서 시작하세요.

① ② 삼각형의 무게중심점 / 접었다 펴세요. ③ 사각주머니와 같이 접으세요. ④ 양쪽을 뒤로 접어 귀를 만들고 입체로 만드세요. 머리 완성 / 몸체 위에 올려놓으세요.

완성

종이접기 동영상

삼각형의 세 내각의 합이 180°임을 알아보는 방법 ❶

삼각형의 모양은 아주 다양합니다.
하지만 내각의 합은 언제나 180°예요.
색종이로 임의의 삼각형을 오린 후
실험하면 더 확실하게 알 수 있어요.

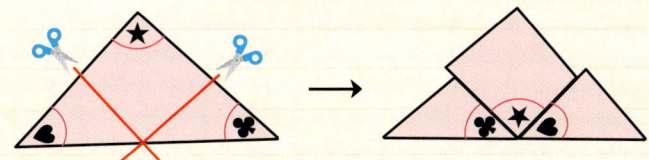

접어서도 확인할 수 있어요. 먼저 삼각형을 오려서 준비한 다음 반을 접었다 펴서 점 ㄹ를 찍습니다.
그 다음 ㄹ에 맞추어 반을 접은 후 양쪽도 점 ㄹ에 맞추어 접으면 세 내각의 크기가 180°임을 알 수 있어요.

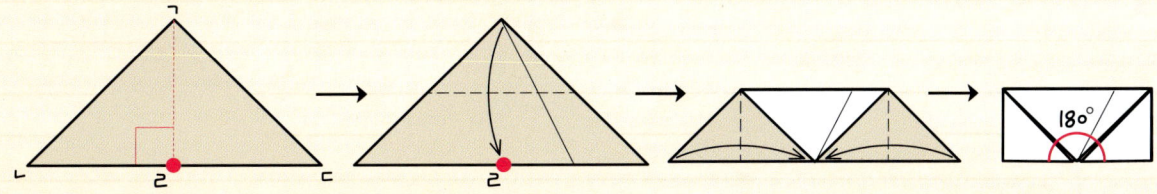

삼각형의 세 내각의 합이 180°임을 알아보는 방법 ❷

정사각형 색종이를 아래 방법대로 접은 후 펴보면 ❽번에서 보면 90°인 한 각이 6등분 된 것을 알 수 있어요. 90°가 6등분 되었으니 한 각의 크기는 15°입니다. 또 ❽번 그림과 같이 자르고 나서 확인하면 아래의 두 각이 각각 60°임을 알 수 있습니다. 삼각형의 세 내각의 합이 180°이므로 나머지 한 각은 60°임을 알 수 있으며 잘라진 삼각형은 정삼각형이라는 사실도 알 수 있습니다.

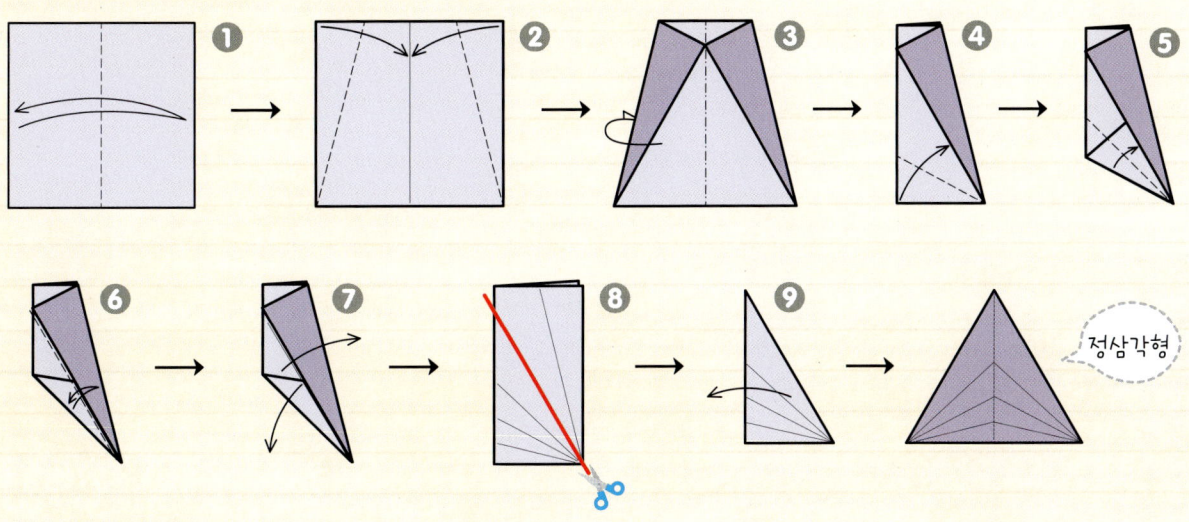

여러 가지 삼각형 타일 접기

도형의 기본인 사각형에 이어서 삼각형을 타일(Tile)로 완성해 봅시다.
각각의 삼각형이 가지고 있는 각의 크기도 알아봅시다.

이등변삼각형

두 변의 길이가 같고 두 개의 밑각의 크기가 같은 삼각형

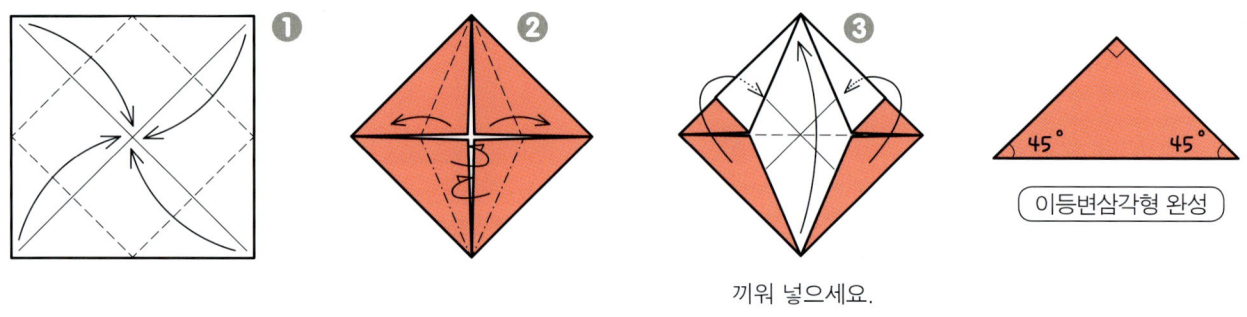

정삼각형

세 변의 길이가 같고 세 개의 각의 크기가 같은 삼각형

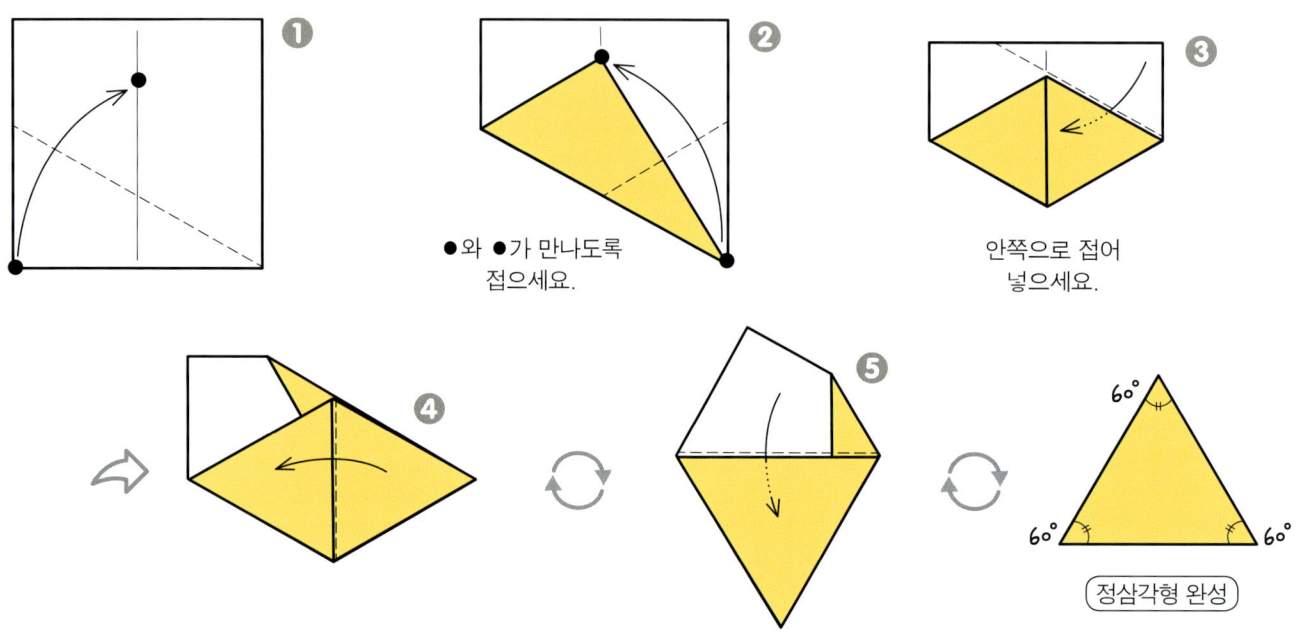

직각삼각형 하나의 내각의 크기가 직각인 삼각형

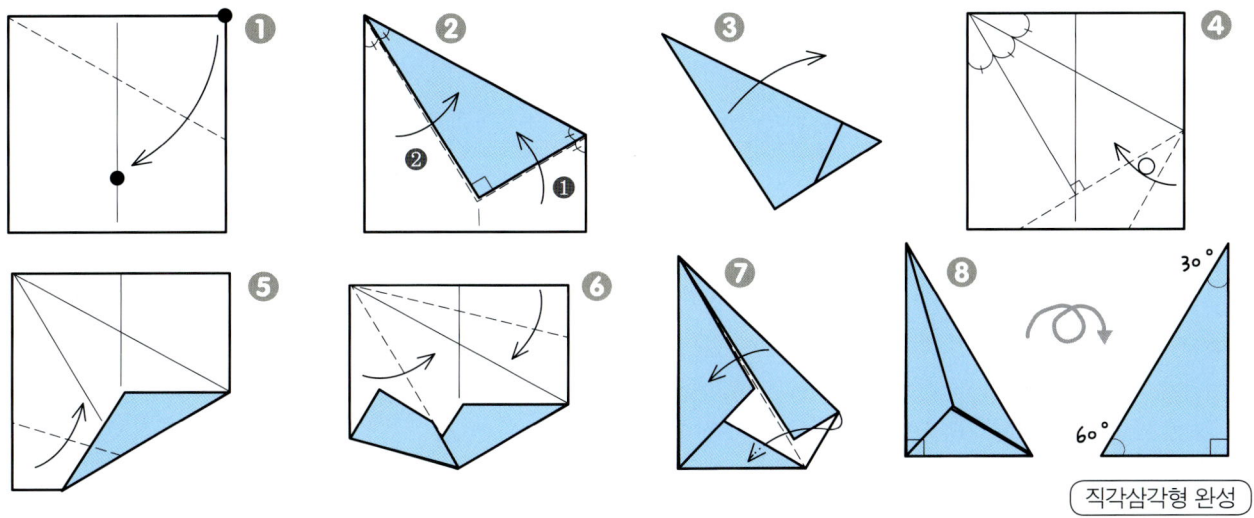

예각삼각형 세 각의 크기가 모두 90°보다 작은 삼각형

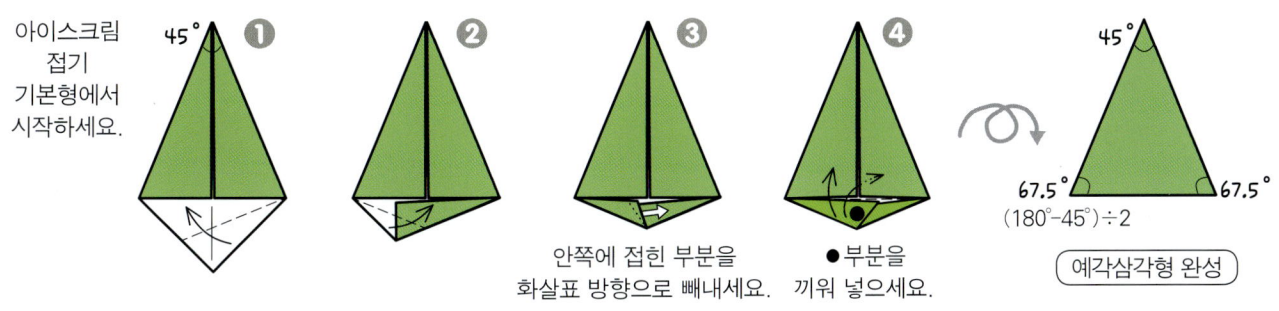

둔각삼각형 하나의 내각의 크기가 90°보다 큰 삼각형

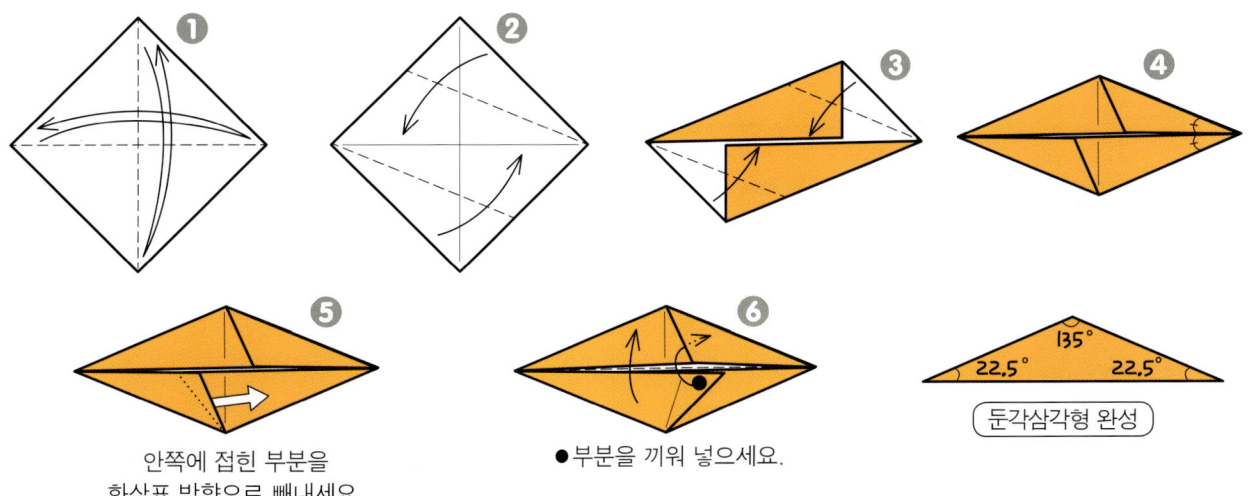

삼각형 각의 크기 표현하기

삼각형 타일을 활용하여 여러 가지 종류의 삼각형 안에 들어있는 각을 이용하여 다양한 각의 크기를 표현해 봅시다.

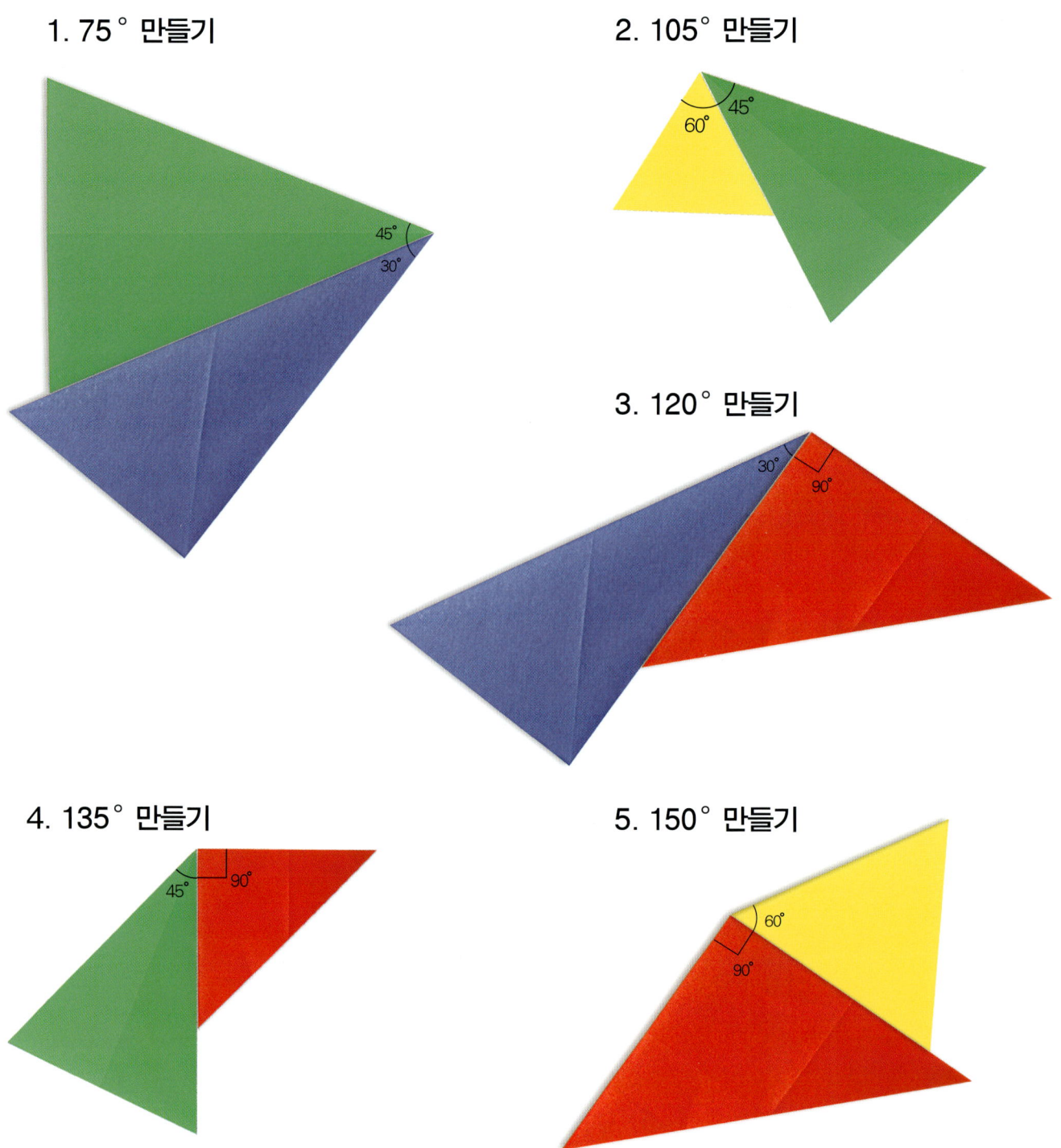

1. 75° 만들기
2. 105° 만들기
3. 120° 만들기
4. 135° 만들기
5. 150° 만들기

6. 중심각을 360° 로 만들기

135°
45°
60°
30°
90°

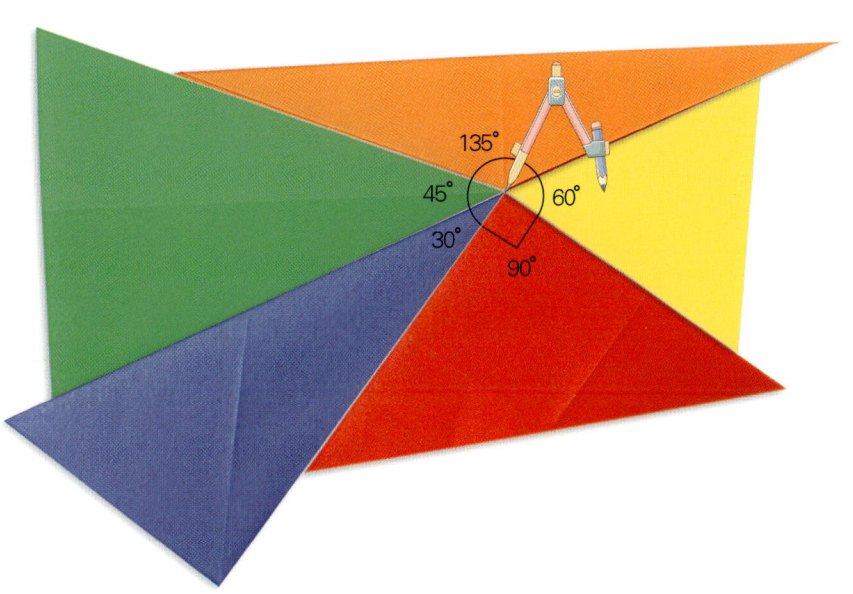

종이접기 활동 삼각자 세트 만들기

66쪽 이등변삼각형 · 67쪽 직각삼각형 타일을 같은 크기의 색종이로 접으면 삼각자 세트가 됩니다.

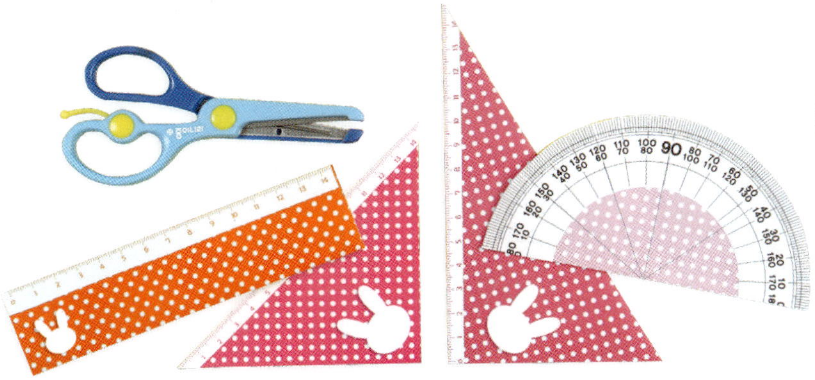

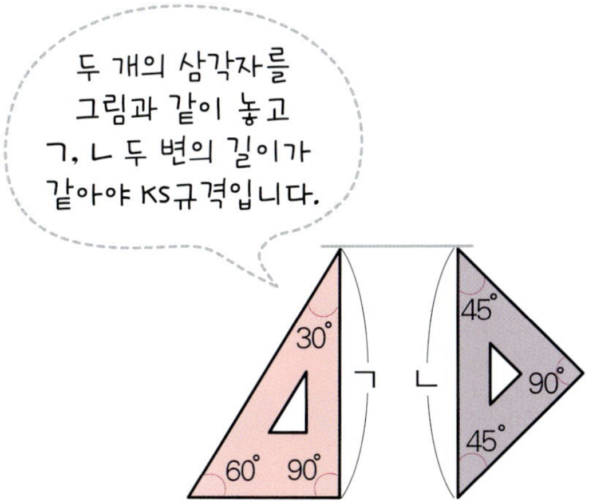

두 개의 삼각자를
그림과 같이 놓고
ㄱ, ㄴ 두 변의 길이가
같아야 KS규격입니다.
30°
60°
90°
ㄱ
ㄴ
45°
90°
45°

각도기 만들기

❶

종이나라 「둥근색종이」를
반으로 접고 접었다 펴세요.

❷

❸

30° 각 만들기 ❹번을
대고 선을 그리세요.

30°

30° 각 완성

❹

30°
60°
90°
45°

완성

30° 각 만들기

❶

❷

❸

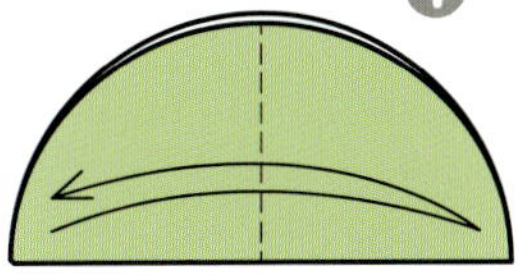

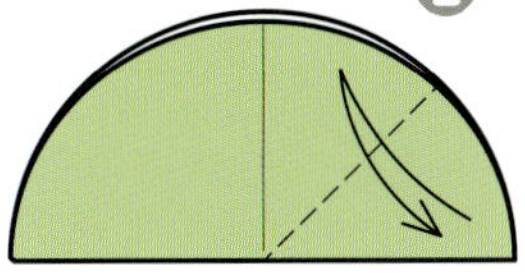

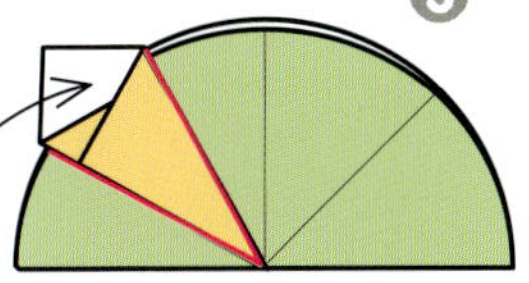

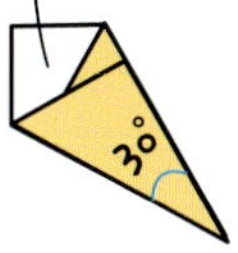

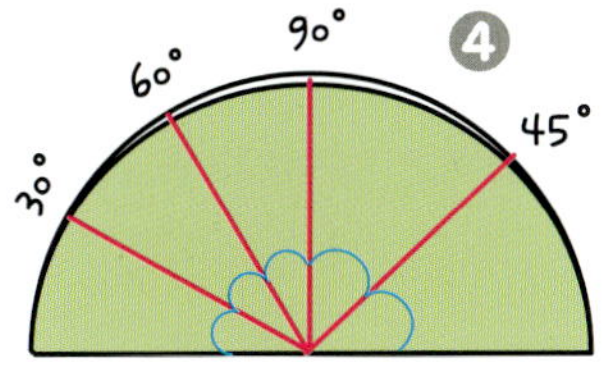

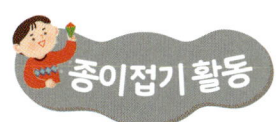

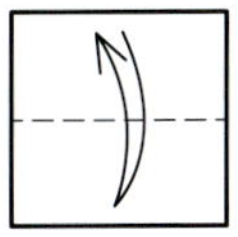

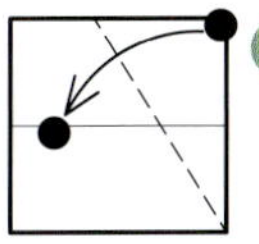

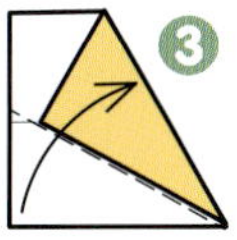

칠교놀이 접기 (2학년 1학기, 4학년 2학기)

칠교놀이는 도형 퍼즐놀이 중의 하나로 옛날 우리나라에서도 즐기던 놀이 입니다.

내각이 90°, 45°, 135°인 7개의 조각을 사용하여 인물·동물·식물·글자 등의 모양을 맞추는 놀이로「칠교판」또는「칠교도」라고 부르기도 합니다.

같은 크기의 색종이 7장을 준비하고 아래 그림대로 접어보세요.

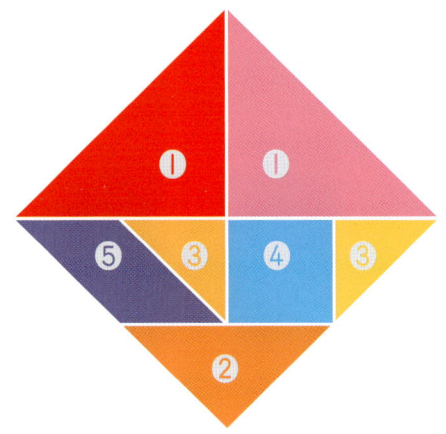

⟨7개 조각의 모양과 크기⟩
직각이등변삼각형 큰 것 2개(❶),
중간 것 1개(❷), 작은 것 2개(❸),
정사각형 1개(❹), 평행사변형 1개(❺)

칠교조각을 접는 종이의 크기

3가지 크기의 색종이 7장이 필요합니다.

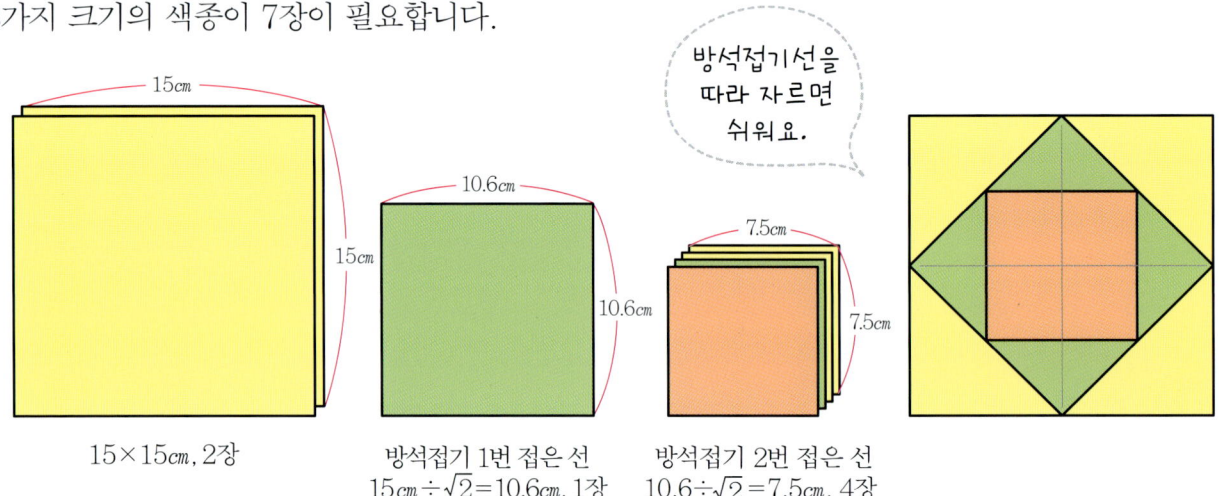

방석접기선을 따라 자르면 쉬워요.

15×15cm, 2장

방석접기 1번 접은 선
15cm ÷ √2 = 10.6cm, 1장

방석접기 2번 접은 선
10.6 ÷ √2 = 7.5cm, 4장

칠교 놀이방법

● 표현할 그림을 정하여 일곱 개의 조각을 맞춥니다.
● 2명 이상이 편을 나누어 할 때는 미리 무엇을 맞출지 정한 후, 정해진 시간 안에 맞춥니다. 차례를 바꿔가며 여러 가지 모양을 맞추면서 문제로 냅니다.
● 반드시 일곱 가지 조각을 다 써야하며, 하나 이상의 조각을 더 쓰거나 덜 써서 만들면 안 됩니다.

7조각을 이용해 새로운 모양을 창작하고, 빨리 맞추기 시합도 해보세요.

칠교조각을 접어 봅시다.

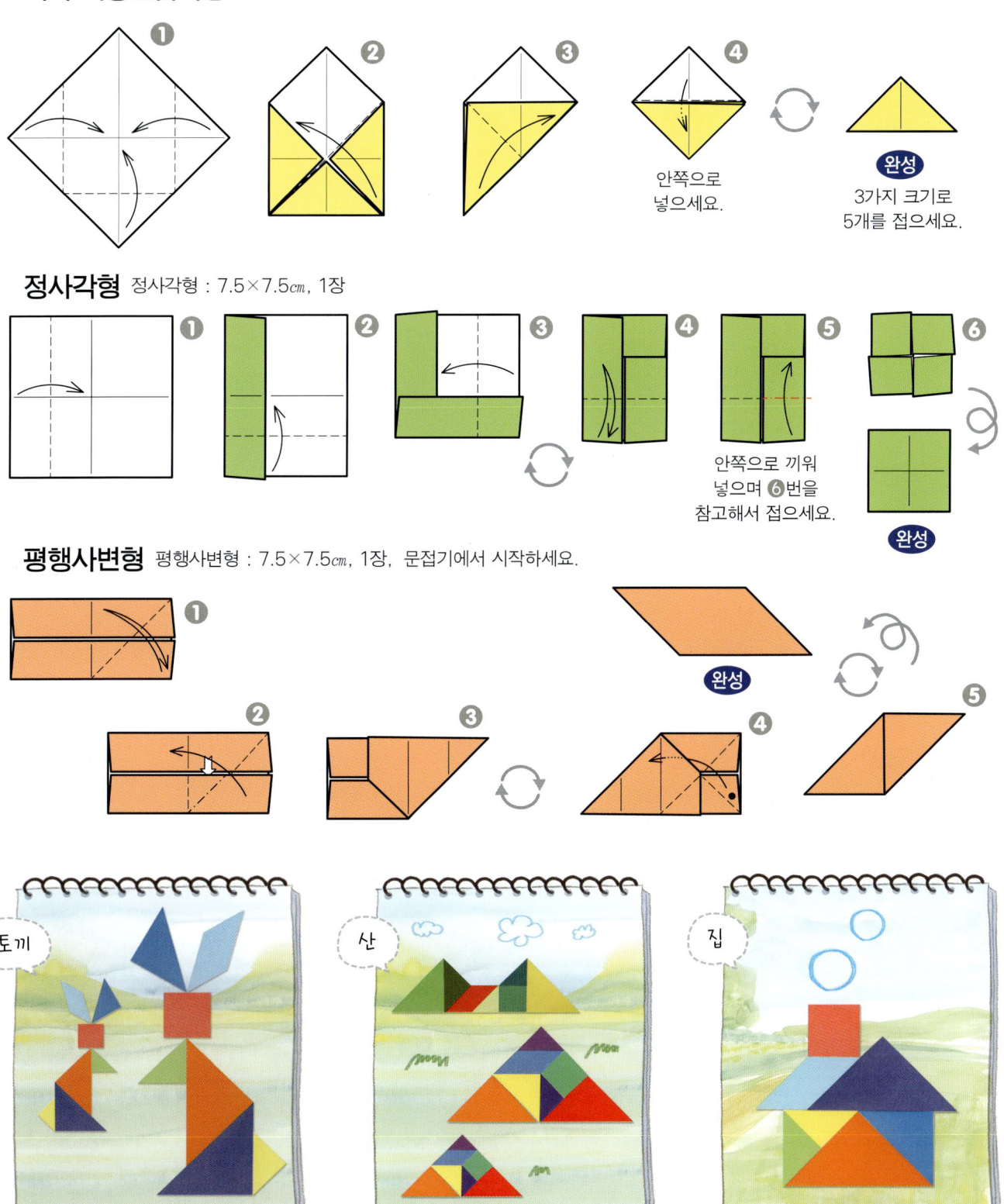

둘레의 길이를 알아봅시다.

하트 모양 (15cm 색종이 기준, 단 √2값은 1.414)

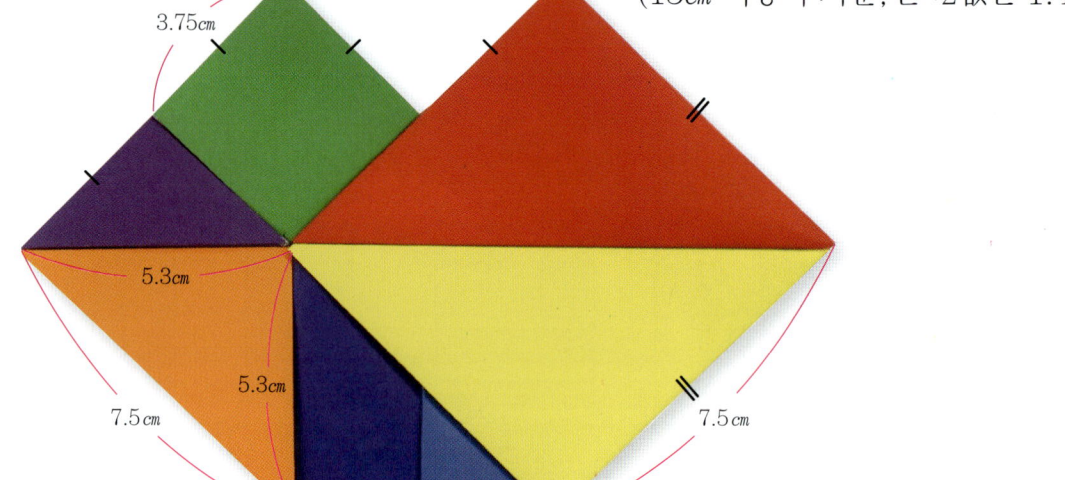

하트 모양 둘레의 길이는? (   )

고깔 모양 (15cm 색종이 기준, 단 √2값은 1.414)

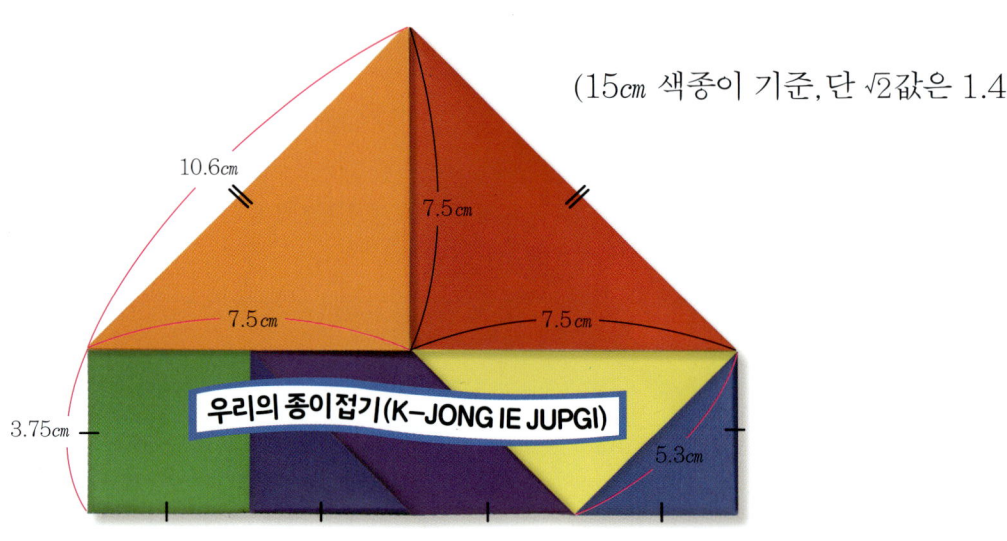

고깔 모양 둘레의 길이는? (   )

답 : 하트의 둘레의 길이는? (3.75cm×6개) + (7.5cm×3개) = **45cm**
고깔모자의 둘레의 길이는? (3.75cm×6개) + (10.6cm + 7.5cm×3개) = **43.7cm**

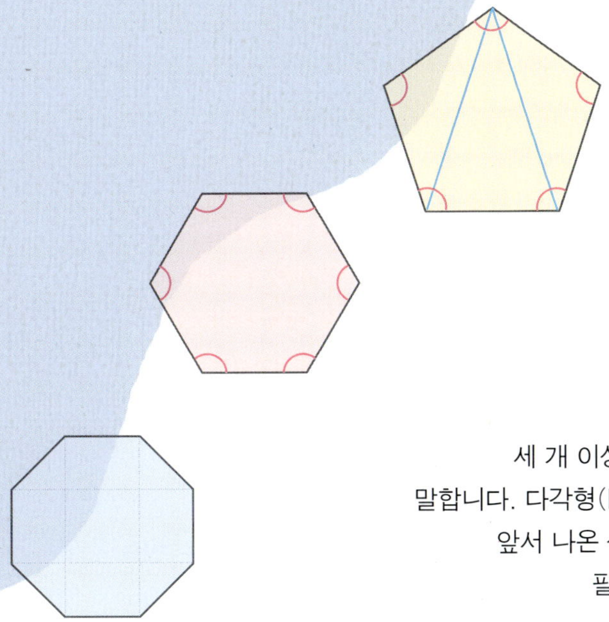

각이 여러 개라서
3. 다각형

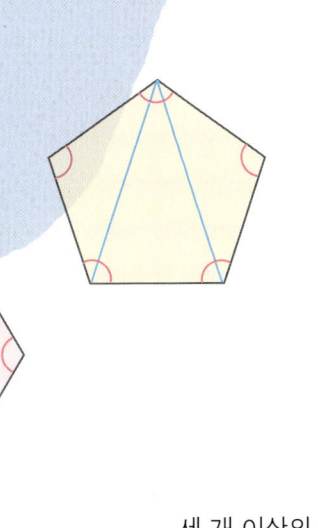

세 개 이상의 선분이 각을 만들면서 모양이 만들어지는 평면도형을 말합니다. 다각형(Polygon)이라는 말처럼 각이 많은 모양이라는 뜻입니다. 앞서 나온 삼각형이나 사각형도 다각형에 속하지만, 오각형, 육각형, 팔각형처럼 대부분 사각형보다 선분이 많은 도형을 말해요.

다각형이란? (4학년 2학기)

세 개 이상의 선분이 각을 만들면서 모양이 만들어지는 평면도형을 말합니다. 다각형(Polygon)이라는 말처럼 각이 많은 모양이라는 뜻입니다. 앞서 나온 삼각형이나 사각형도 다각형에 속하지만, 오각형, 육각형, 팔각형처럼 대부분은 사각형보다 선분이 많은 도형을 말하지요. 특히 다각형 중에서 모든 변의 길이와 모든 내각의 크기가 같은 도형을 정다각형이라고 한답니다. 이 단원에서는 종이접기로 다양한 표현이 가능한 정다각형에 대해서 알아보기로 해요.

정오각형 자르기

아래 그림을 따라서 정오각형을 오려 봅시다.

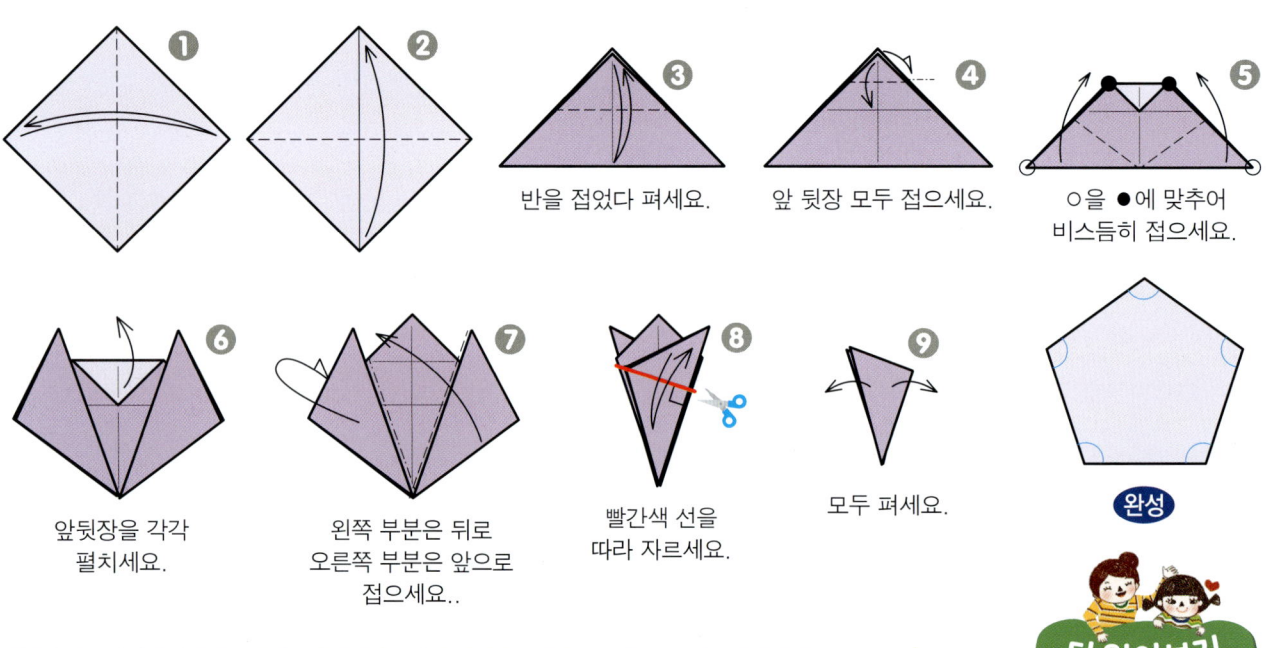

축구공속에는 몇 개의 오각형이 있을까요?

축구공에는 정오각형이 12개, 정육각형이 20개가 있습니다. 그래서 축구공은 32면체이지요. 18세기의 위대한 수학자 오일러는 모든 다면체에서 꼭짓점의 수에 면의 수를 합하면 모서리의 수에 2를 더한 값과 같다는 오일러의 공식을 발견한 바 있습니다. 축구공을 이루는 다면체는 꼭짓점이 60개, 모서리가 90개이므로 역시 이 공식을 만족합니다.

 ## 정오각형 그릇 접기

색종이를 오각형으로 자른 후 아래 그림을 따라서 접어 보아요.

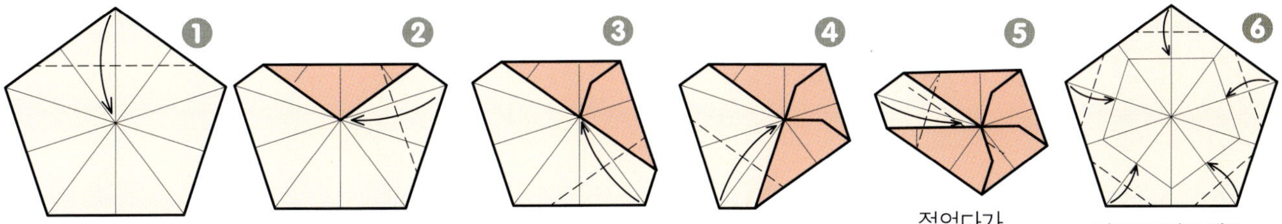

❶ ❷ ❸ ❹ ❺ 접었다가 전부 펴세요. ❻ 안으로 접으세요.

❼ 완성

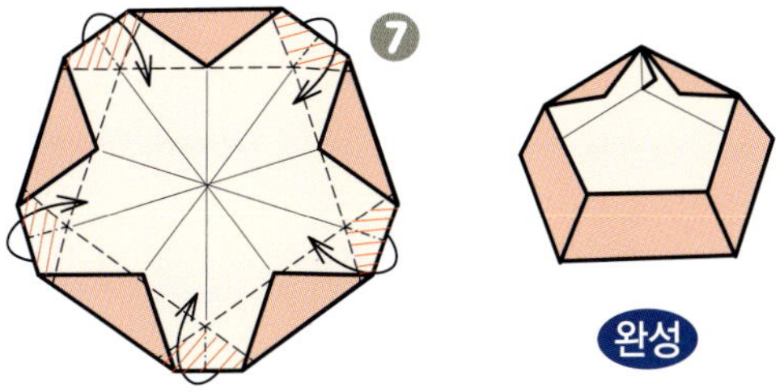

접은 곳이 풀어지지 않도록
빗금 친 부분의 뒷면에
종이나라 「나라풀」을 칠해 접으세요.

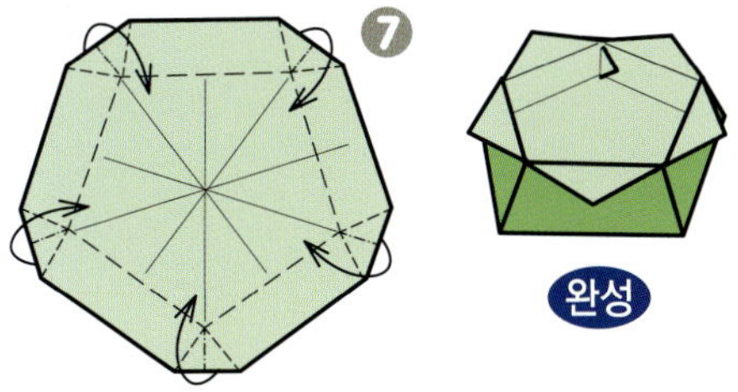

❼ 완성

❻번에서 산접기하면
별모양 그릇이 됩니다.

오각형 모양의
다양한 그릇을
만들어 보아요!

종이접기 동영상

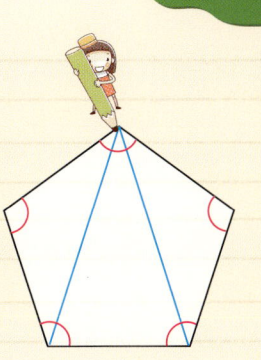

더 알아보기

정오각형의 내각의 합은 몇 도일까요?

이 질문에 답을 구하기 위해 먼저 접거나 오려서 오각형을 완성하세요.
그리고 오른쪽 그림과 같이 선분을 그어 세 개의 삼각형이 나타나도록
해 보세요. 앞서 배운 대로 정삼각형의 내각의 합은 180°이므로
180° × 3 = 540°임을 쉽게 알 수 있어요.
그렇다면 한 개 각의 크기는 얼마일까요? 오각형이므로 전체 내각의 합에
5를 나누면 되요. 즉, 540° ÷ 5 = 108°가 된답니다.

황금비

황금비(Golden ratio)는 어떤 양(길이)을 두 부분으로 나누었을 때 각각의 부분이 균형을 이루어 보기에 좋고 아름답게 느껴지는 비를 말합니다. 이 때에 두 비는 1:1.618이 됩니다. 황금비는 고대 그리스 시대부터 쓰였으며 현대 미학의 거장인 하르트만(Nicolai Hartman, 1882~1950)은 황금비를 통하여 고전 건축의 비례를 해석하고 자연계의 동식물을 포함한 모든 사물은 바로 황금비의 관계, 곧 비례관계에 있다고 했습니다.

대표적인 황금비 도형, 정오각형 접기

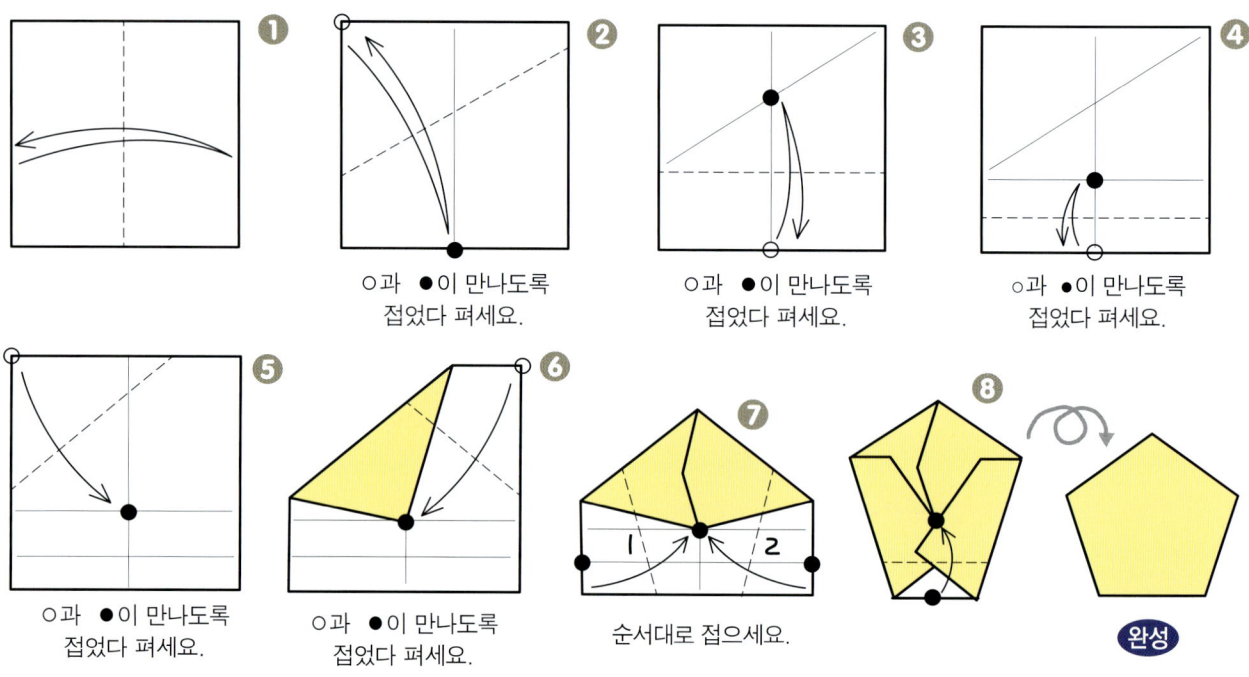

황금비에 가까운 직사각형 자르기

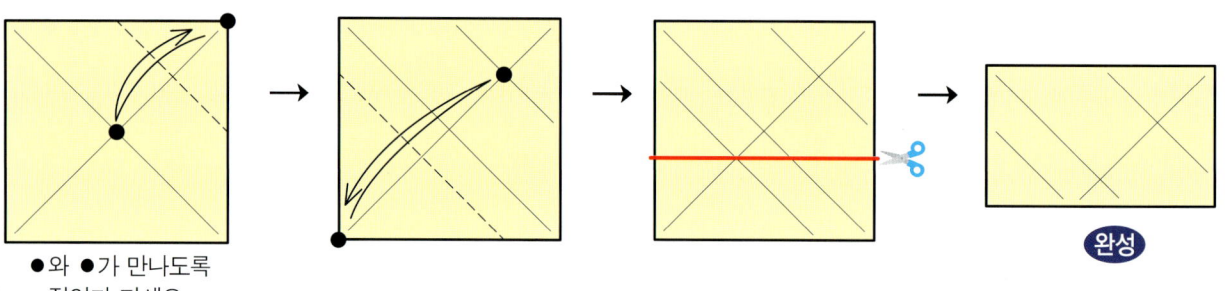

오각형 속의 황금비

가로세로 15㎝의 색종이를 74쪽의 방법으로 정오각형을 자른 후, 그림처럼 별을 그려 보아요. 정오각형의 각 꼭짓점에서 마주보는 쪽의 꼭짓점으로 직선을 두 개씩 그려보아요. 계속해서 그릴 수 있습니다. 변ㄱ의 길이를 변ㄴ의 길이로 나눠보세요. 14.5cm÷9cm=1.611…. 또 변ㄷ을 변ㄹ의 길이로 나눠보세요. 5.5cm÷3.4cm=1.617…. 일정한 황금비 몫이 나옵니다. 주위에서 황금비를 가진 물건을 찾아보세요.

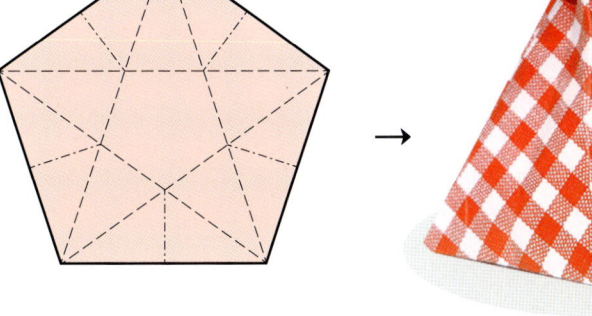

그림에 있는 선대로 접으면 아름다운 오각뿔의 모양을 가진 선물포장이 돼요!

황금비 소용돌이 그리기

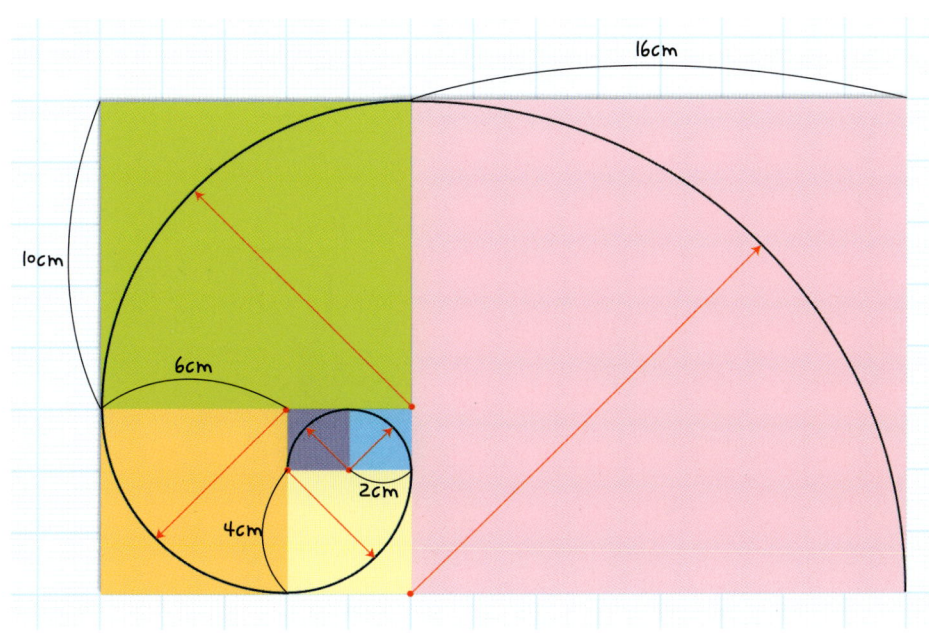

모눈종이 중심에 한 변의 길이가 2㎝인 정사각형의 색종이 두 장을 나란히 붙이고 그 바로 밑에 4㎝인 정사각형, 그 옆에 6㎝인 색종이…, 이런 순서대로 색종이를 붙입니다. 그리고 일정한 위치에서 각각의 정사각형에 정사각형 한 변을 반지름으로 하는 원을 그리면 나선형이 그려집니다.
이 나선형 구조도 바로 황금비 랍니다.

정육각형 (4학년 2학기)

정육각형은 여섯 개의 변의 길이와 각의 크기가 모두 같은 육각형입니다. 한 각의 크기는 얼마 일까요? 아래와 같은 방법으로 정육면체를 접어 보면 쉽게 알 수 있어요. 아래 ❻번에서 정삼각형이 여섯 개, 완성에서는 사다리꼴이 두 개가 들어 있는 모양을 만나게 됩니다. 정삼각형의 한 각이 60° 이므로 정육각형의 한 각이 120° 라는 사실을 쉽게 알 수 있어요. 또 완성에서는 사다리꼴 두 개를 볼 수 있는데 사다리꼴 내각의 합이 360° 이므로 360° + 360° = 720° 가 됩니다. 그리고 720° ÷ 6을 하면 120° 이므로 정육각형의 한 각이 120° 라는 사실을 알 수 있어요. 그럼 색종이를 준비하여 정육각형을 접어보아요.

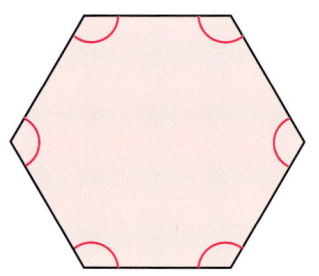

정육각형 접기

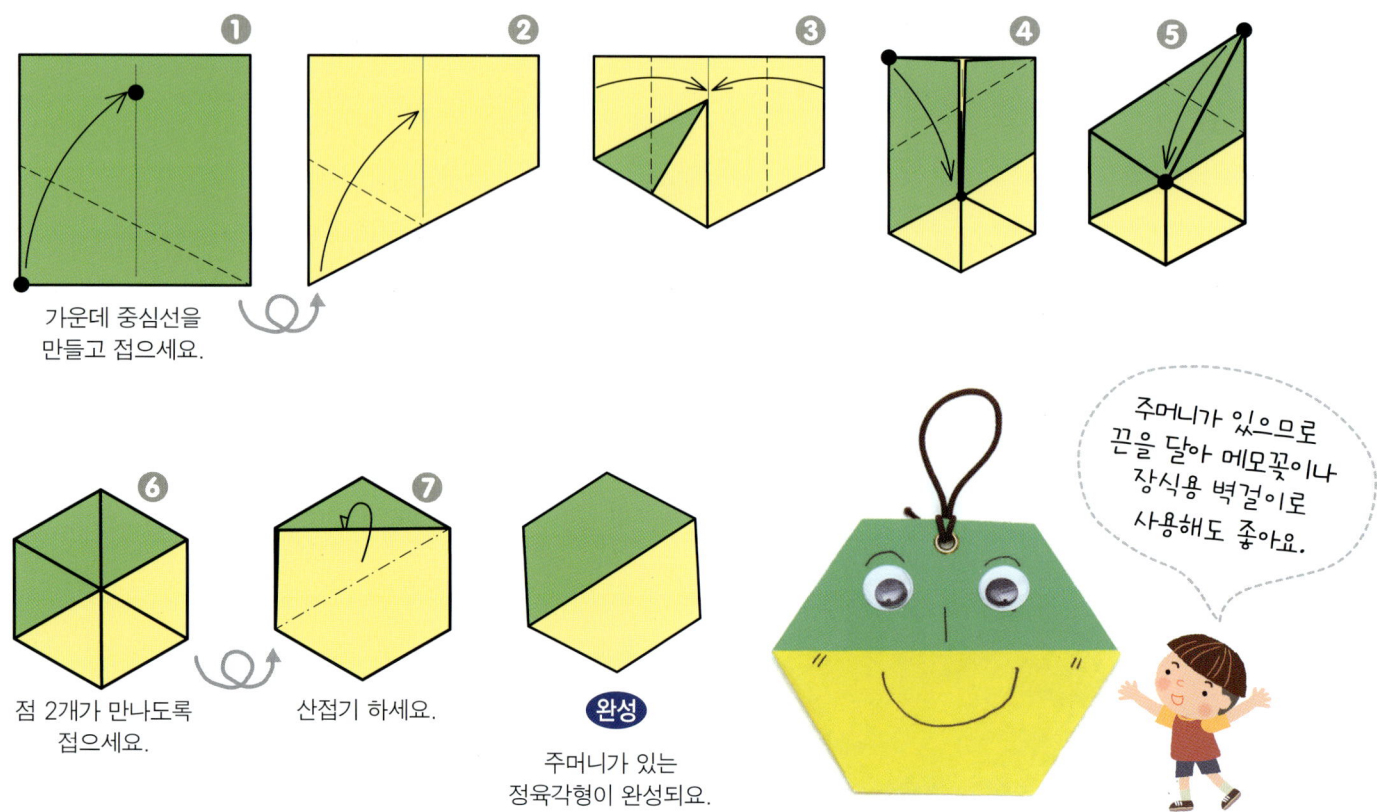

정육각형 문양구성

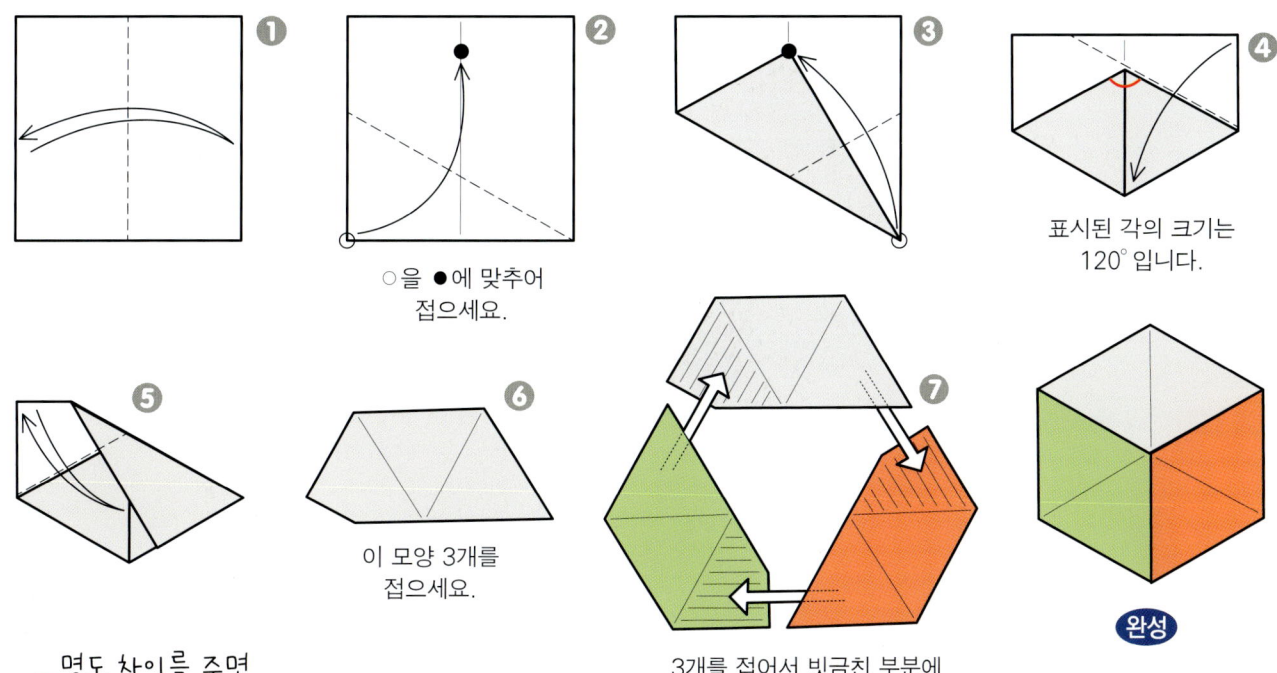

○을 ●에 맞추어 접으세요.

표시된 각의 크기는 120° 입니다.

이 모양 3개를 접으세요.

3개를 접어서 빗금친 부분에 종이나라의 「나라풀」을 칠해 연결하세요.

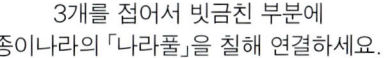

명도 차이를 주면 입체적으로 보이는 정육각형이 됩니다.

정팔각형 (4학년 2학기)

정팔각형은 여덟 개의 선분과 여덟 개의 각으로 이루어진 다각형으로 모든 변의 길이와 각의 크기가 같습니다. 정팔각형에 두 개의 선을 그어 보면 정팔각형 속에 사다리꼴 두 개, 사각형이 1개 들어 있음을 알 수 있어요. 사다리꼴과 직사각형의 내각의 합은 $360°$ 이고 정팔각형의 내각은 $360° \times 3 = 1080°$ 입니다. 그러므로 정팔각형 한 개의 각의 크기는 $1080° \div 8 = 135°$ 가 되는 것입니다.

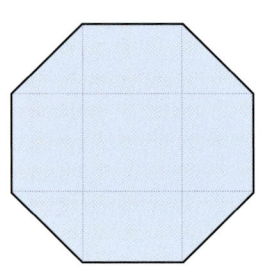

정팔각형 접기

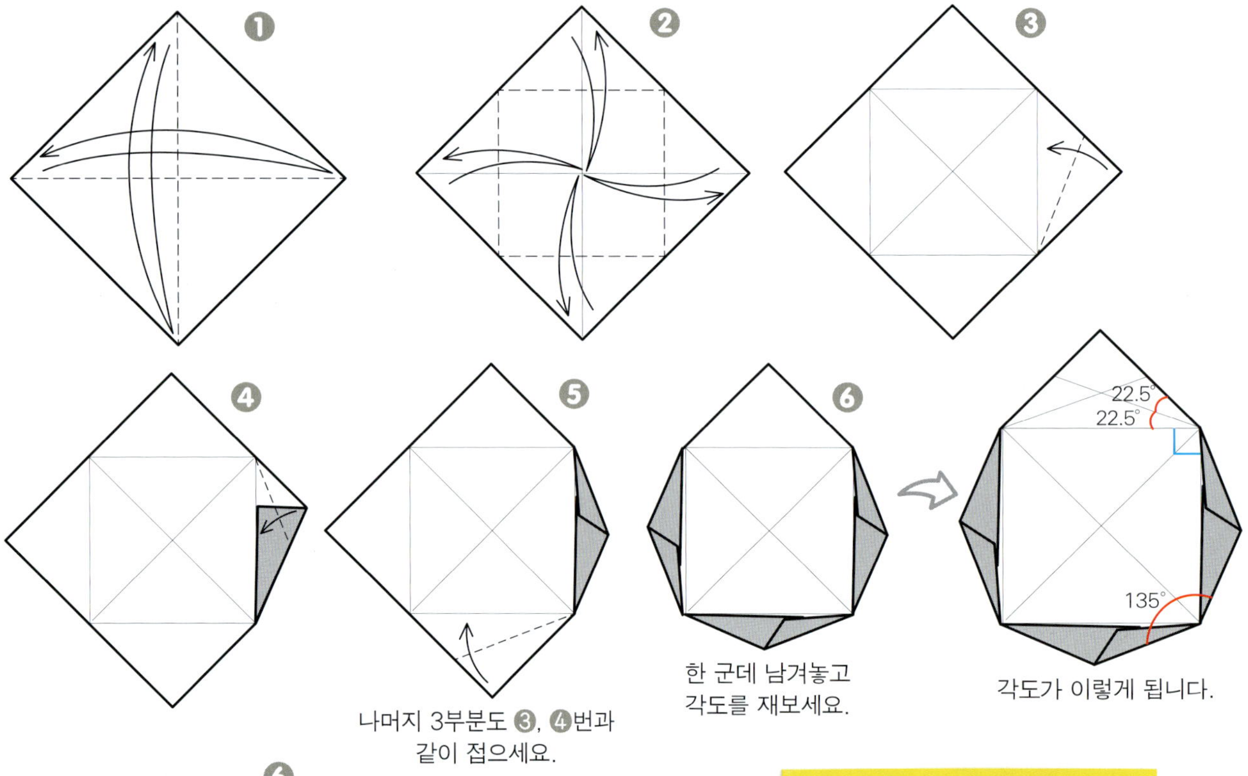

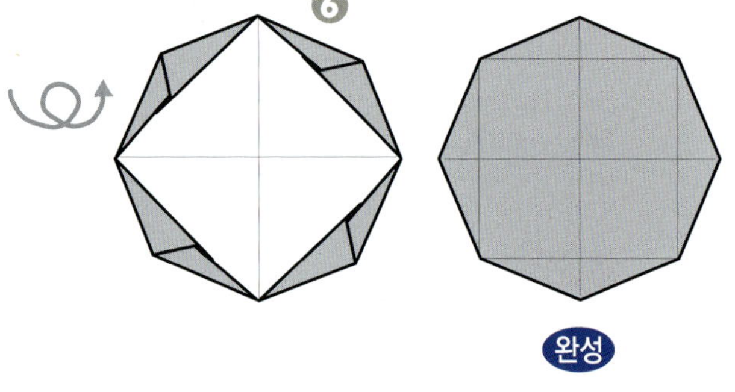

❶

❷

❸

❹

❺

❻ 한 군데 남겨놓고 각도를 재보세요.

22.5°
22.5°
135°
각도가 이렇게 됩니다.

나머지 3부분도 ❸, ❹번과 같이 접으세요.

❻

완성

팔각형을 크고 작게 접어서 포개어 붙이면 자동차 바퀴로 활용할 수 있어요.

80

정팔각형 오리기

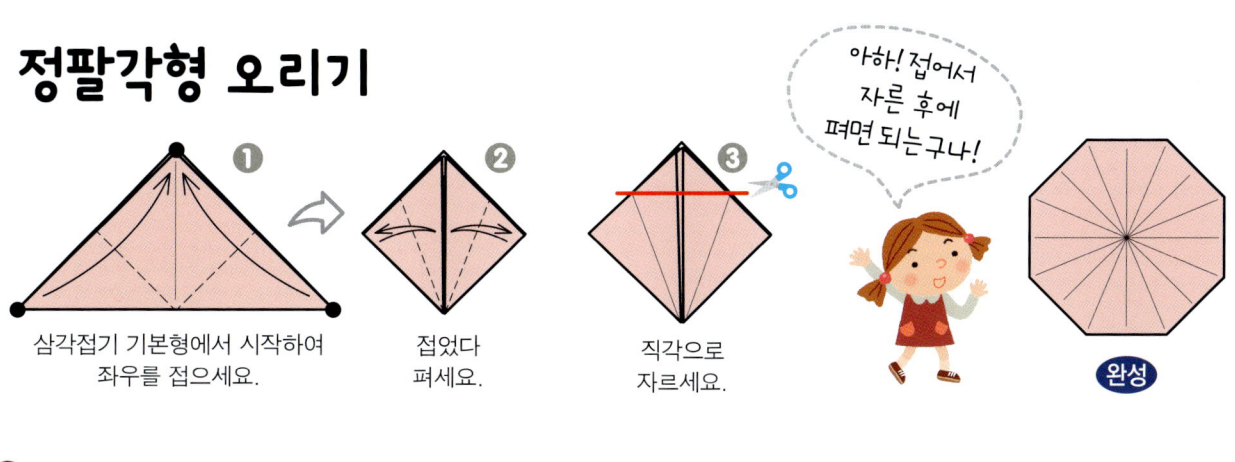

삼각접기 기본형에서 시작하여 좌우를 접으세요.

접었다 펴세요.

직각으로 자르세요.

아하! 접어서 자른 후에 펴면 되는구나!

완성

종이접기 활동 — 정팔각형으로 투피스 접기

치마 색종이를 팔각형으로 자르고 시작하세요.

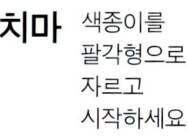 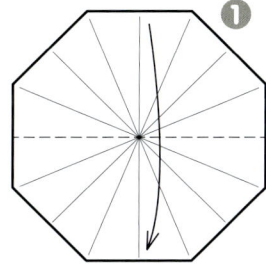 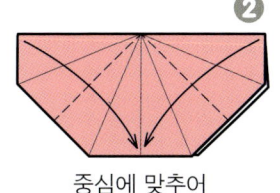 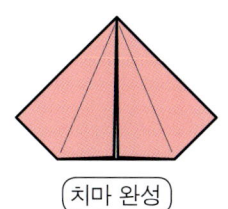

중심에 맞추어 좌우를 접으세요.

치마 완성

윗도리 치마완성에서 시작하세요.

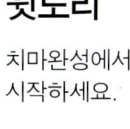 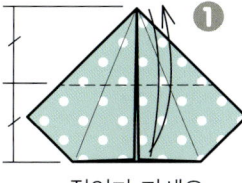 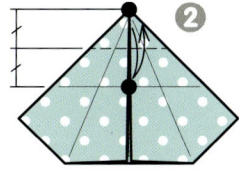 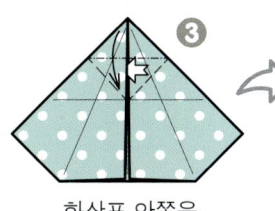 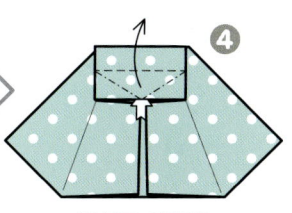

접었다 펴세요.

접었다 펴세요.

화살표 안쪽을 펼쳐 눌러 접으세요.

화살표 안쪽을 펼쳐 눌러 접으세요.

모서리를 조금만 접으세요.

윗도리 완성

종이나라의 다양한 무늬 색종이로 접어서 꾸며 보세요.

귀여운 은우 투피스!

평면 채우기

보도 블록이나 욕실의 타일, 거실의 카페트 등을 보면 여러 가지 모양의 조각들이 주어진 평면을 덮고 있는 것을 볼 수 있습니다. 이와 같이 일정한 평면을 포개짐이나 빈틈없이 채우려면 한 점에 모이는 각의 크기가 언제나 360°가 되어야 합니다. 아름다운 평면 채우기를 하려면 먼저 각각의 도형이 가지고 있는 내각의 크기를 알아야 합니다. 예를 들면 정삼각형은 하나의 각의 크기가 60°이므로 6개가 모이면 360°가 되고, 정사각형은 4개가 모여야 360°가 되지요.

이와 반대로 입체도형이 되려면 하나의 꼭지점에 모이는 각이 360°가 넘으면 안 되는 원칙이 있답니다. 다음과 같이 한 장의 색종이로 각을 만드는 것을 알고, 또 앞에서 접어본 여러 가지 도형을 생각하여 임의의 모양을 꾸며 보거나 평면을 채워보아요. 벽지나 옷감 등의 무늬 구성, 종이접기 문양 구성 작품도 평면채우기의 원리를 알고 보면 더욱 재미있습니다.

더 알아보기

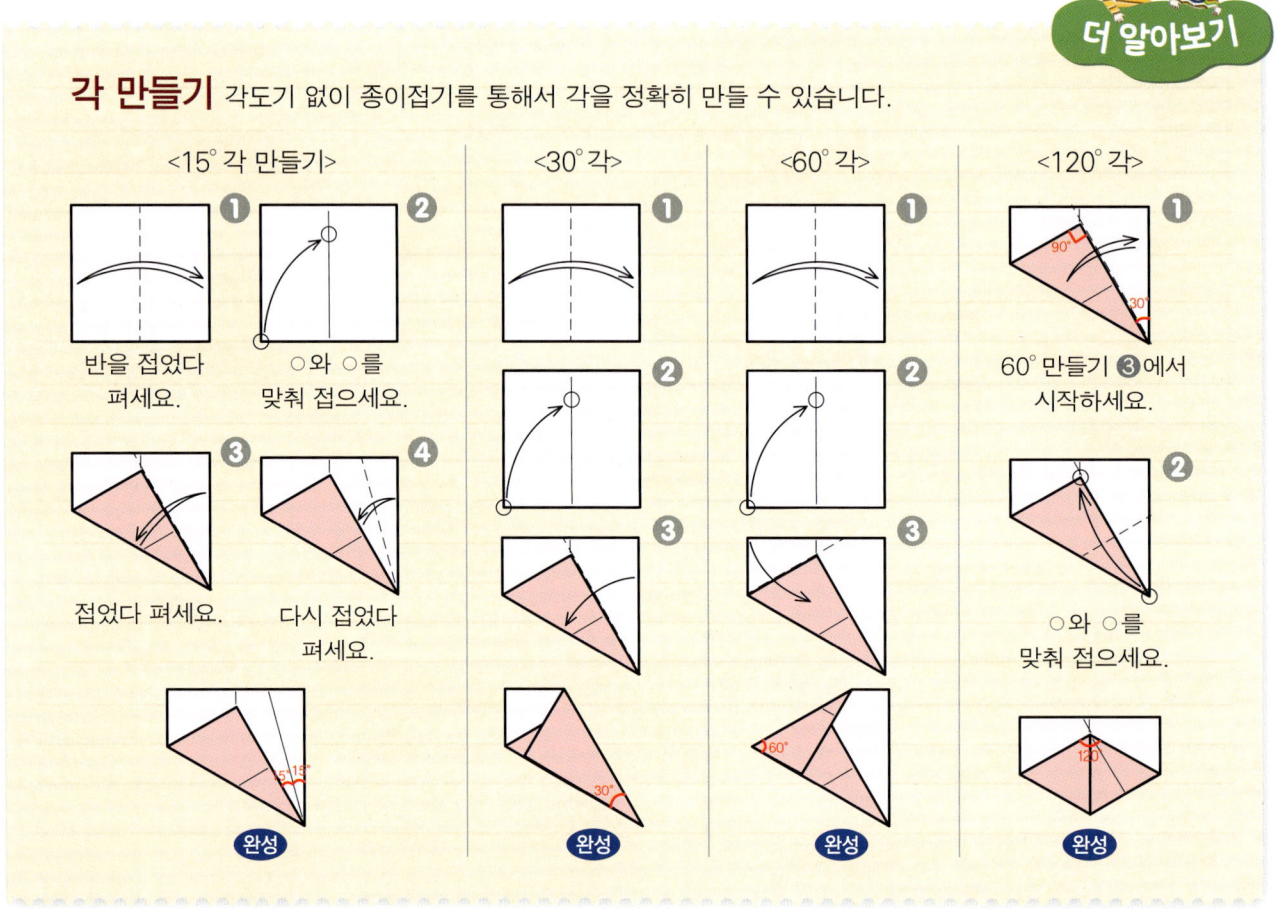

각 만들기 각도기 없이 종이접기를 통해서 각을 정확히 만들 수 있습니다.

삼각형으로 평면 채우기

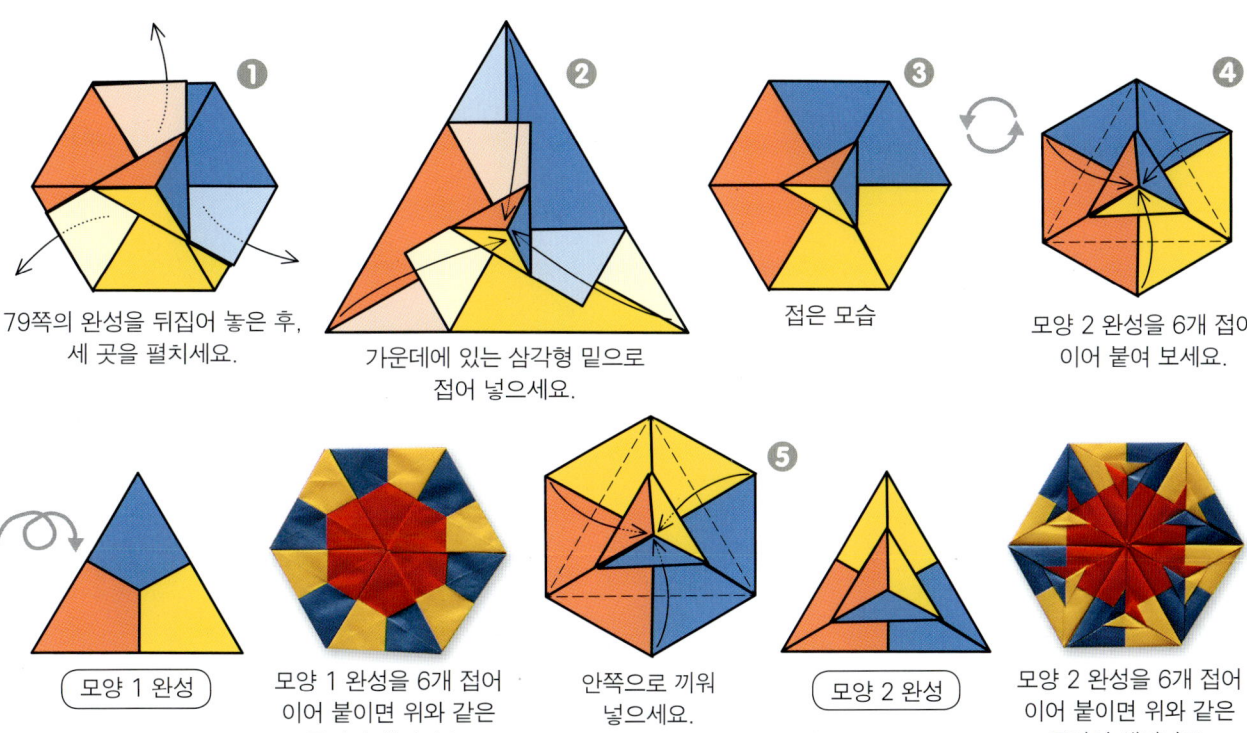

사각형으로 평면 채우기

색종이 1장으로 바람개비 문양이 나오는 정사각형을 접어 봅시다.

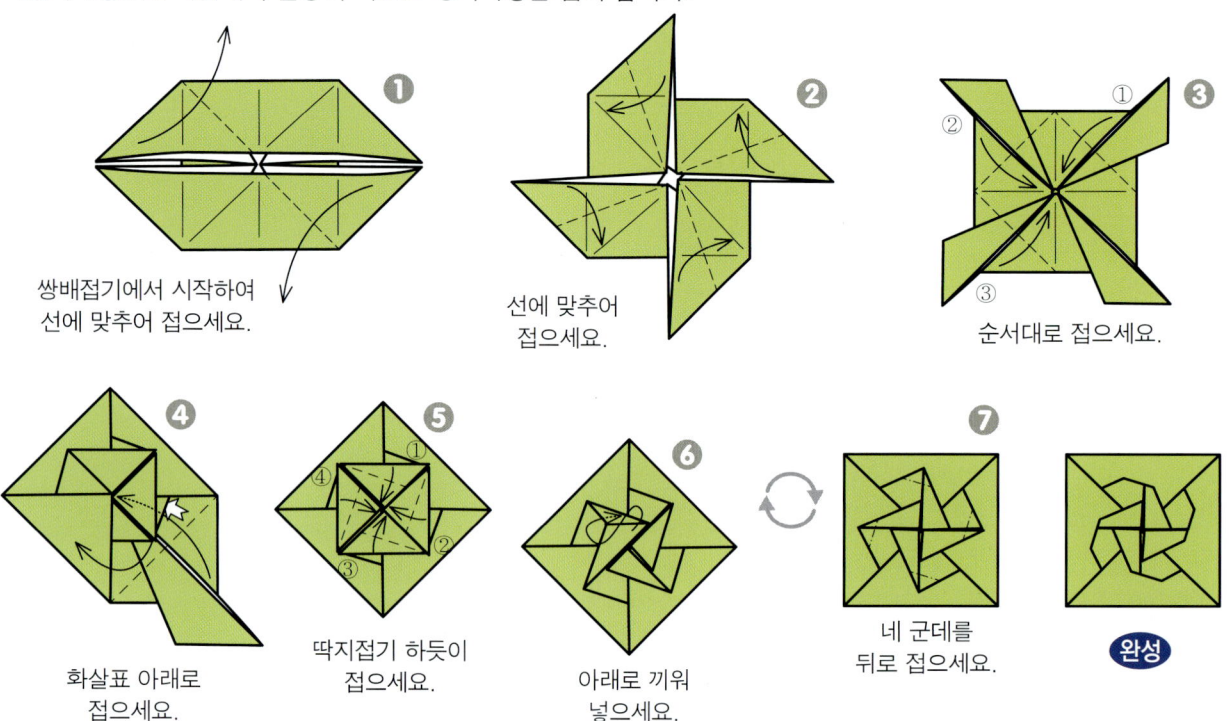

정육각형으로 평면 채우기

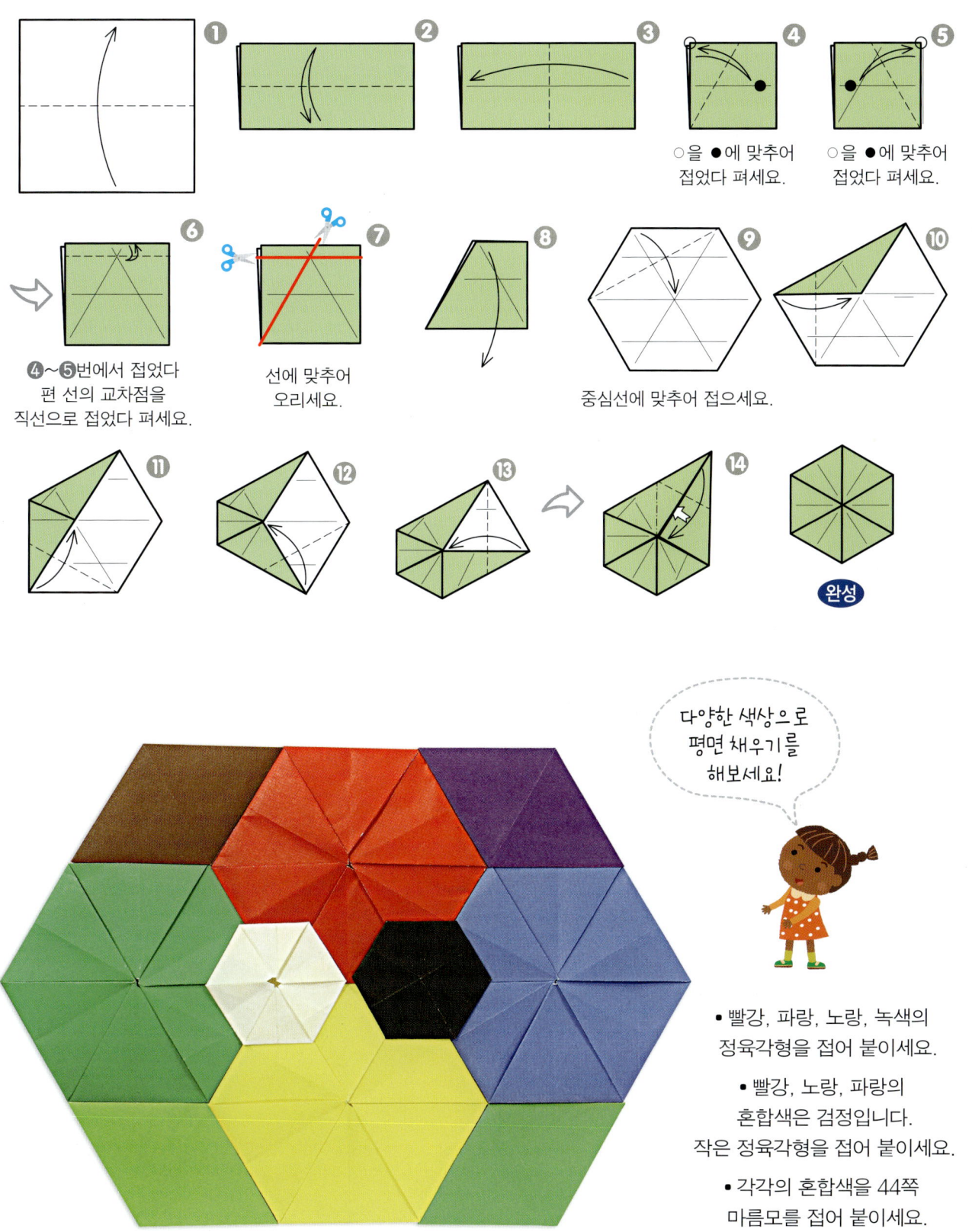

황금비와 피보나치수열

피보나치 수열이란 1, 1, 2, 3, 5, 8, 13…과 같이 앞의 두 가지 숫자의 합이 다음 숫자가 되는 특수한 수열을 말합니다. 1+2=3이 되고, 그 다음 숫자인 2+3=5가 되는 규칙성을 가진 수열을 '피보나치 수열'이라고 합니다. 이 수열은 황금비율과도 관계가 있습니다. 앞의 수로 바로 다음 수를 나누어 보면 1÷1=1, 2÷1=2, 3÷2=1.5, 5÷3=1.666, 8÷5=1.6, 13÷8=1.625가 됩니다. 이 값들은 점점 황금비율인 1.618에 가깝게 됩니다. 흥미로운 규칙을 가진 이 수열에 처음 주목한 사람은 이탈리아의 수학자인 레오나르도 피보나치(1175년~1250년)라고 합니다.

자연속의 피보나치수열

자연 속에서 피보나치 수열이 흔하게 발견 된다는 것은 이미 잘 알려져 있는 사실이며 대부분이 그 수열의 규칙을 따르고 있습니다.

사진에 나와 있는 꽃잎의 숫자, 해바라기 씨앗들이 이루는 나선 무늬, 과일 씨앗의 갯수도 피보나치 수열과 같음을 알 수 있습니다. 이렇듯 피보나치 수열과 황금분할비는 보편적이고 자연스러운 것이긴 하지만 반드시 그래야 한다는 것은 아닙니다. 예를 들어 세잎클로버의 잎의 숫자는 자연스럽게 피보나치 수열을 따르고 있지만 네잎클로버는 그 수열을 벗어난 숫자입니다. 그래서 우리가 네잎클로버를 발견하면 자연의 흐름을 벗어난 일종의 변종이기에 특별한 행운이라고 생각하는 것입니다.

행복하세요~ 우리 주변에서 쉽게 볼 수 있는 세잎클로버는 '행복'을 나타냅니다.

세잎클로버가 변형된 모양인 네잎클로버는 '행운'을 나타냅니다. 행운을 빌어요~

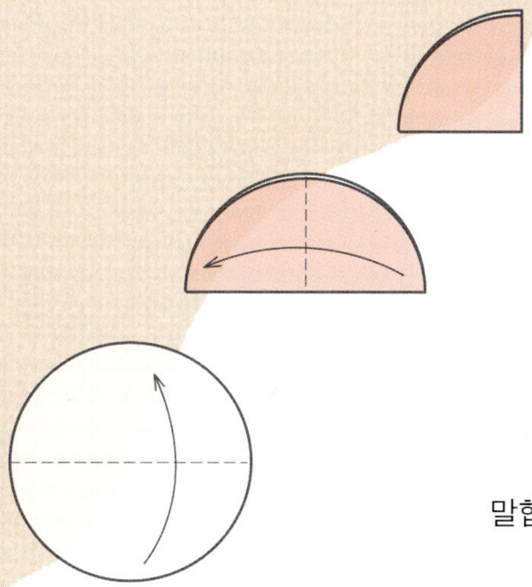

4. 동그란 원

원이란 평면 위의 한 점에서 일정한 거리에 있는 점들로 만들어진 곡선을 말합니다. 종이나라의 「둥근색종이」를 이용해서 원의 중심과 반지름, 지름 등 원에 대한 재미있는 이론들을 쉽게 알아 보아요.

원이란? (3학년 2학기)

원이란 평면 위의 한 점에서 일정한 거리에 있는 점들로 만들어진 곡선을 말합니다.
원은 지름(diameter)과 반지름(radius), 중심(center)으로 이루어져 있지요.

원의 중심, 지름, 반지름

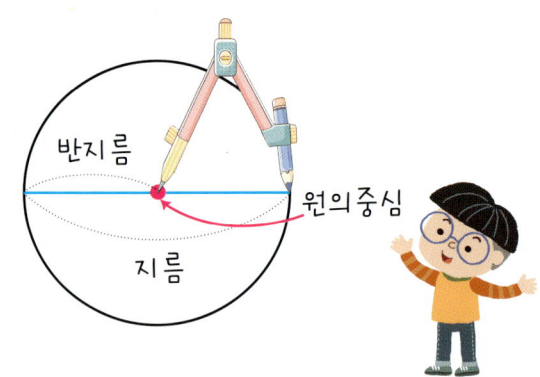

주변에서 동전이나 둥근 접시, CD, 바퀴 등을 통해 원을 쉽게 만날 수 있어요. 원은 컴퍼스를 이용해 그릴 수 있는데 컴퍼스가 찍은 가운데의 점이 '원의 중심'이 됩니다. 원의 중심에서 원의 한 점까지의 거리를 '원의 반지름'이라고 하며 원의 중심을 지나서 원 위의 두 점을 이은 선분은 '원의 지름'이라고 합니다. 종이나라 「둥근색종이」를 이용해서 '원의 중심'과 '원의 반지름', '원의 지름'을 알 수 있어요. 아래의 도면을 따라 색종이를 접어 보세요.

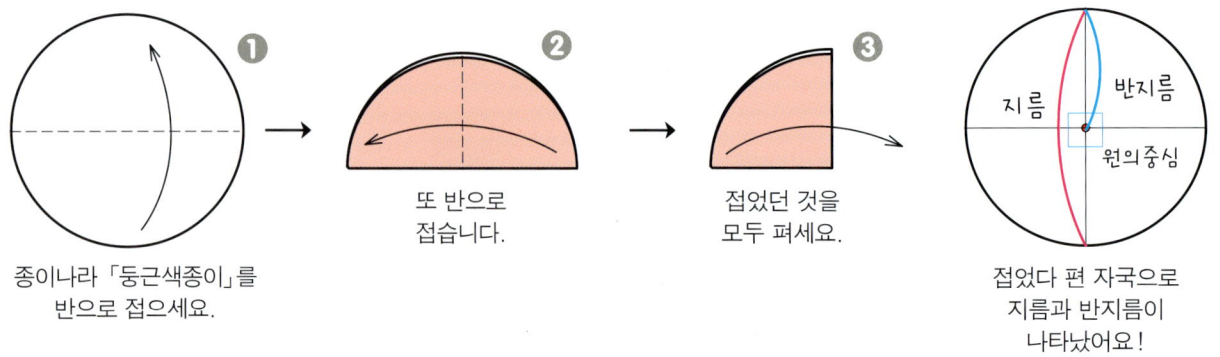

원주율

원주율이란 원의 둘레, 즉 원주를 지름으로 나눈 비를 말합니다. 직접 원주율을 알아보고 싶을 때는 둥근 접시 등의 둘레를 잰 후 지름으로 나눠보세요. 3.14와 근접한 답이 나올 것입니다. 이것을 원주율(π)이라고 하지요. π는 그리스 문자이며 '파이'라고 읽어요.
원주율은 딱 끊어지지 않고 3.1415926535…와 같이 계속 이어지지만 보통 잘라서 3.14로 씁니다.

원의 둘레와 넓이 (6학년 2학기)

둘레란 도형을 둘러싸고 있는 총 길이의 합입니다. 원주율을 사용하면 원의 둘레(원주)와 넓이도 구하기 쉽답니다.

원의 둘레의 길이 = 지름 × 3.14 (원주율)
원의 넓이 = 반지름 × 반지름 × 3.14 (원주율)

원주율은 쓰이는 데가 아주 많구나!

더 알아보기

종이접기로 원 둘레의 길이 구하기 실험

지름 10cm인 종이나라 「둥근색종이」를 이용해 위의 공식을 확인해 보아요. 공식을 이용하면 지름이 10cm인 원의 둘레는 '10×3.14' 이므로 답은 31.4cm가 되겠지요.

이를 확인하기 위해 「둥근색종이」를 16등분해 보아요. 16등분으로 나뉘어진 부분을 접어서 길이를 재면 1.9cm입니다. 그리고 '1.9cm×16등분=30.4cm' 가 돼요. π(3.14)값을 곱해서 구한 원의 둘레에 가까운 것을 알 수 있지요. 원을 더욱 촘촘하게 나누어서 변의 길이를 더해보면 더욱 근사치가 나오게 됩니다.

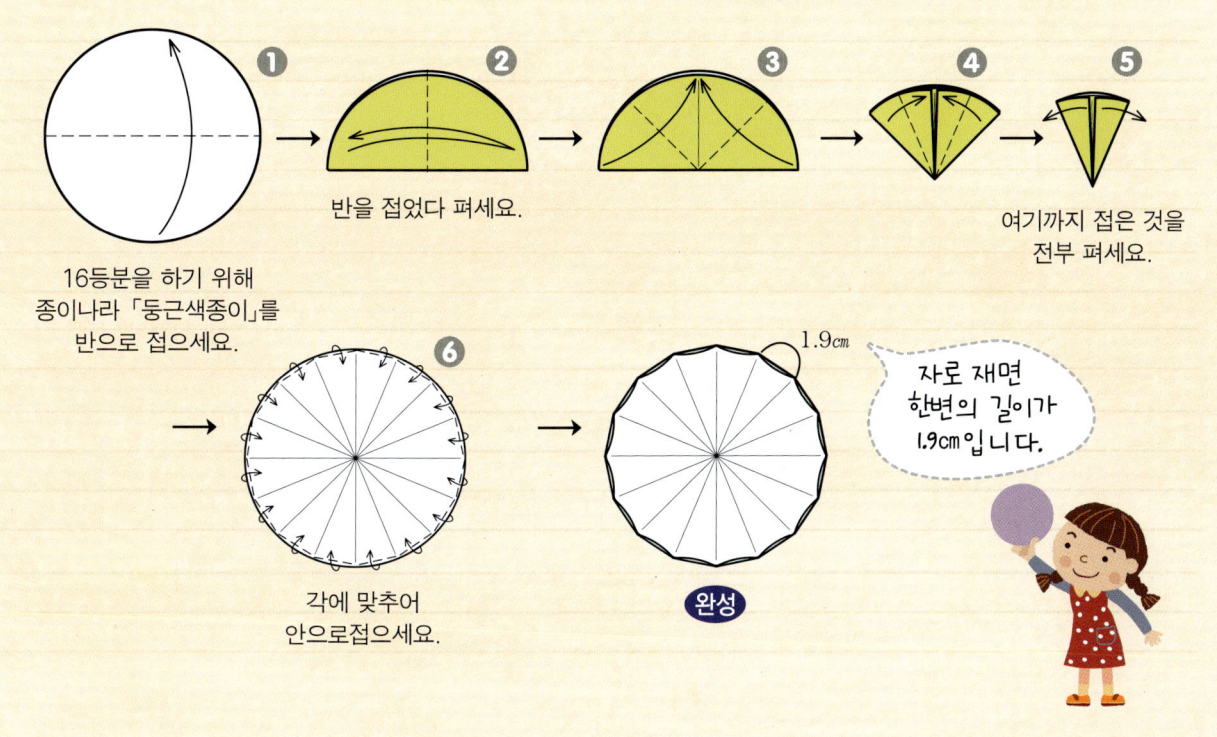

① 16등분을 하기 위해 종이나라 「둥근색종이」를 반으로 접으세요.
② 반을 접었다 펴세요.
⑤ 여기까지 접은 것을 전부 펴세요.
⑥ 각에 맞추어 안으로접으세요.
완성

자로 재면 한변의 길이가 1.9cm입니다.

원으로 달리아꽃 접기
종이나라 「둥근색종이」를 준비하세요.

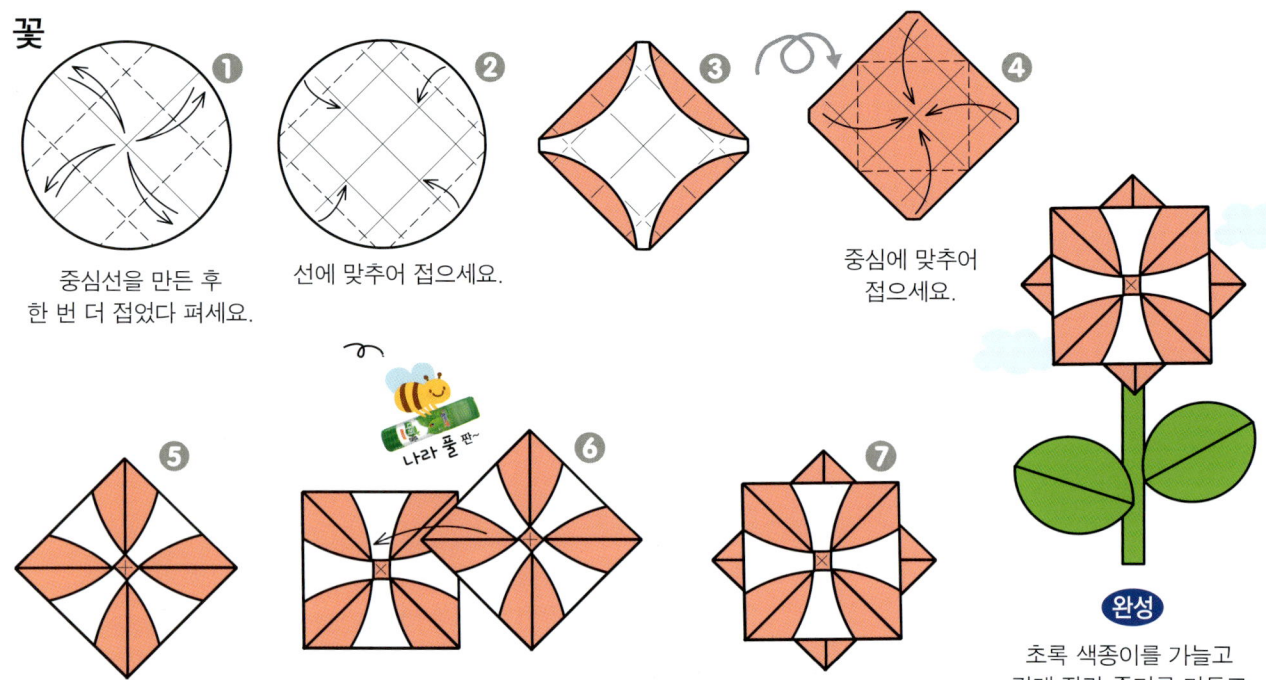

이름표 접기

달리아꽃 접기 ❺에서 위의 한 곳을
위로 접고 뒤집으면
모서리에 홈이 생겨 뭔가를 끼울 수 있는
재미있는 접기가 완성됩니다.
사진을 끼우거나
이름표나 시간표 등으로 활용해 보세요.

 ## 원으로 나리꽃 접기
종이나라 「둥근색종이」를 준비하세요.

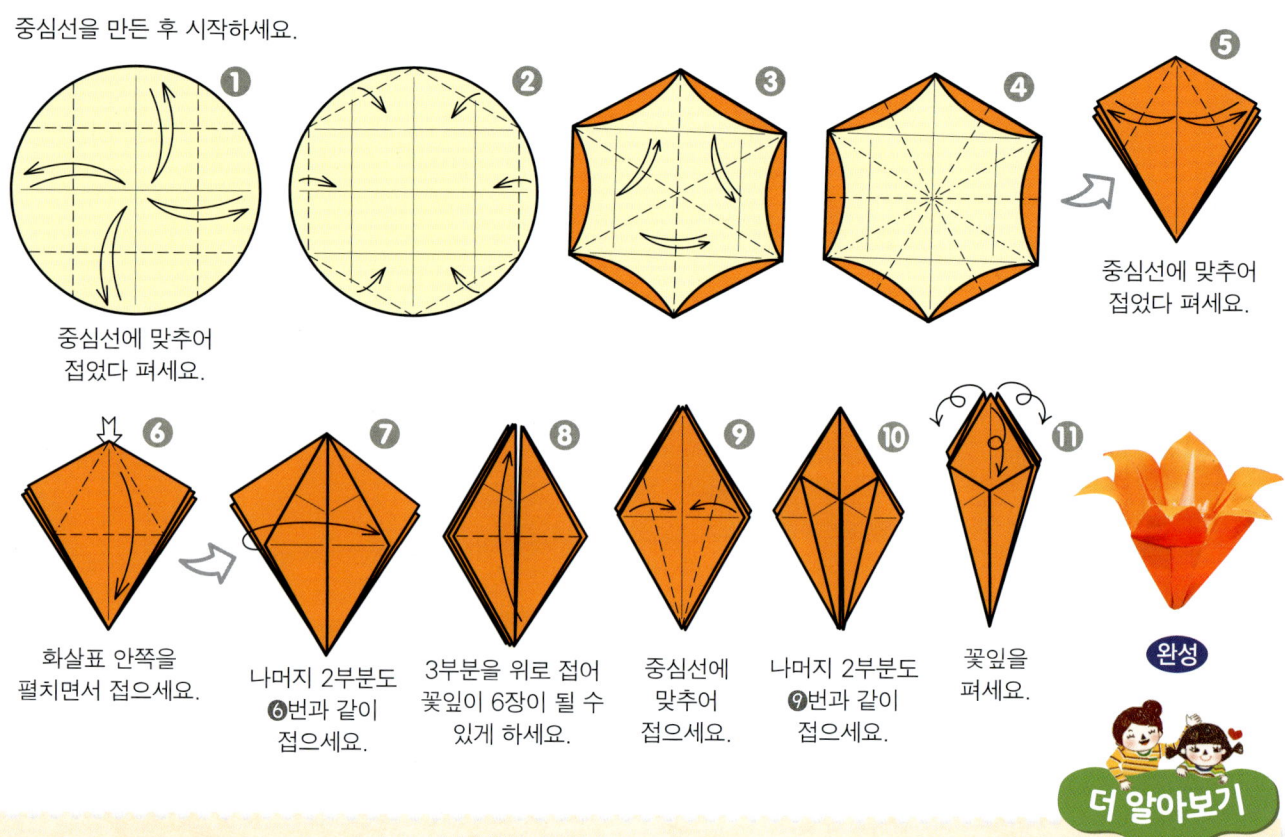

더 알아보기

원 속에 들어 있는 여러 가지 도형

종이나라 「둥근색종이」를 이용해 다양한 도형들을 공부할 수 있습니다. 정사각형, 정육각형, 정팔각형, 직각삼각형, 직각이등변삼각형 등을 쉽게 접을 수 있습니다.

- **정사각형, 정육각형, 정팔각형 접기**
- **직각삼각형 접기**

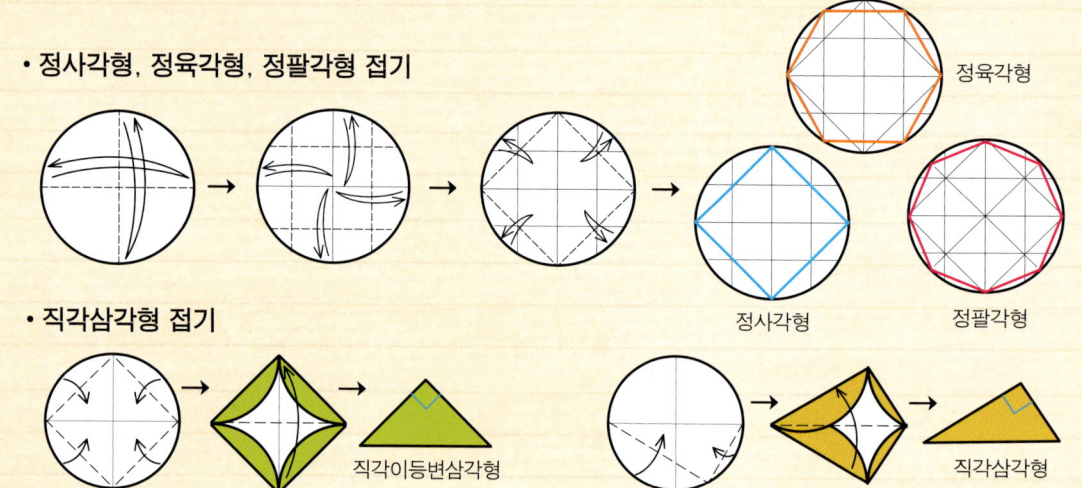

※ 「둥근색종이」를 사용할 때 원의 지름을 한 변으로 하는 삼각형은 언제나 직각삼각형으로 완성되는 특징이 있답니다.

원주율 π 종이접기 실습 (3학년 2학기)

지름이 7㎝인 종이나라 「둥근색종이」로 아래 다각형 세 개를 접어보고 각각의 둘레를 구해봅시다. 또 7㎝원의 둘레도 구해봅시다.

정사각형 접기

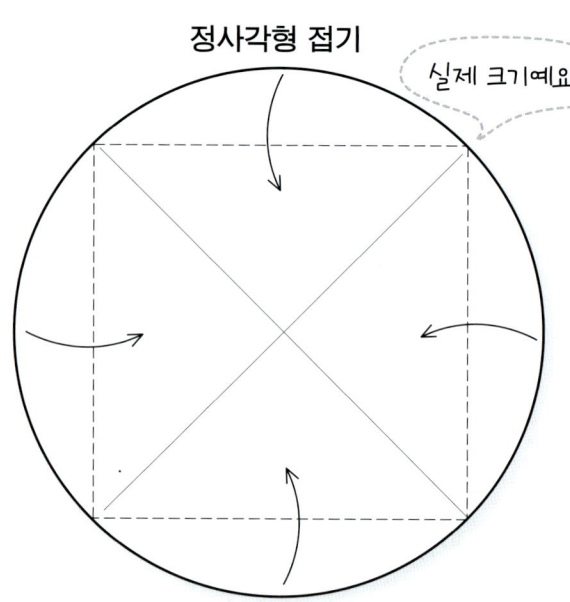

실제 크기예요!

정육각형접기

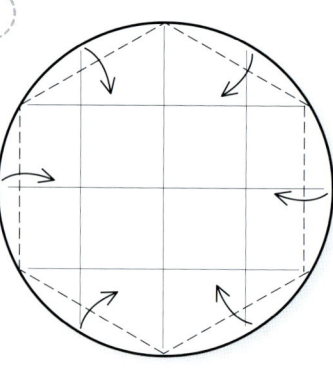

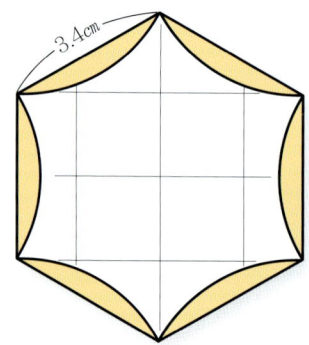

정육각형 둘레 길이의 합

3.4㎝×6=20.4㎝

정팔각형 접기

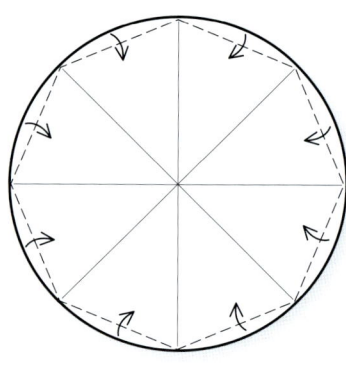

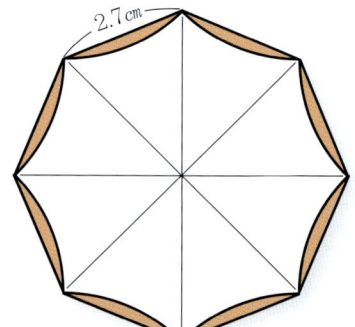

정팔각형 둘레 길이의 합

2.7㎝×8=21.6㎝

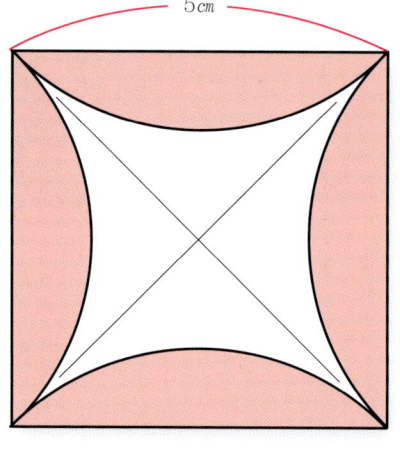

정사각형 둘레 길이의 합

5㎝×4=20㎝

원에 조금이라도 가까운 다각형일수록 지름×3.14㎝ 값에 가까워 짐을 알 수 있습니다.

7㎝인 원의 둘레 구하기 (지름×3.14)

7㎝ × 3.14㎝ = 21.98㎝

서로 맞추어 보아요!
5. 합동과 대칭

두 도형을 포개어 보았을 때, 완전히 포개어 지는 두 도형을 합동인 도형이라고 합니다. 이러한 성질을 여러 가지 색종이로 잘라서 포개어 보며 공부할 수 있어요.

평면도형의 합동 (5학년 2학기)

똑같다는 것은 모양과 크기가 완전히 같은 것을 말합니다. 색종이 2장을 겹쳐 고정시켜 놓고 자동차 모양을 그린 후 모양대로 오려보세요. 오려서 나온 자동차 2장은 서로 모양과 크기가 같습니다. 이와 같이 모양과 크기가 모두 같아서 완전히 겹쳐지는 도형을 '합동'이라고 합니다. 모양이 같아도 크기가 다르면 합동이 아니랍니다.

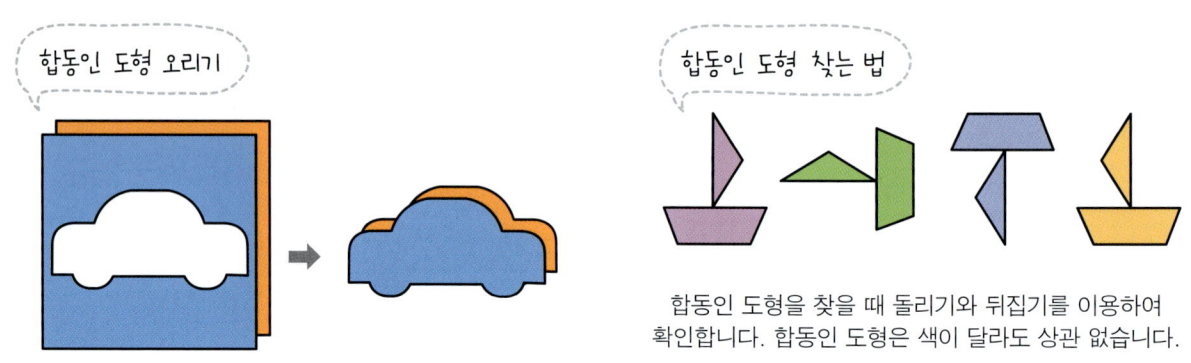

합동인 도형을 찾을 때 돌리기와 뒤집기를 이용하여 확인합니다. 합동인 도형은 색이 달라도 상관 없습니다.

두 도형이 합동일 때, 이 두 도형을 완전히 포개어 보면 꼭짓점, 변, 각이 각각 겹쳐집니다. 이때, 겹쳐지는 꼭짓점을 대응점, 겹쳐지는 변은 대응변, 겹쳐지는 각을 대응각이라고 합니다. 합동인 삼각형 두 개를 겹쳐 보면 대응점, 대응변, 대응각이 각각 3개씩 생깁니다. 사각형인 경우에는 대응점, 대응각, 대응변이 각각 4개씩 생깁니다. 이때, 겹치는 대응점의 위치는 서로 같고, 대응변의 길이와 대응각의 크기는 각각 서로 같습니다.

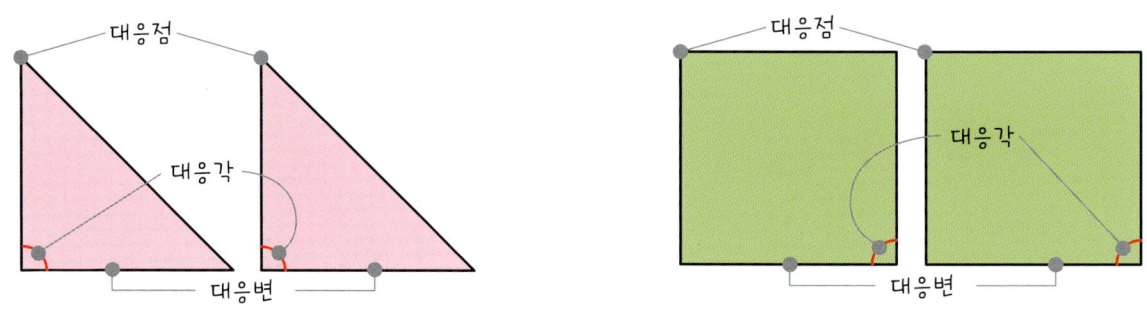

합동 도형 만들기

직사각형과 정삼각형 1개를 잘라서 합동인 도형을 여러 개 만들 수 있습니다. 합동인 도형을 만든 후에는 나누어진 도형을 겹쳐서 완전히 포개어지는지 확인해 보는 것이 좋습니다.

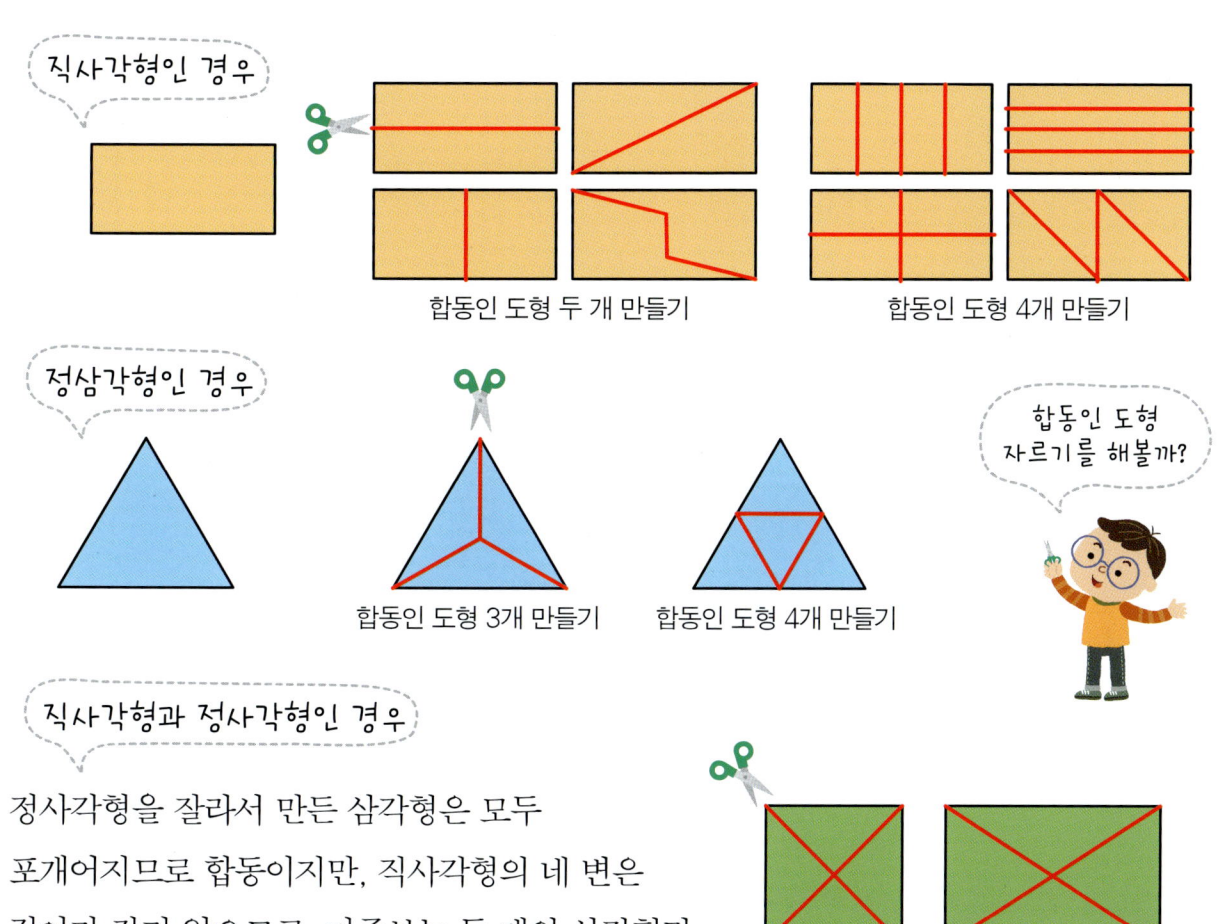

직사각형과 정사각형인 경우

정사각형을 잘라서 만든 삼각형은 모두 포개어지므로 합동이지만, 직사각형의 네 변은 길이가 같지 않으므로, 마주보는 두 개의 삼각형만 합동이 됩니다.

도형의 닮음

한 도형을 일정한 비율로 확대하거나 축소하여 다른 도형과 합동이 될 때, 이 두 도형은 서로 '닮았다' 또는 '닮음 관계에 있다' 라고 합니다.

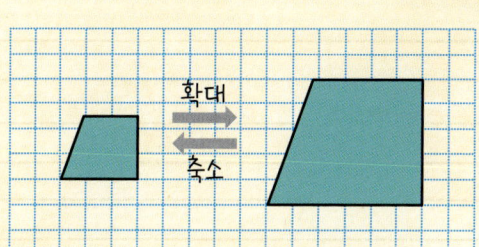

선대칭도형 (5학년 2학기)

선대칭 도형이란 정해진 선(대칭축)을 중심으로 반으로 접었을 때 완전히 겹쳐지는 도형을 말합니다. 대칭축을 중심으로 양쪽의 모양이 서로 같습니다.

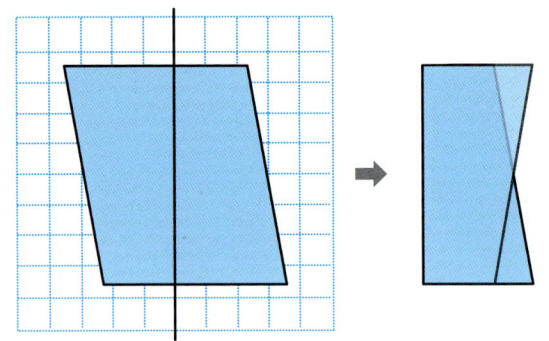

평행사변형 : 대칭축을 중심으로 반을 접으면 서로 겹치지 않으므로 선대칭도형이 아닙니다.

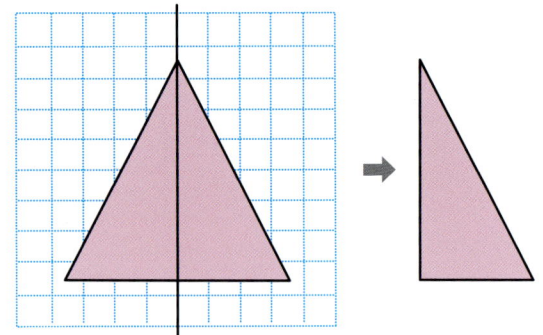

정삼각형 : 대칭축을 중심으로 반을 접으면 서로 겹쳐지므로 선대칭도형입니다.

선대칭 도형의 성질

선대칭 도형은 대응변과 대응각의 크기가 각각 서로 같습니다. 각 대응점은 대칭축을 중심으로 같은 거리에 있습니다. 대응점끼리 이은 선분은 대칭축과 수직으로 만나고, 대응점은 대칭축을 중심으로 같은 거리에 있습니다.

선대칭 도형의 대칭축

선대칭 도형의 대칭축은 도형에 따라서 개수가 다릅니다. 정삼각형은 3개, 정사각형은 4개…. 변의 수가 많은 정다각형일수록 대칭축의 수가 많아집니다. 단, 원의 대칭축은 셀 수 없이 많습니다.

원은 대칭축을 셀 수가 없구나!

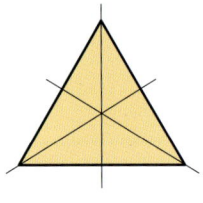
정삼각형 : 3개

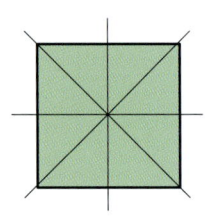
정사각형 : 4개

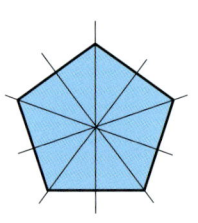
정오각형 : 5개

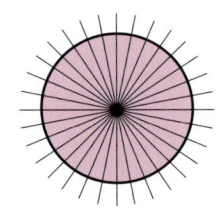
원 : 무수히 많음

선대칭의 위치에 있는 도형

두 개의 도형을 어떤 직선으로 접었을 때 두 도형이 완전히 포개어진다면 두 도형은 '선대칭의 위치에 있다'고 하고, 그 두 도형을 '선대칭의 위치에 있는 도형'이라고 합니다. 그리고 접혀지는 그 직선이 '대칭축' 입니다.

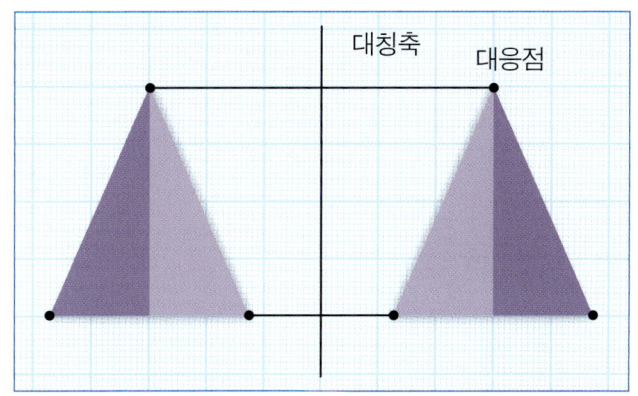

선대칭의 위치에 있는 도형의 대칭축은 단 1개 뿐이야!!

선대칭위치에 있는 도형의 성질

선대칭의 위치에 있는 두 도형을 대칭축을 중심으로 접었을 때 겹쳐지는 점을 대응점, 겹쳐지는 변을 대응변, 겹쳐지는 각을 대응각이라고 합니다. 선대칭의 위치에 있는 도형의 대응변의 길이와 대응각의 크기는 서로 같습니다. 선대칭의 위치에 있는 두 도형에서 각각의 대응점을 연결한 선분은 대칭축과 수직으로 만나고, 각 대응점은 대칭축에서 같은 거리에 있습니다.

더 알아보기

선대칭 건축물

경복궁의 근정전은 왕의 즉위식이나 혼례 등을 치르던 중요한 장소입니다. 그 건물은 대칭구조를 이루고 있는데, 대칭성은 사람들로 하여금 권위와 존경심을 느끼게 하는 중요한 요소입니다. 인도의 타지마할이나 고대 신전 등이 대칭성을 이루는 것도 바로 이런 이유에서 입니다. 경주의 불국사나 석굴암, 석가탑과 같은 문화재들도 선대칭을 이루고 있는 건축물입니다.

점대칭 도형 (5학년 2학기)

점대칭 도형이란 한 점을 중심으로 180° 돌렸을 때, 처음 도형과 완전히 겹쳐지는 도형을 말하며 그 점을 대칭의 중심이라고 합니다.

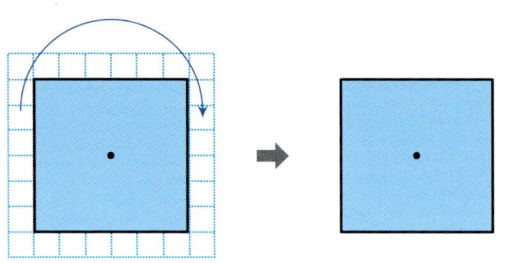

정사각형 : 180°를 돌려도 처음과 같은 모양이 되므로 점대칭도형입니다.

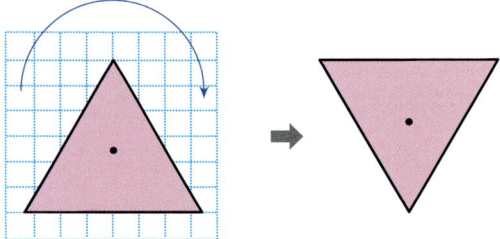

정삼각형 : 180°를 돌리면 처음과 모양이 달라지므로 점대칭도형이 아닙니다.

점대칭 도형의 성질

대응변의 길이와 대응각의 크기는 서로 같습니다. 대응점을 이은 선분은 대칭의 중심에 의해 둘로 나누어 집니다.

점대칭의 위치에 있는 도형

한 점을 중심으로 두 개의 도형을 180°로 돌려 두 도형이 완전히 포개어 질 때 두 도형을 '점대칭의 위치에 있다'라고 하고, 그 두 도형을 '점대칭의 위치에 있는 도형'이라고 합니다. 그리고 그 점을 '대칭의 중심'이라고 합니다.

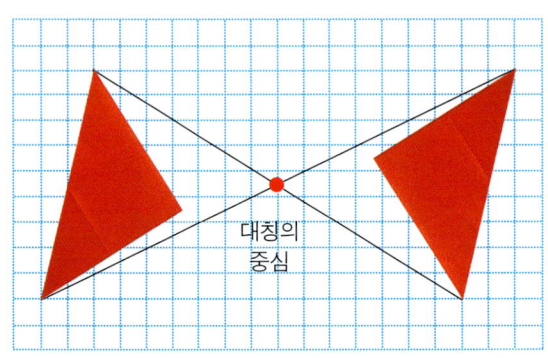

점대칭의 위치에 있는 도형의 성질

점대칭의 위치에 있는 두 도형을 대칭의 중심에 의해 180°로 돌렸을 때 겹쳐지는 점을 대응점, 겹쳐지는 변을 대응변, 겹쳐지는 각을 대응각이라고 합니다. 점대칭의 위치에 있는 두 도형의 대응변의 길이와 대응각의 크기는 서로 같습니다. 또한 각각의 대응점에서 대칭의 중심까지의 거리는 각각 같습니다.

 # 점대칭도형 접기 1 (태극문양)

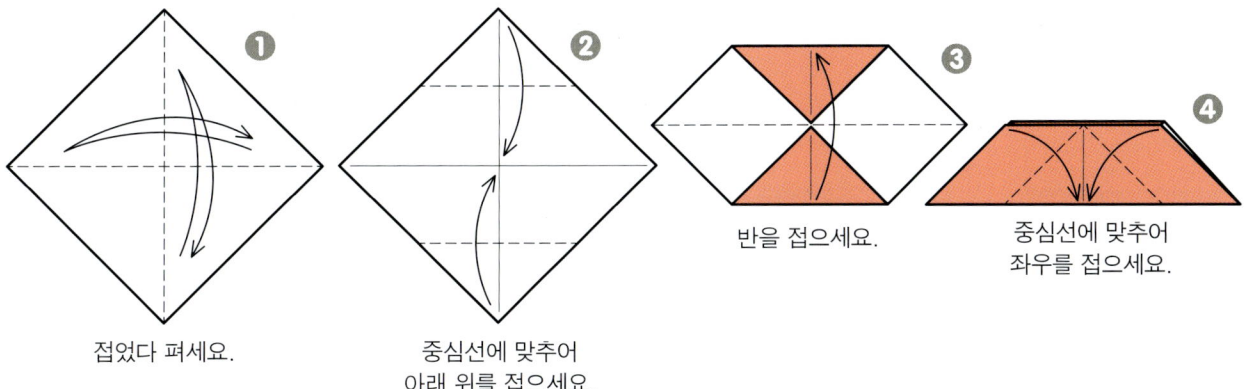

① 접었다 펴세요.
② 중심선에 맞추어 아래 위를 접으세요.
③ 반을 접으세요.
④ 중심선에 맞추어 좌우를 접으세요.

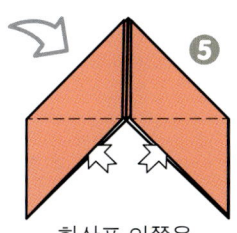 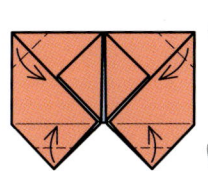 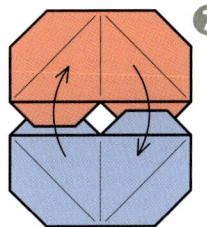 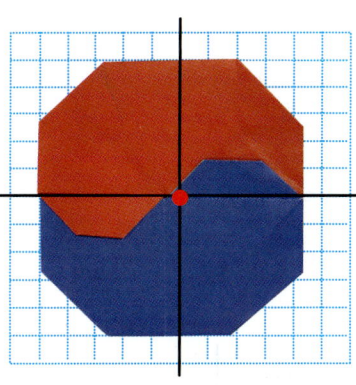

⑤ 화살표 안쪽을 펼쳐 눌러 접으세요.
⑥ 사방을 접으세요.
⑦ 두 개를 접어 서로 끼워 넣으세요.

완성

태극문양을 모눈종이 위에 올려놓고 돌려 보면 점대칭 도형임을 확인할 수 있습니다.

 18쪽 정사각형, 34쪽 직사각형, 78쪽 정육각형, 80쪽 정팔각형 모두 점대칭 도형입니다.

 더 알아보기

점대칭 위치에 있는 숫자

종이 위에 각각 6과 9를 쓰고 점 ●를 중심으로 180° 돌리면 6이 9가 됩니다. 이렇게 6과 9는 서로 점대칭 위치에 있는 도형이라고 할 수 있습니다.

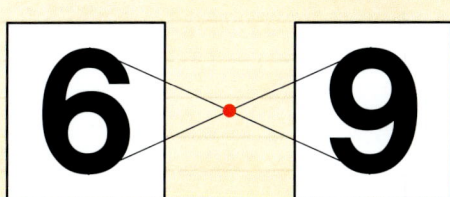

점대칭도형 접기 2

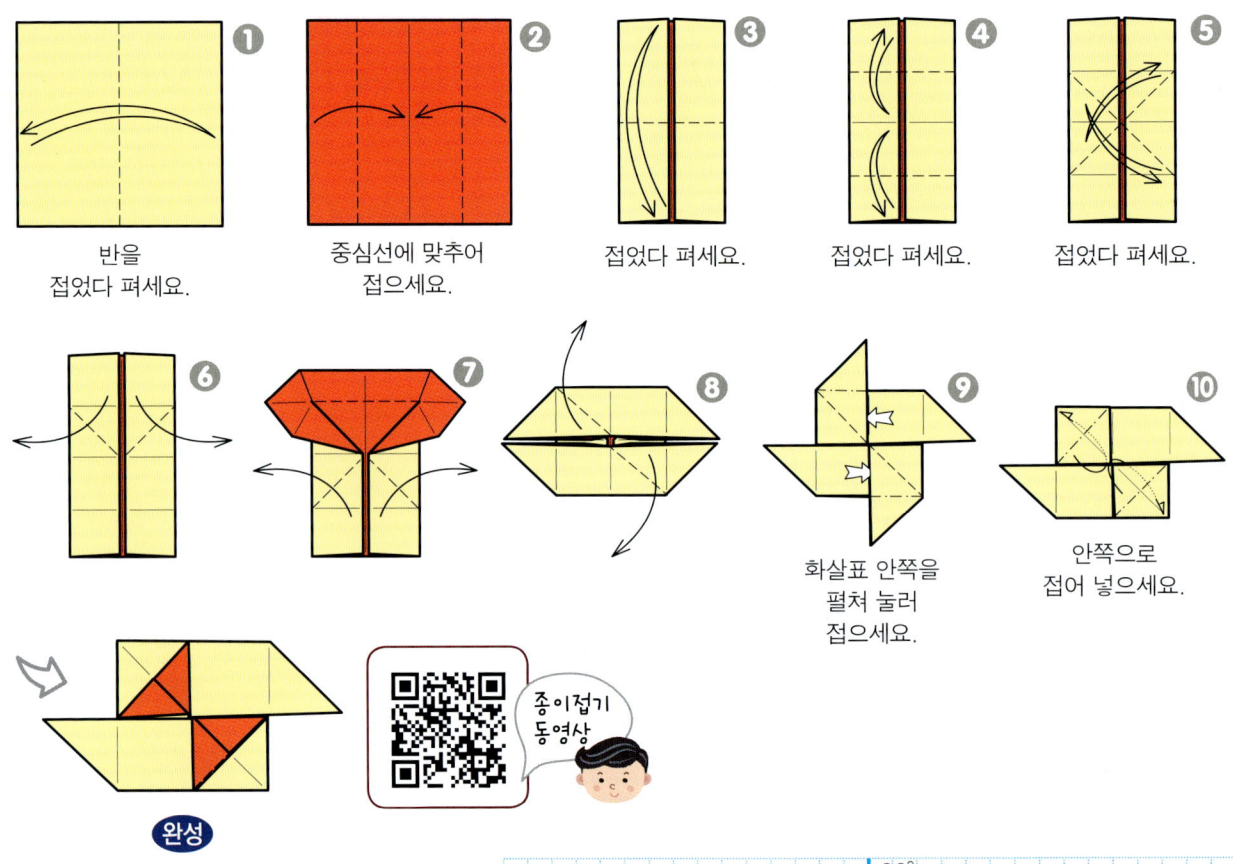

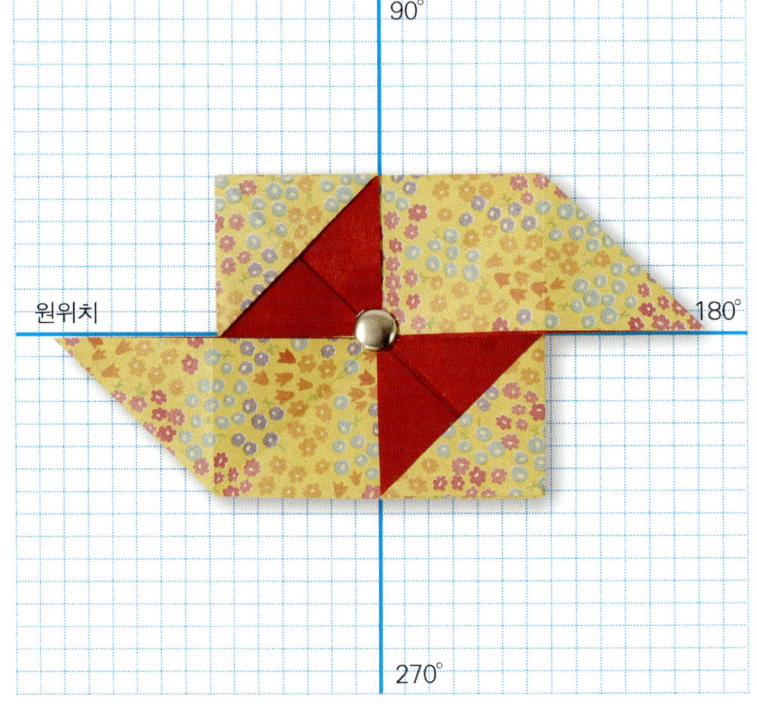

완성된 도형을 가운데 있는 점을 중심으로 180°돌렸을 때 처음의 모양과 같이 나오니까 점대칭 도형이 맞아요!

서 있는 입체 도형
6. 각기둥과 각뿔

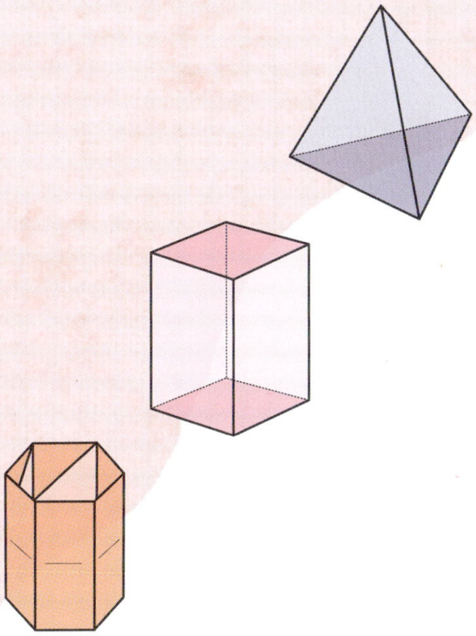

위와 아래에 있는 면이 서로 평행이고 합동인 다각형으로 이루어진 입체도형을 말합니다. 각기둥의 위·아랫면은 항상 평행이고, 평행인 두 면에 수직인 면을 '옆면', 두 밑면 사이의 거리를 '높이'라고 합니다. 각기둥의 옆면은 항상 직사각형 입니다. 각기둥은 밑면의 모양에 따라 삼각기둥, 사각기둥, 오각기둥… 이라고 합니다.

각기둥 (6학년 1학기)

각기둥은 위와 아래에 있는 면이 서로 평행이고 합동인 다각형으로 이루어진 입체도형을 말합니다. 각기둥의 평행인 두 면에 수직인 면을 '옆면', 두 밑면 사이의 거리를 '높이'라고 합니다. 각기둥의 옆면은 항상 직사각형입니다. 각기둥은 밑면의 모양에 따라 삼각기둥, 사각기둥, 오각기둥… 이라고 합니다.

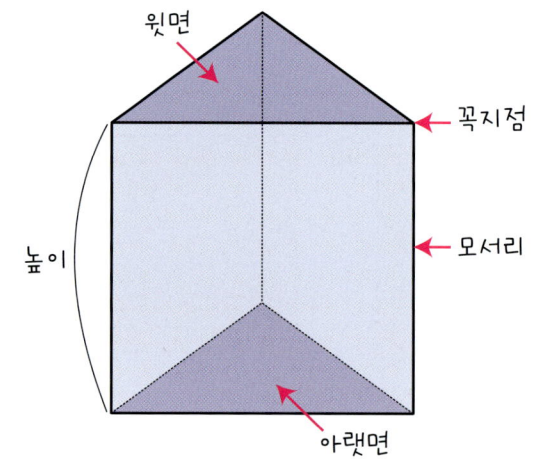

각기둥의 종류

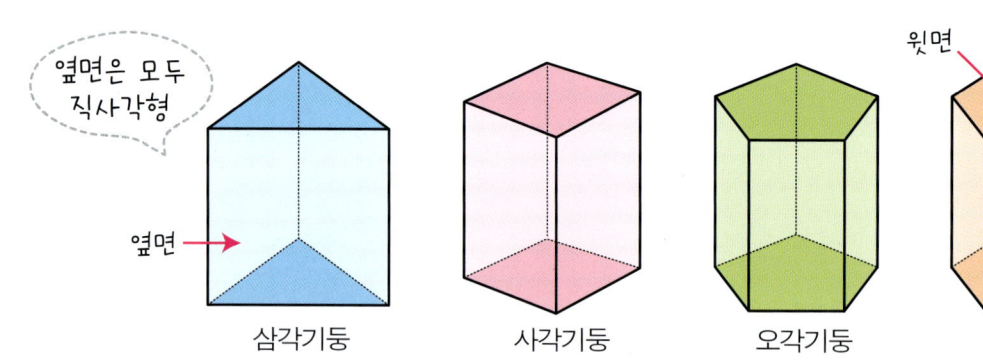

삼각기둥   사각기둥   오각기둥   육각기둥

옆면은 모두 직사각형

위, 아래의 면은 서로 평행 서로 합동

여러 가지 입체도형과 각기둥과 뿔

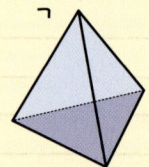 ㄱ   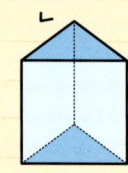 ㄴ   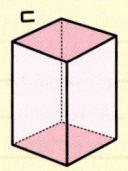 ㄷ   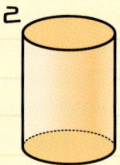 ㄹ   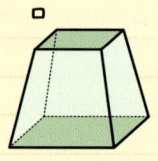 ㅁ

ㄴ, ㄷ과 같이 위아래의 면이 서로 평행하고 합동인 다각형으로 이루어진 기둥 모양의 입체도형을 각기둥이라고 합니다.

ㄱ은 삼각뿔이고, ㄹ은 윗면과 아랫면이 평행하지만 각이 없으므로 각기둥이 아닌 원기둥 입니다.

ㅁ은 각뿔의 윗부분을 잘라낸 모양인 각뿔대 입니다.

종이접기 활동

삼각기둥 접기

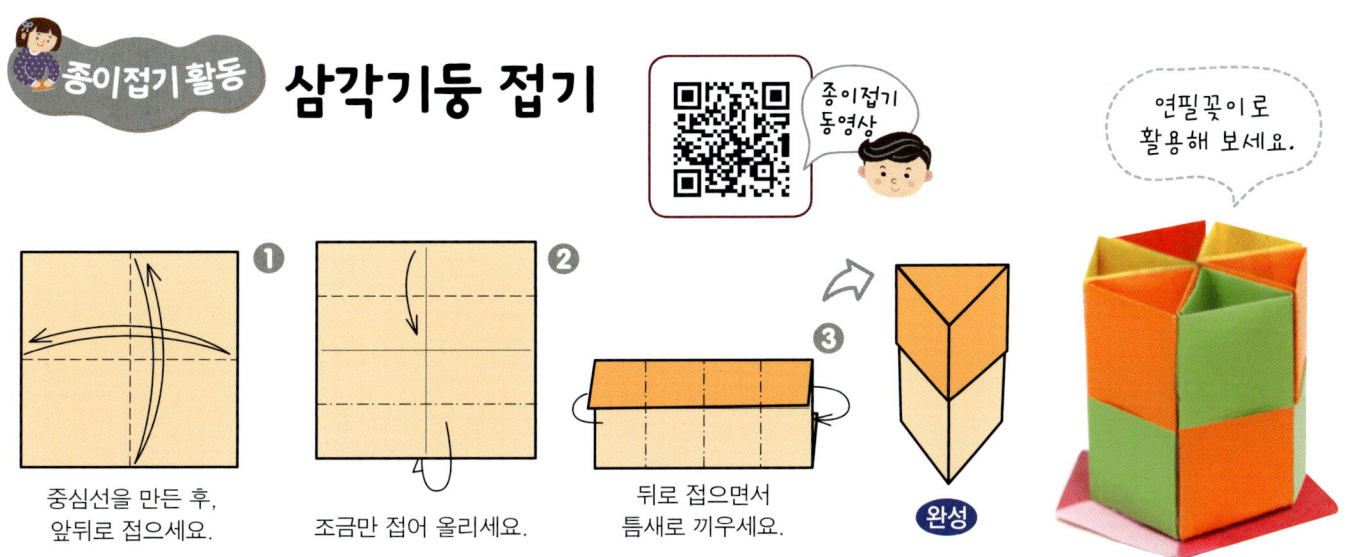

종이접기 동영상

1

중심선을 만든 후,
앞뒤로 접으세요.

2

조금만 접어 올리세요.

3

뒤로 접으면서
틈새로 끼우세요.

완성

연필꽂이로
활용해 보세요.

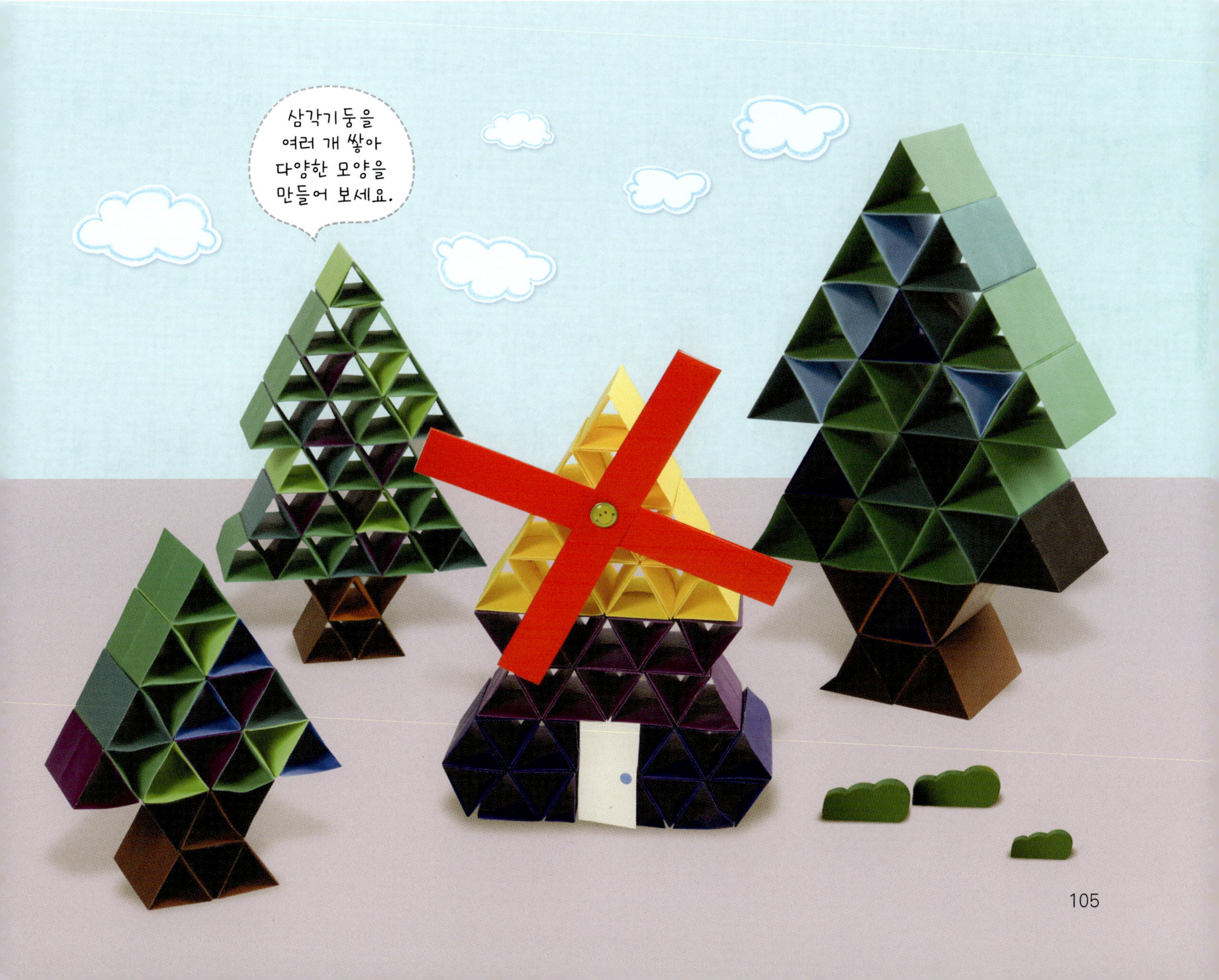

삼각기둥을
여러 개 쌓아
다양한 모양을
만들어 보세요.

# 사각기둥 접기

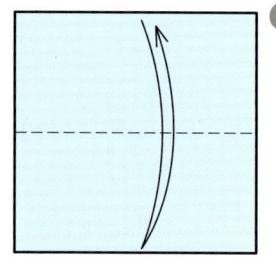
① 반을 접었다 펴세요.

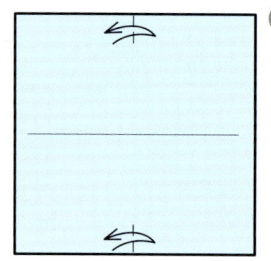
② 접기선대로 접었다 펴세요.

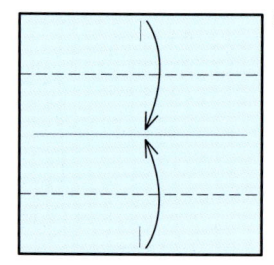
③ 중심선에 맞춰 접으세요.

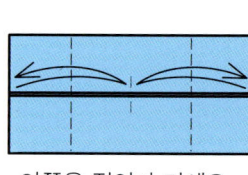
④ 양쪽을 접었다 펴세요.

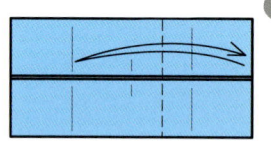
⑤ ④번에서 만들어진 선에 맞춰 접었다 펴세요.

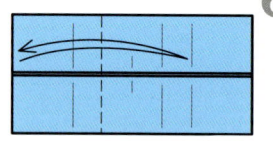
⑥ ④번에서 만들어진 선에 맞춰 접었다 펴세요.

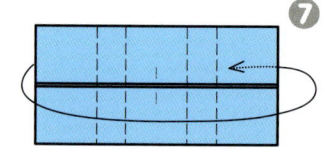
⑦ 접기선대로 접어 입체로 만들어 끝부분을 끼워 넣으세요.

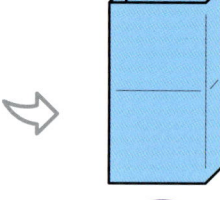
완성

종이나라 195 COLORS 색종이를 활용하여 도미노를 만들어 보아요.
색채공부도 하며 친구들과 함께 놀이를 할 수 있습니다.

종이나라에는 「195colors」 색종이가 있어요!

 ## 오각기둥과 육각기둥 접기 (6학년 1학기)

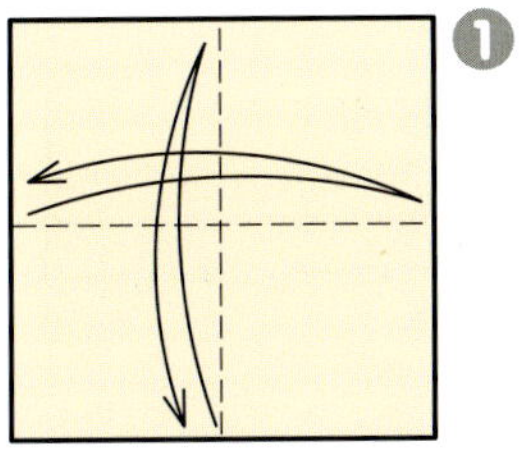

① 중심선을 만드세요.

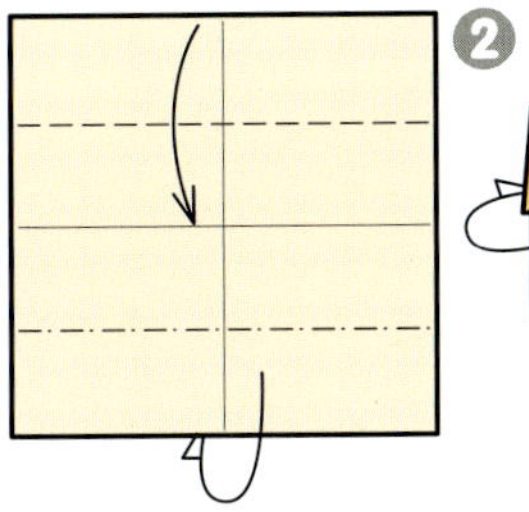

② 앞뒤로 접으세요.

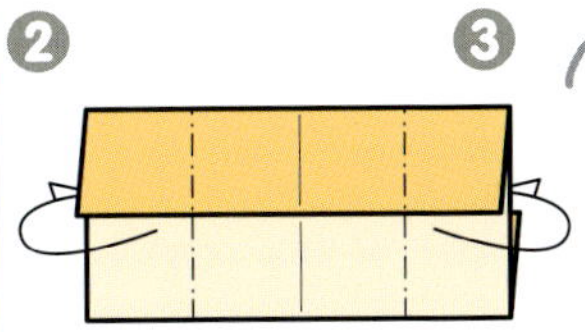

③ 뒤로 접으세요.

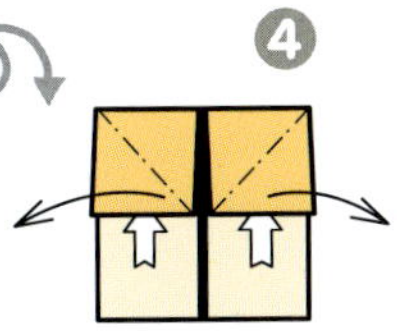

④ ↑화살표 안쪽을 펼쳐 접으세요.

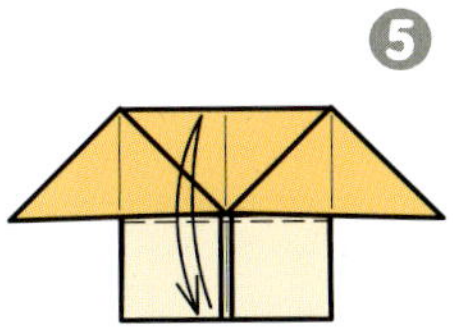

⑤ 접었다 펴세요.

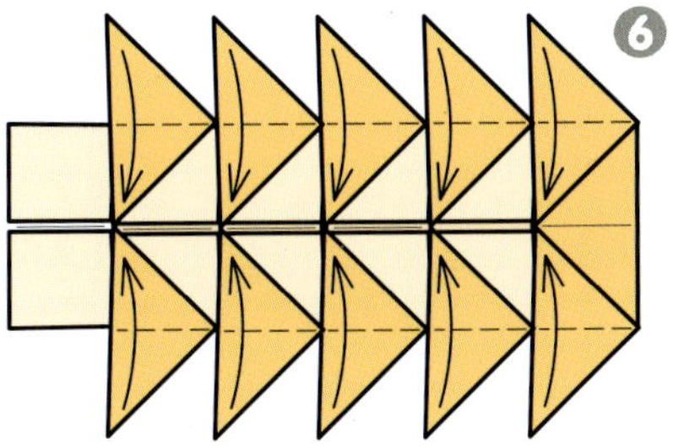

⑥ 같은 모양 여러 개를 접어 끼운 후, 접기선대로 접으세요.

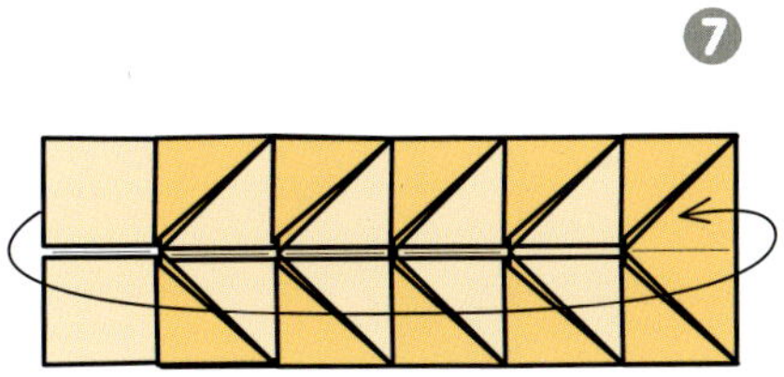

⑦ 오각기둥은 5장, 육각기둥은 6장을 조립하세요.

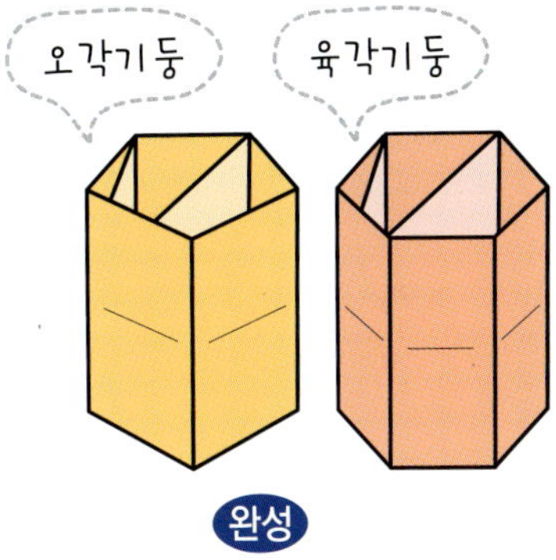

오각기둥 육각기둥

완성

⑥ ⑤를 여러 개를 접어 끼운 후, 입체로 조립하세요.

⑦ 완성 모양이 되도록 아래위를 딱지접기처럼 접으세요.

오각기둥 육각기둥

완성

각기둥의 옆면은 모두 다 직사각형입니다.

107

각기둥의 겉넓이 (6학년 1학기)

각기둥의 겉넓이는 그 입체도형을 이루고 있는 면의 개수와 모양을 알아야 구할 수 있습니다. 넓이가 같은 두 개의 밑면의 넓이와 옆면의 넓이를 더해서 구합니다.

각기둥의 겉넓이 = (한 밑면의 넓이) × 2 + (옆면의 넓이)

겨냥도와 전개도 (5학년 2학기)

입체도형의 모양을 잘 알 수 있도록 하기 위해 평행인 모서리는 평행이 되게 그리고, 보이는 모서리는 실선, 보이지 않는 모서리는 점선으로 그린 그림을 '겨냥도'라고 합니다. 그 입체도형을 펼쳐서 평면에 나타낸 그림을 '전개도'라고 합니다.

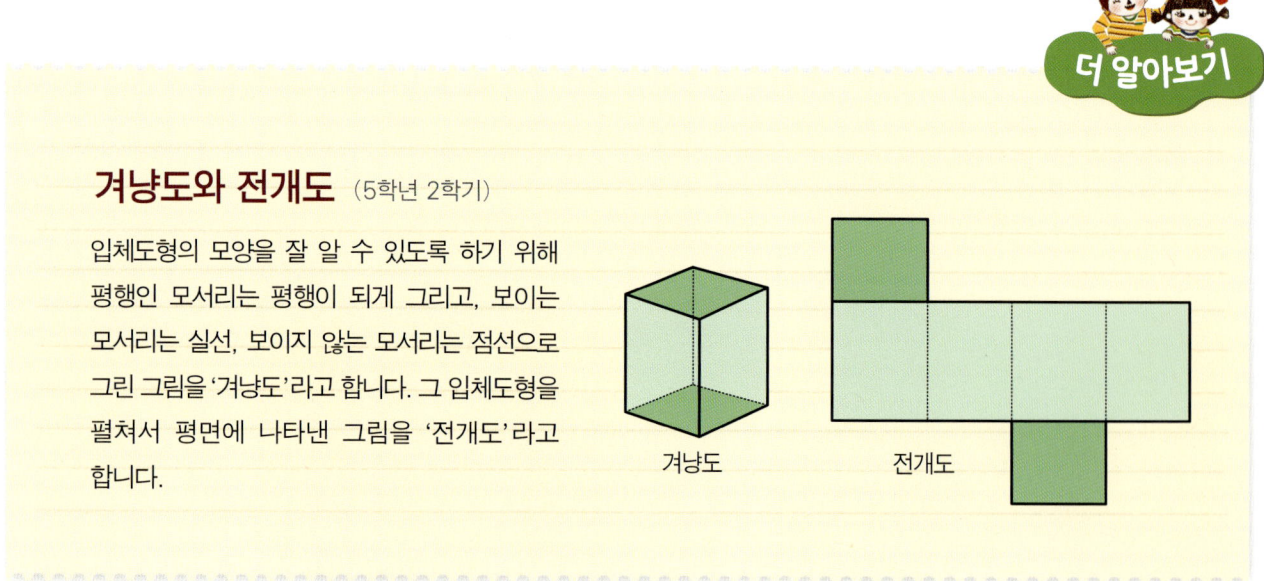

회전체 (6학년 2학기)

회전체는 평면도형을 한 직선을 축으로 하여 1회전 시킨 입체도형을 말하며 원기둥, 원뿔, 구 등이 이에 해당됩니다. 이때 축으로 사용한 직선을 회전축이라고 합니다.

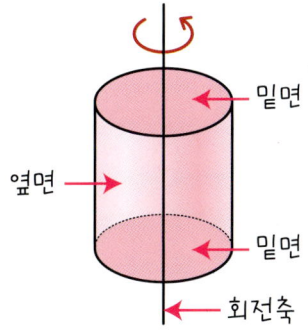

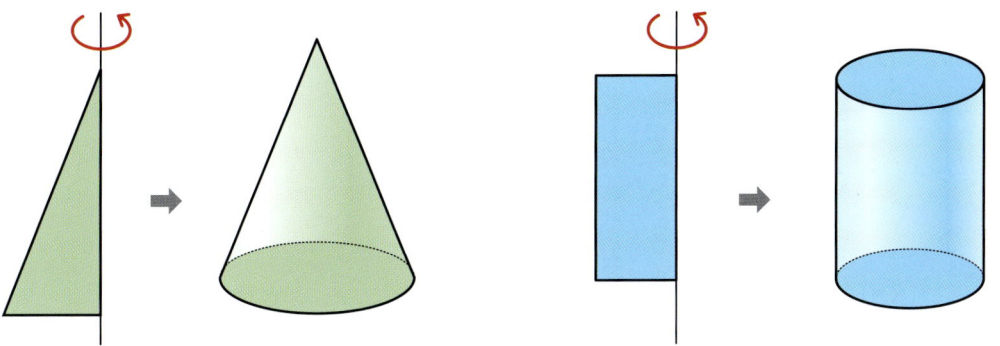

원기둥

원기둥은 위와 아래의 면이 다각형이 아닌 원이고 옆면은 직사각형 모양을 원의 둘레를 따라 둥글게 말아 놓은 모양을 하고 있습니다. 이처럼 위와 아래에 있는 면이 서로 평행이고, 합동인 원으로 되어 있는 입체도형을 원기둥이라고 합니다.

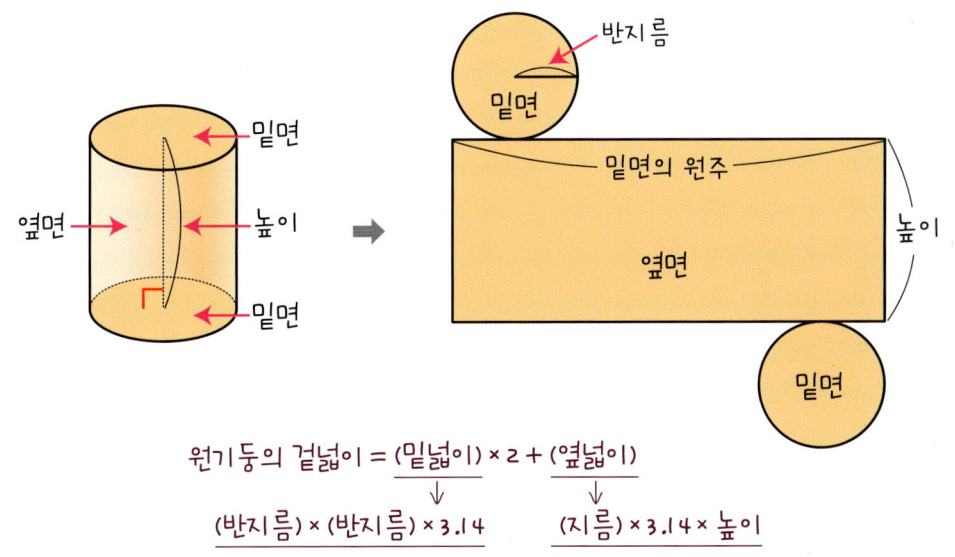

원기둥의 겉넓이 = (밑넓이) × 2 + (옆넓이)
(반지름) × (반지름) × 3.14   (지름) × 3.14 × 높이

원기둥 접기
원 색종이로 윗면, 밑면이 없는 원기둥을 접어 봅시다.

둥근 색종이로 접는 원기둥

정사각형 색종이로 접는 원기둥

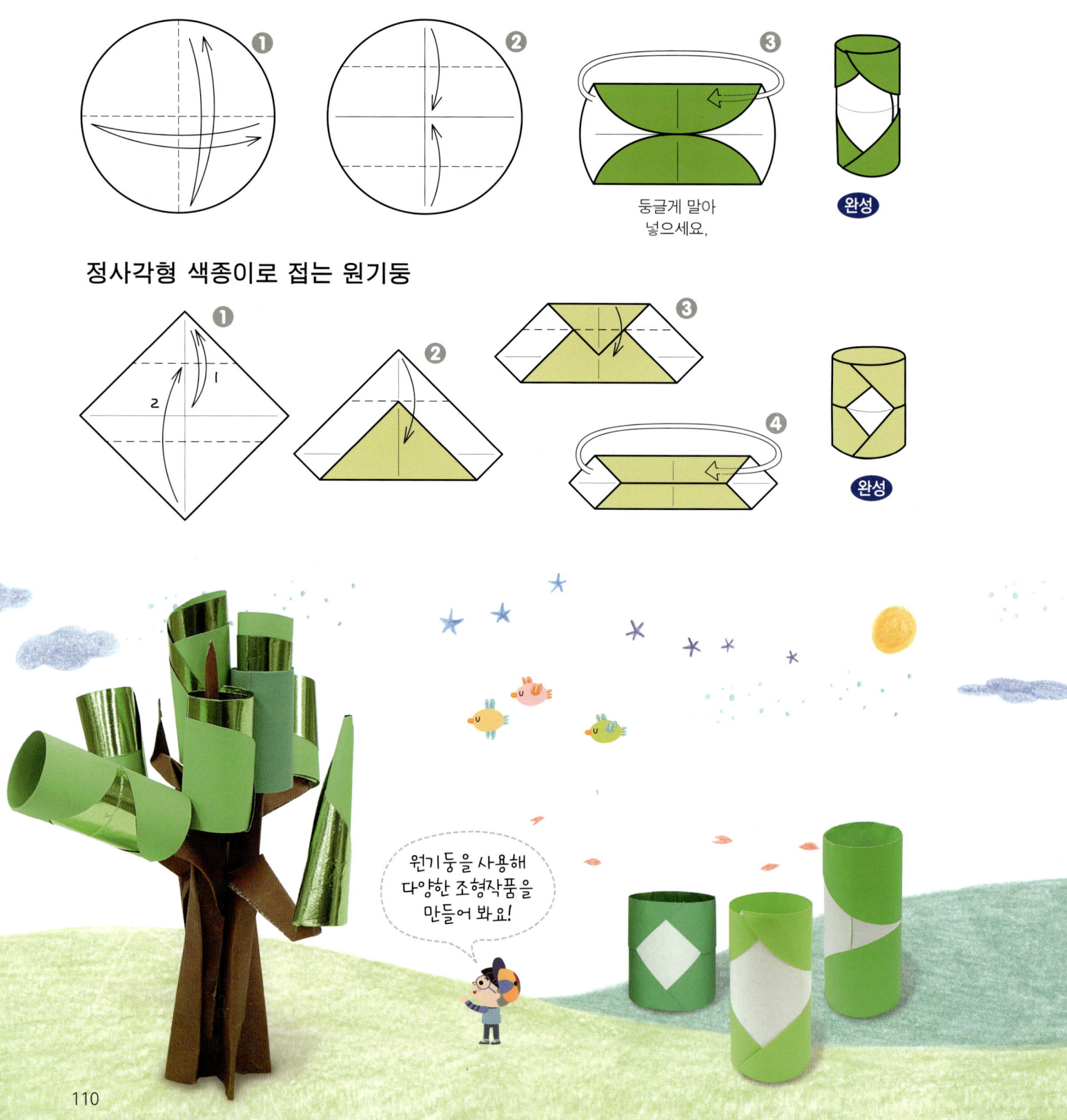

원뿔

원뿔은 밑면이 원이고 옆면이 부채꼴인 뿔 모양의 입체도형입니다. 원뿔도 원기둥처럼 밑면의 모양이 원이지만 원뿔의 밑면은 한 개뿐입니다. 원기둥에는 꼭짓점이 없지만, 원뿔에는 꼭짓점이 있고, 모선이 있습니다. 모선은 원뿔의 꼭짓점과 밑면인 원 둘레의 한 점을 이은 선분으로 모선의 수는 무수히 많고, 한 원뿔에서 모선의 길이는 모두 같습니다.

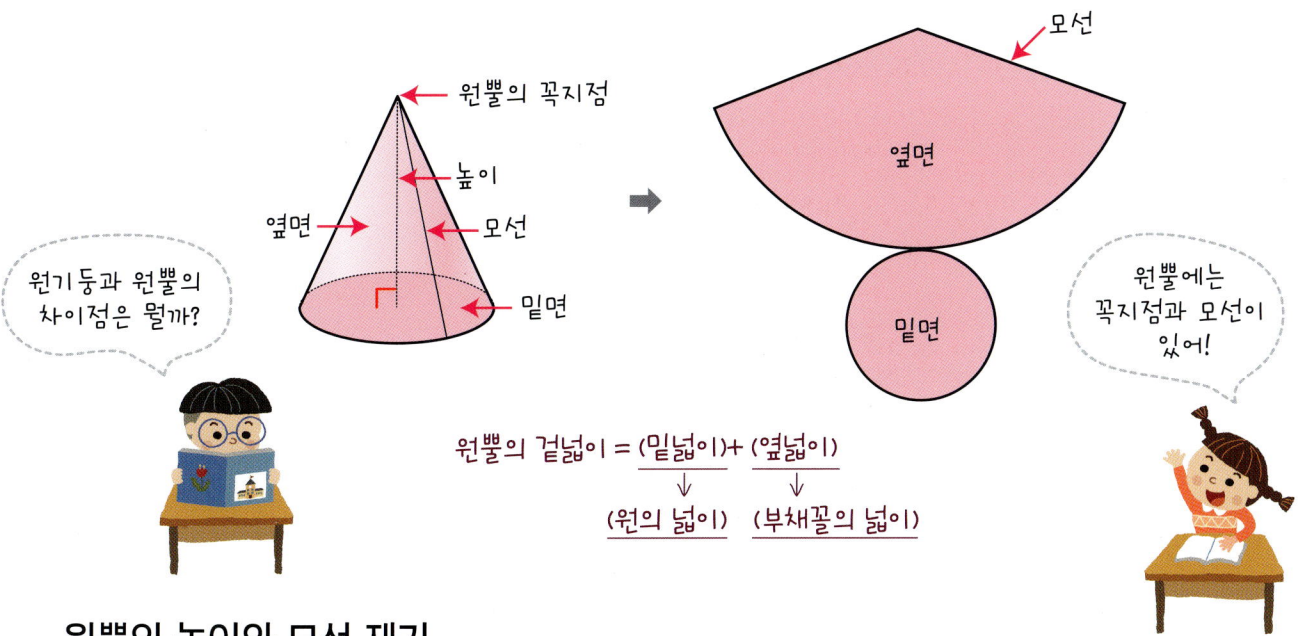

원뿔의 높이와 모선 재기

모선은 원뿔의 옆면에 그은 선분이고, 원뿔의 높이는 원뿔의 꼭짓점에서 밑면에 수직인 거리이므로 모선이 원뿔의 높이보다 항상 더 깁니다. 아래 그림과 같이 높이와 모선을 재는 방법은 서로 다릅니다.

각뿔 (6학년 1학기)

밑면은 다각형이고 옆면이 삼각형인 뿔 모양의 입체도형을 각뿔이라고 합니다.

각뿔의 밑면은 한 개이고, 옆면은 모두 이등변삼각형입니다. 각뿔의 모든 옆면이 만나는 공통점을 각뿔의 꼭짓점이라고 하고, 각뿔의 꼭짓점에서 밑면에 수직으로 그은 선분의 길이를 높이라고 합니다. 각뿔은 밑면의 모양에 따라 삼각뿔, 사각뿔, 오각뿔… 이라고 합니다.

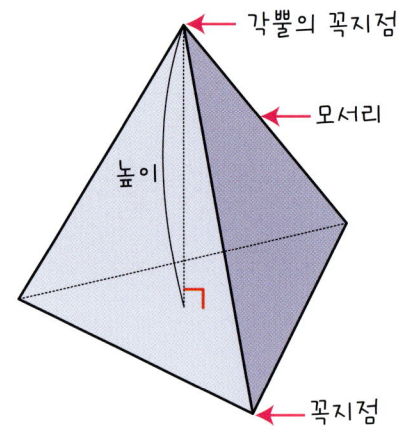

각뿔의 종류

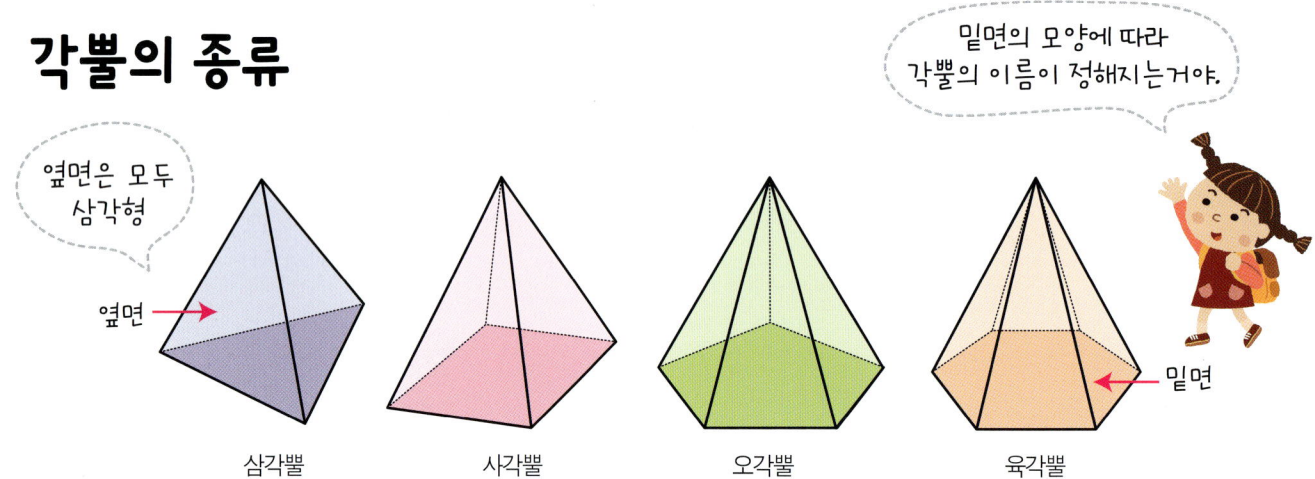

각뿔의 겉넓이

삼각기둥, 사각기둥, 오각기둥, 육각기둥 등의 각기둥은 모두 밑면이 두 개입니다. 하지만, 각뿔은 밑면이 한 개뿐이기 때문에 각뿔의 겉넓이를 구할 때는 밑면의 넓이를 2배로 계산하지 않도록 주의해야 합니다.

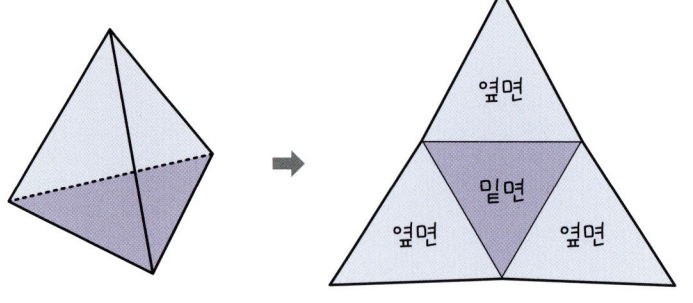

각뿔의 겉넓이 = (밑면의 넓이)+(옆면의 넓이)

 **각뿔과 삼각기둥을 응용한 다면체 접기**

90° 삼각뿔

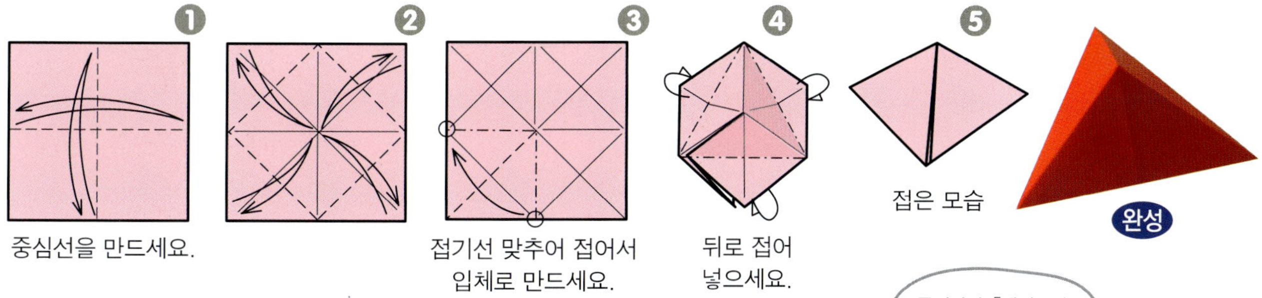

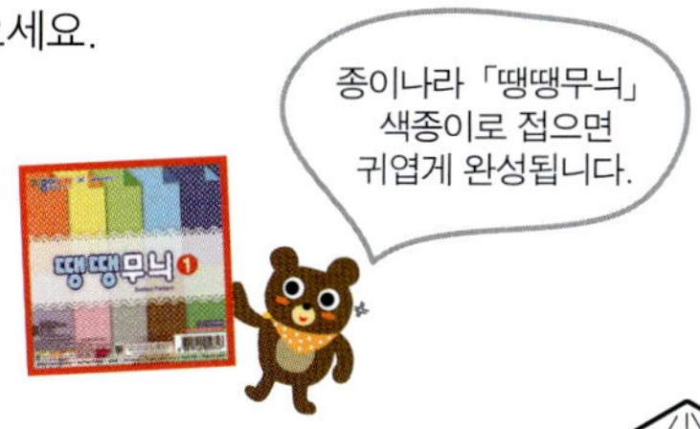

① 중심선을 만드세요.
②
③ 접기선 맞추어 접어서 입체로 만드세요.
④ 뒤로 접어 넣으세요.
⑤ 접은 모습
완성

종이나라 「땡땡무늬」 색종이로 접으면 귀엽게 완성됩니다.

60° 삼각뿔

① 삼각접기에서 시작하세요. 3등분하여 접으세요.
②
③ 오리고 펴세요.
④
⑤ 접기선대로 접으세요.
⑥ 양쪽을 접었다 펴세요.
⑦ 접기선대로 반을 접으세요.
⑧ 반을 접으세요.
⑨ 밑에 있는 주머니로 접어 넣으면서 입체로 만드세요.

접은 모습
완성

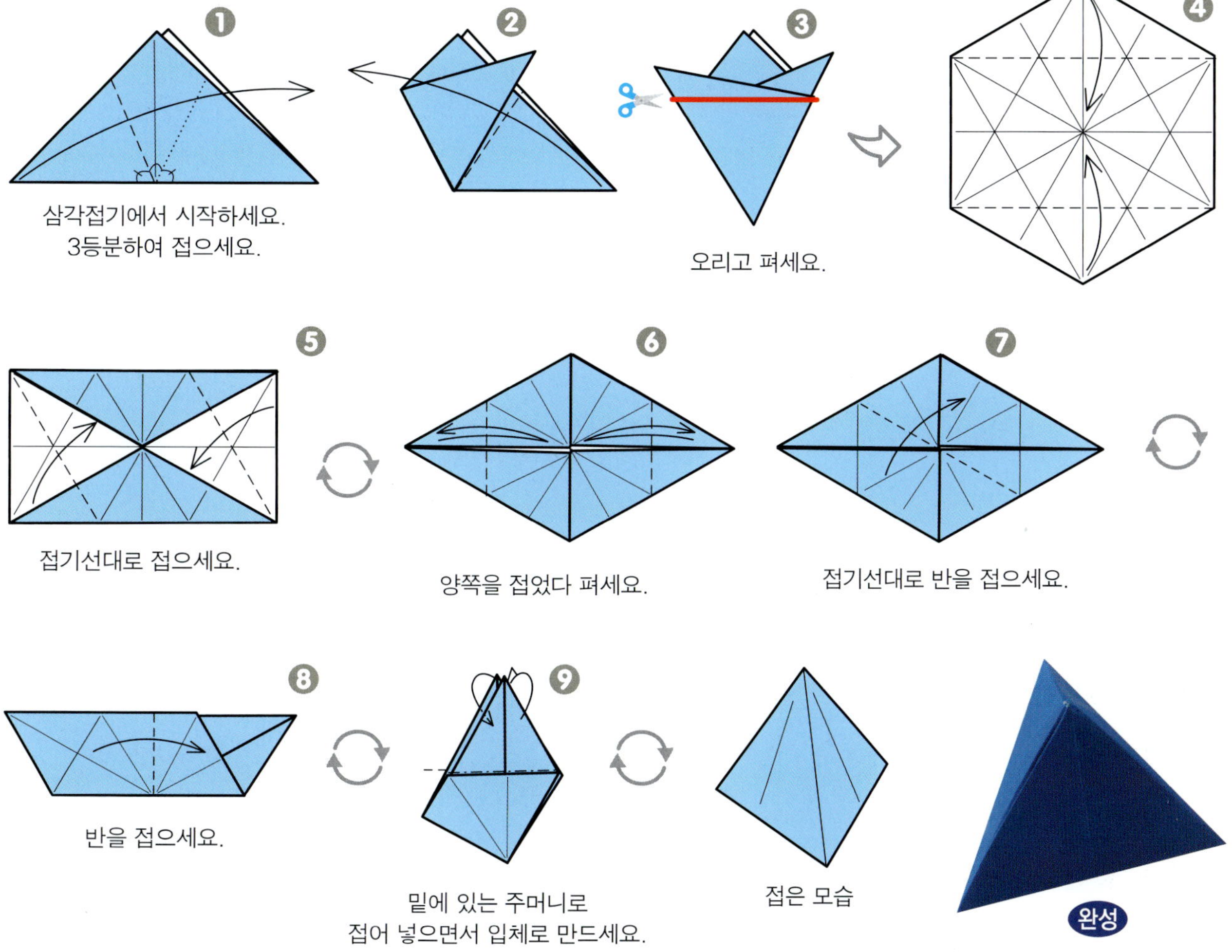

60° 사각뿔 60° 삼각뿔 ❼번에서 시작하세요.

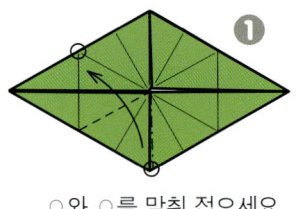 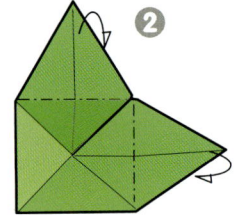 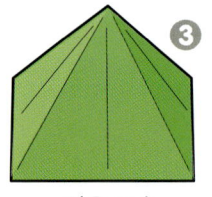 

○와 ○를 맞춰 접으세요.   뒤로 접어 넣으세요.   접은 모습   완성

60° 오각뿔 60° 삼각뿔 ❼번에서 시작하세요.

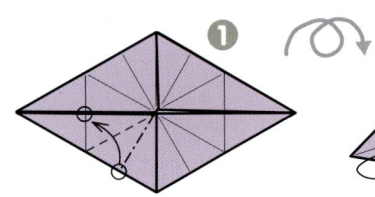 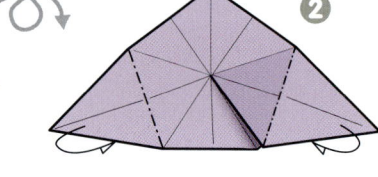 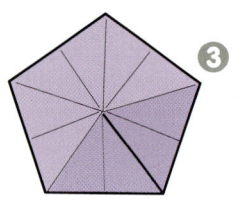 

○와 ○를 맞춰 접으세요.   뒤로 접어 넣으세요.   완성

삼각 기둥 접기

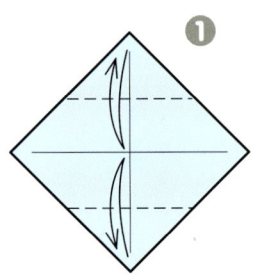 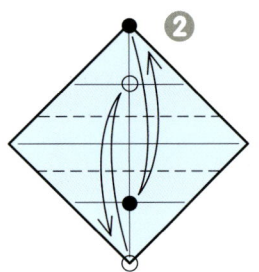 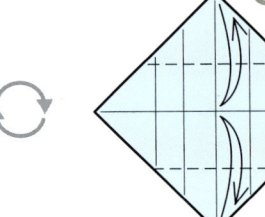 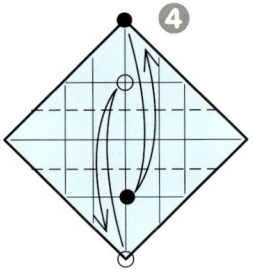

○과 ●을 맞춰 접었다 펴세요.

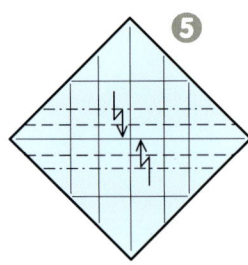 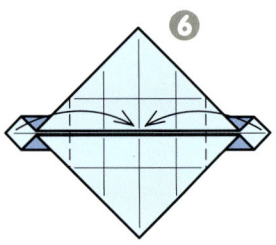 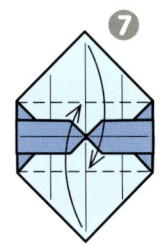 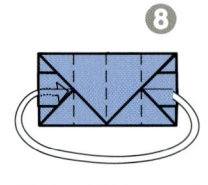 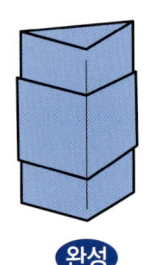

화살표 방향으로 끼워 넣어 입체로 만드세요.   완성

각뿔의 종류에 따라 완성할 수 있는 다면체

정사면체
- 삼각뿔 15×15cm
- 삼각기둥 11.5×11.5cm

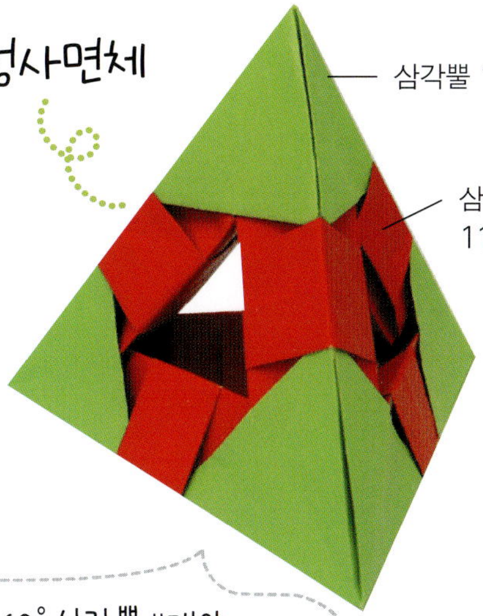

60° 삼각뿔 4개와 삼각기둥 접기 6개로 조립합니다. 정점의 각은 180°입니다.

정육면체
- 삼각기둥 11.5×11.5cm
- 삼각뿔 7.5×7.5cm

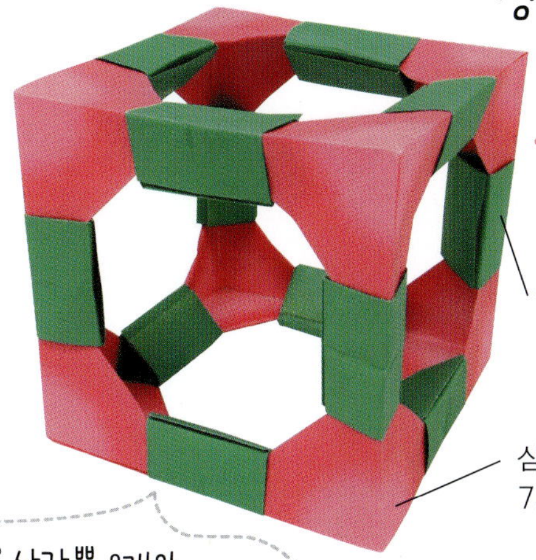

90° 삼각뿔 8개와 삼각기둥 접기 12개로 조립합니다. 정점의 각은 270°입니다.

정팔면체
- 사각뿔 15×15cm
- 삼각기둥 11.5×11.5cm

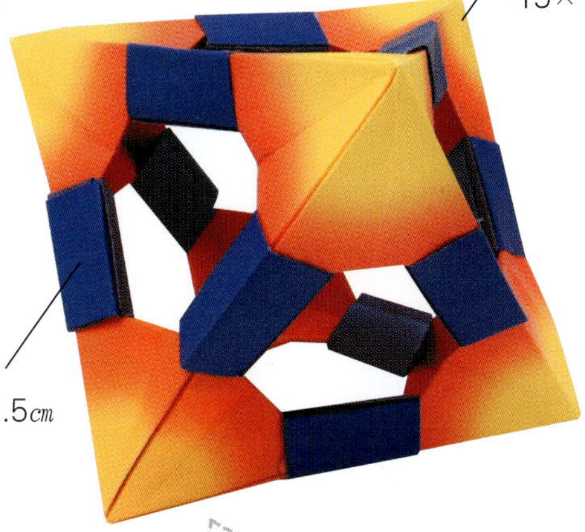

60° 사각뿔 6개와 삼각기둥 접기 12개로 조립합니다. 정점의 각은 240°입니다.

정이십면체
- 오각뿔 15×15cm
- 삼각기둥 11.5×11.5cm

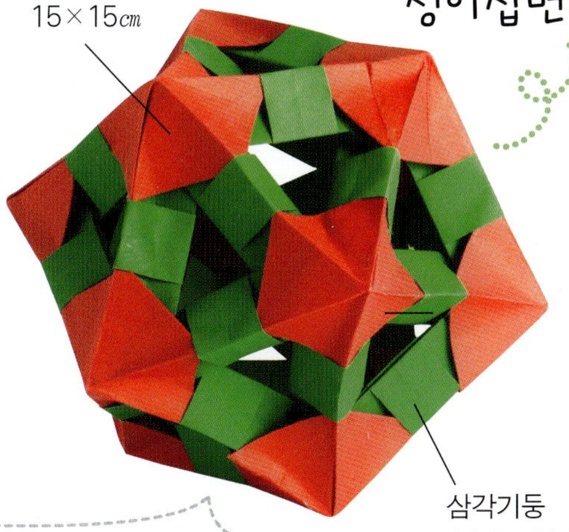

60° 오각뿔 12개와 삼각기둥 접기 30개로 조립합니다. 정점의 각은 300°입니다.

다면체를 조립할 때 풀을 사용하지 않으면 좀 더 조립의 묘미를 느낄 수 있으며 잘못 조립하더라도 고쳐서 조립하기가 쉽습니다. 실제로 정사면체와 정육면체는 풀 없이도 조립이 가능합니다. 하지만 정팔면체나 정이십면체와 같이 삼각기둥(모서리)의 수가 많을 때에는 몇 군데 정도 풀로 고정시키면 좀더 쉽게 조립할 수 있습니다.

각뿔대 (6학년 1학기)

각뿔대는 각뿔을 그 밑면에 평행인 평면으로 잘랐을 때 생긴 입체도형입니다.
각뿔 한 개를 자르면 두 개가 되는데, 하나는 작은 각뿔이 되고 또 다른 하나는 각뿔대가 됩니다. 각뿔대의 두 밑면의 크기는 서로 다르고, 옆면의 모양은 사다리꼴입니다.

각뿔대   각뿔

더 알아보기

원뿔대

원뿔대는 각뿔대와 마찬가지로 원뿔을 밑면에 평행인 평면으로 잘랐을 때 생긴 입체도형 입니다. 두 밑면의 크기는 서로 다르고, 옆면은 곡면입니다. 그릇이나 스탠드의 갓이 원뿔대 모양으로 많이 만들어 집니다.

원뿔대   생활 속에서 만나는 원뿔대 모양.

 **각뿔대를 응용한 소품상자 접기**

① 반을 접었다 펴세요.

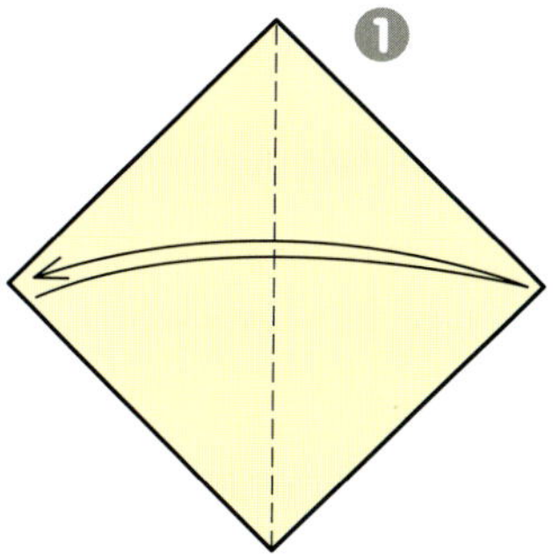

② 접기선대로 접으세요.

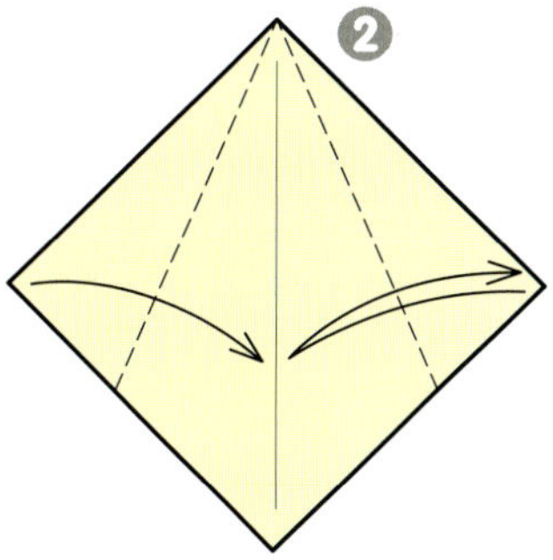

③ 접었다 펴세요.

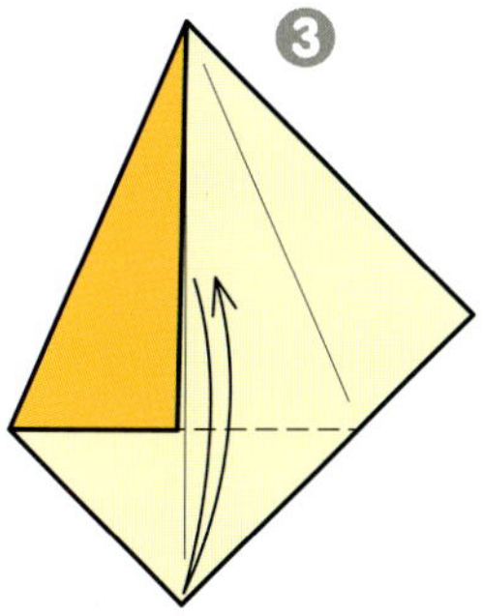

④ 접어 내리세요.

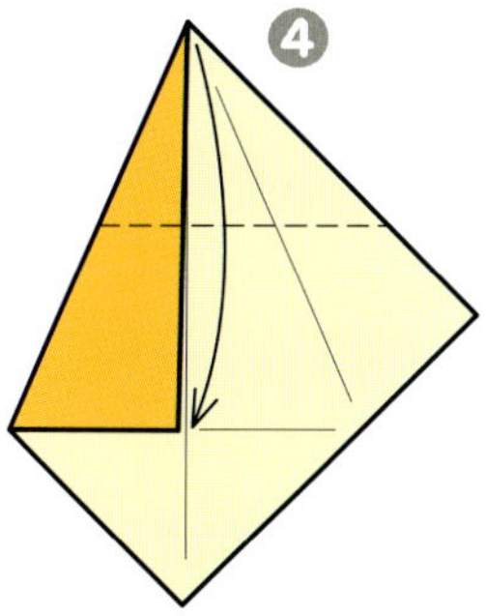

⑤ 같은 모양을 3개 만들어 빗금친 부분에 풀칠하여 붙이세요.

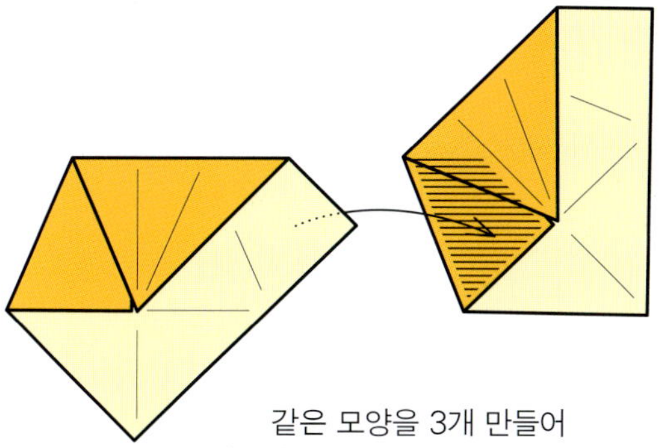

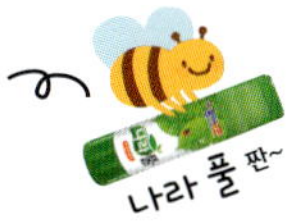

⑥ 화살표 방향으로 붙여 입체로 만드세요.

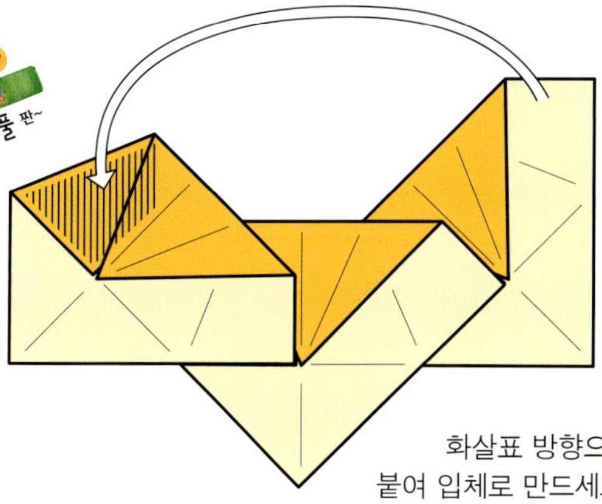

⑦ 아래를 접어 바닥면을 붙이세요.

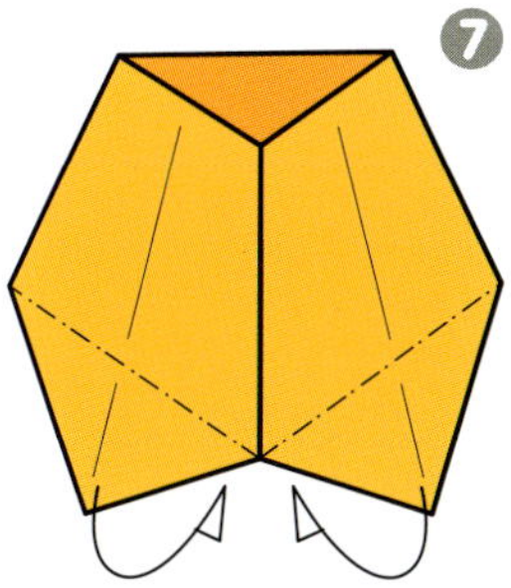

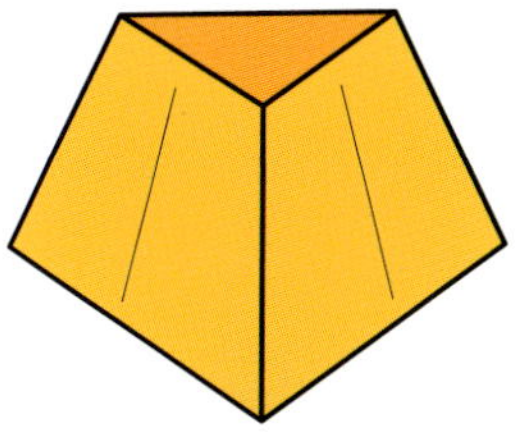

완성

조립하는 매수에 따라 삼각, 사각, 오각…모양의 각뿔대가 됩니다. 작은 액세서리나 소품, 사탕 등을 담는 상자로 활용해 보세요.

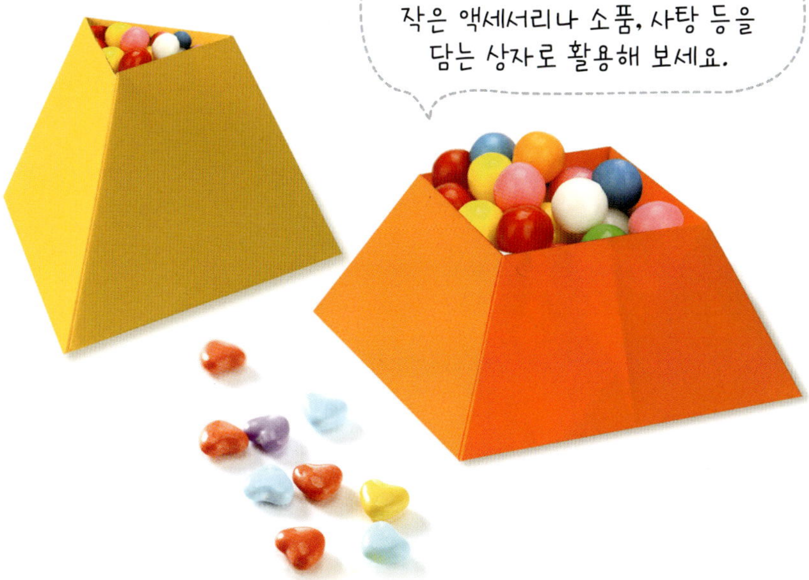

오각뿔대 접기 (74쪽 정오각형 자르기 참고)

오각뿔대를 완성하기 까지의 과정을 하나의 도면(Creased pattern)으로 표현했습니다. 긴 접기선을 먼저 접으면 좀 더 쉽게 완성할 수 있습니다.

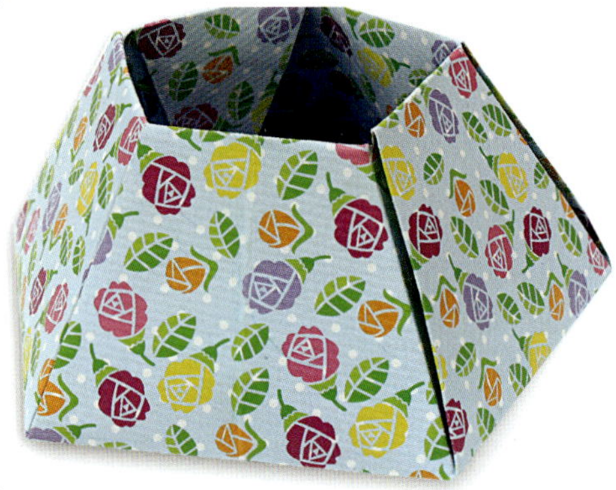

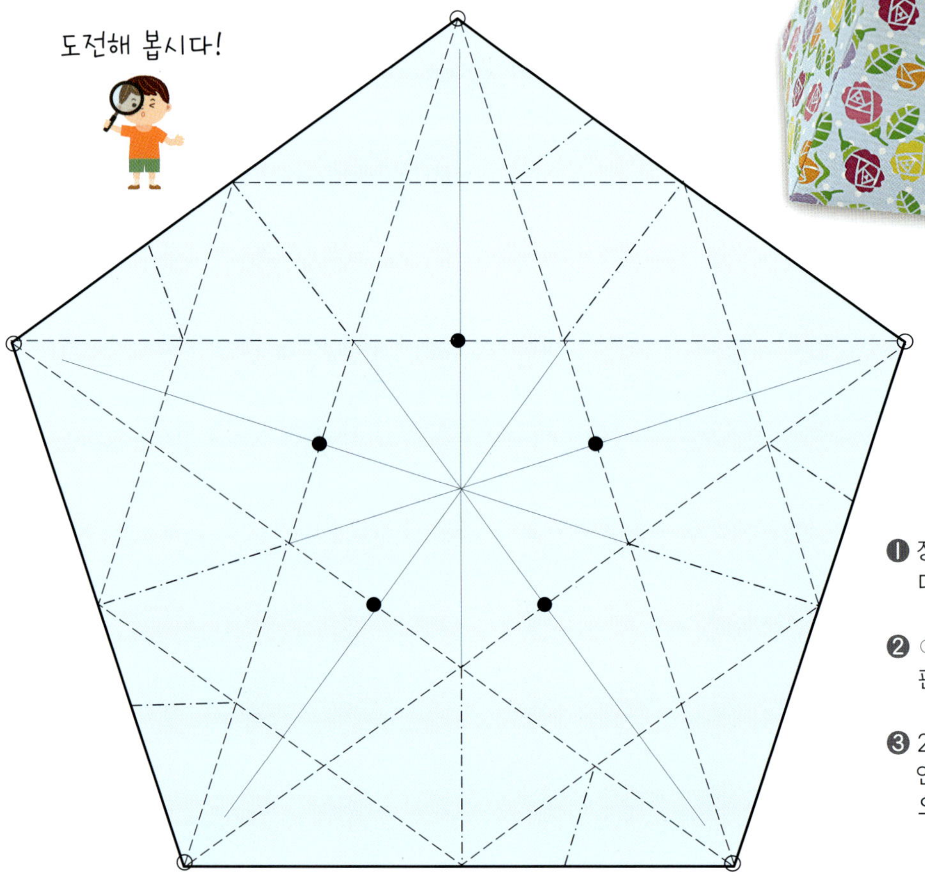

❶ 정오각형 안에 있는 대각선 5개를 접었다 펴세요.

❷ ○을 ●에 맞추어 접었다 편 선을 만드세요.

❸ 2번에서 접었다 편 선을 안으로 접으면서 오각뿔대를 완성하세요.

다각형의 대각선 수 구하는 공식 $\dfrac{(n-3)\times n}{2}$

정오각형의 대각선 수 $\dfrac{(5-3)\times 5}{2} = 5$

각뿔대 옆면의 모양은 항상 사다리꼴 임을 종이접기를 통해서 확인해 봅시다.

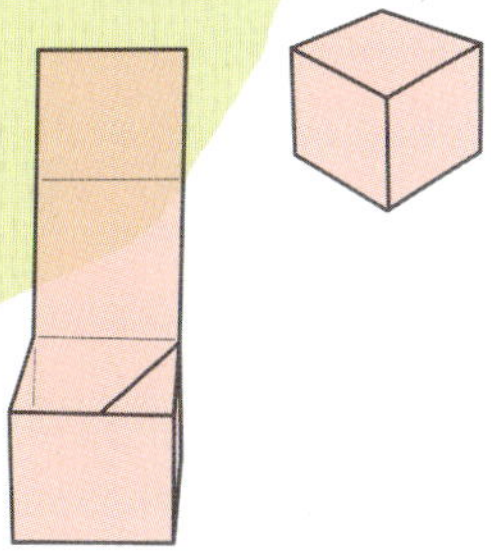

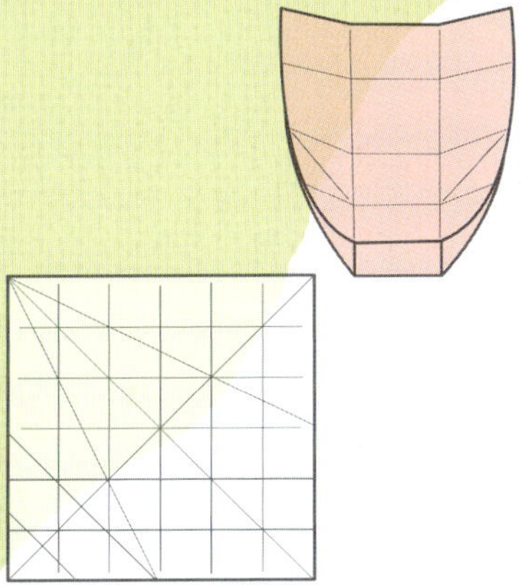

면이 여러 개 라서
7. 다면체

다면체란 여러 개의 평면의 다각형으로 둘러싸인 입체도형입니다. 두 면이 만나는 선을 다면체의 모서리라 부르고 몇 개의 모서리가 만나는 점을 꼭짓점이라고 하지요. 다면체에는 각 꼭짓점에 모이는 면의 크기와 모양이 똑같은 정다면체가 다섯 종류가 있고 축구공처럼 정오각형과 정육각형이 섞여 있는 준정다면체가 있답니다.

다면체란? (4, 5, 6학년 응용)

다면체란 여러 개의 평면의 다각형으로 둘러싸인 입체도형입니다. 두 개의 면이 만나는 선을 모서리라 부르고, 몇 개의 모서리가 만나는 점을 꼭짓점이라고 하지요. 다면체에는 각 꼭짓점에 모이는 면의 크기와 모양이 똑같은 정다면체가 다섯 종류가 있고, 축구공처럼 정오각형과 정육각형이 섞여 있는 준정다면체가 있답니다.

정다면체의 종류

정다면체는 각 면이 합동인 정다각형으로 이루어진 다면체입니다. 정사면체, 정육면체, 정팔면체, 정십이면체, 정이십면체로 모두 다섯 종류가 있어요. 정다면체가 다섯 개인 이유는 입체 도형이 되려면 일단 세 개 이상의 다각형이 모인 입체가 되어야 합니다. 즉 한 개의 꼭짓점에 세 개 이상의 면이 모여야 하는 것이죠. 그리고 각 꼭짓점에 모인 정다각형 각들의 합이 360°보다는 작아야 합니다. 360°가 넘으면 평면이 되기 때문이에요. 그런데 정육각형의 경우에는 한 내각이 120°이므로 한 꼭짓점에 모이는 다각형의 갯수가 세 개라고 해도 360°가 넘으니까 입체가 될 수 없습니다. 그러므로 정육각형 이상의 다각형은 제외해야 합니다. 따라서 정삼각형, 정사각형, 정오각형이 모여서 정다면체를 만들 수 있는데 그 경우가 다섯 가지 밖에 없는 것이랍니다.

다면체의 모서리 갯수 구하기

다면체의 모서리 갯수를 구할 때, 아래와 같이 구하는 공식이 있어요. 1707년 스위스에서 태어난 수학자 오일러의 '다면체 정리'에 그 법칙이 숨어 있답니다.

다면체의 모서리의 갯수 = 면의 갯수 + 꼭짓점의 갯수 − 2

정사면체를 예를 들어보면 4(면) + 4(꼭짓점) − 2 = 6개(모서리)가 나옵니다. 그 다음으로 정육면체를 예로 들어 볼까요? 6(면) + 8(꼭짓점) − 2 = 12개(모서리)가 나옵니다.
이와 같은 방법으로 나머지 다면체들의 모서리 개수도 구할 수가 있답니다.

정다면체의 특징

특징 \ 종류	정사면체	정육면체	정팔면체	정십이면체	정이십면체
단면의 모양	정삼각형	정사각형	정삼각형	정오각형	정삼각형
모서리의 수	6	12	12	30	30
면의 수	4	6	8	12	20
1개의 꼭짓점에 모이는 각의 크기	180°	270°	240°	324°	300°
1개의 꼭짓점에 모이는 면의 수	3	3	4	3	5
꼭짓점의 수	4	8	6	20	12

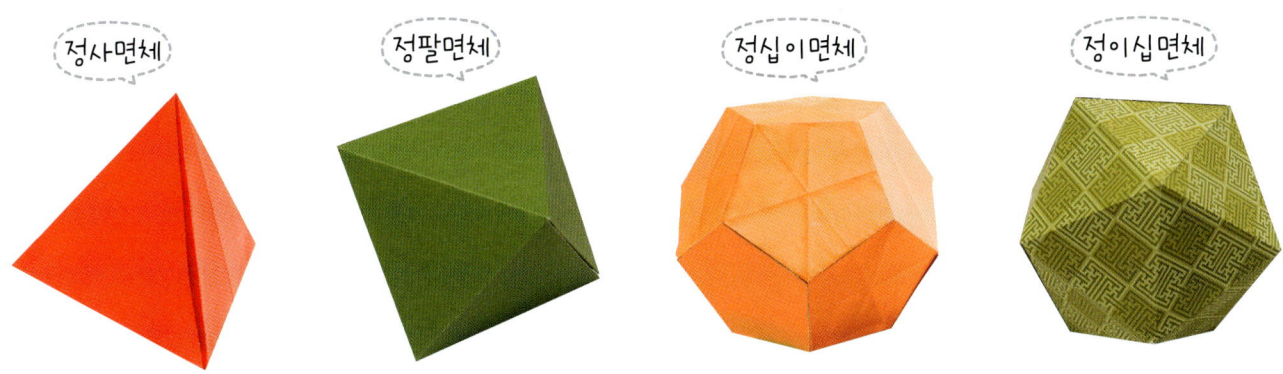

정사면체   정팔면체   정십이면체   정이십면체

더 알아보기

아래의 도형이 정다면체가 아닌 이유는 뭘까요?

정다면체의 종류가 왜 다섯 종류 뿐일까요?
예를 들어 설명해 드릴게요.
오른쪽에 정삼각형의 면이 여섯 개로 이루어진 도형이 있어요.
정삼각뿔 두 개가 붙여진 모양이예요.
각 면들이 정삼각형이므로 마치 정다면체처럼 보이지만
한 꼭짓점에 모인 면의 개수가 다르기 때문에
정다면체가 될 수 없는 거랍니다.

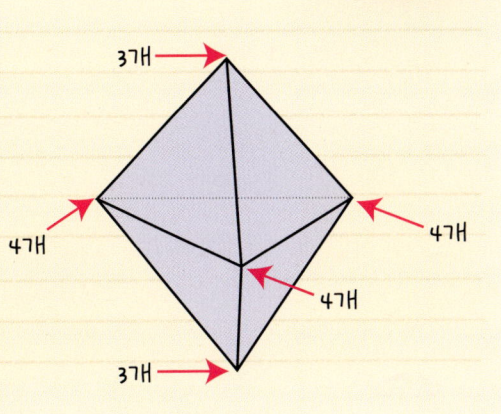

정사면체란? (5, 6학년 공통)

정사면체는 각각 면이 서로 합동인 정삼각형이고, 하나의 꼭짓점에 모이는 면의 수는 세 개인 다면체랍니다. 꼭짓점은 네 개이고 면의 수는 네 개, 모서리는 여섯 개랍니다.

정사면체 접기

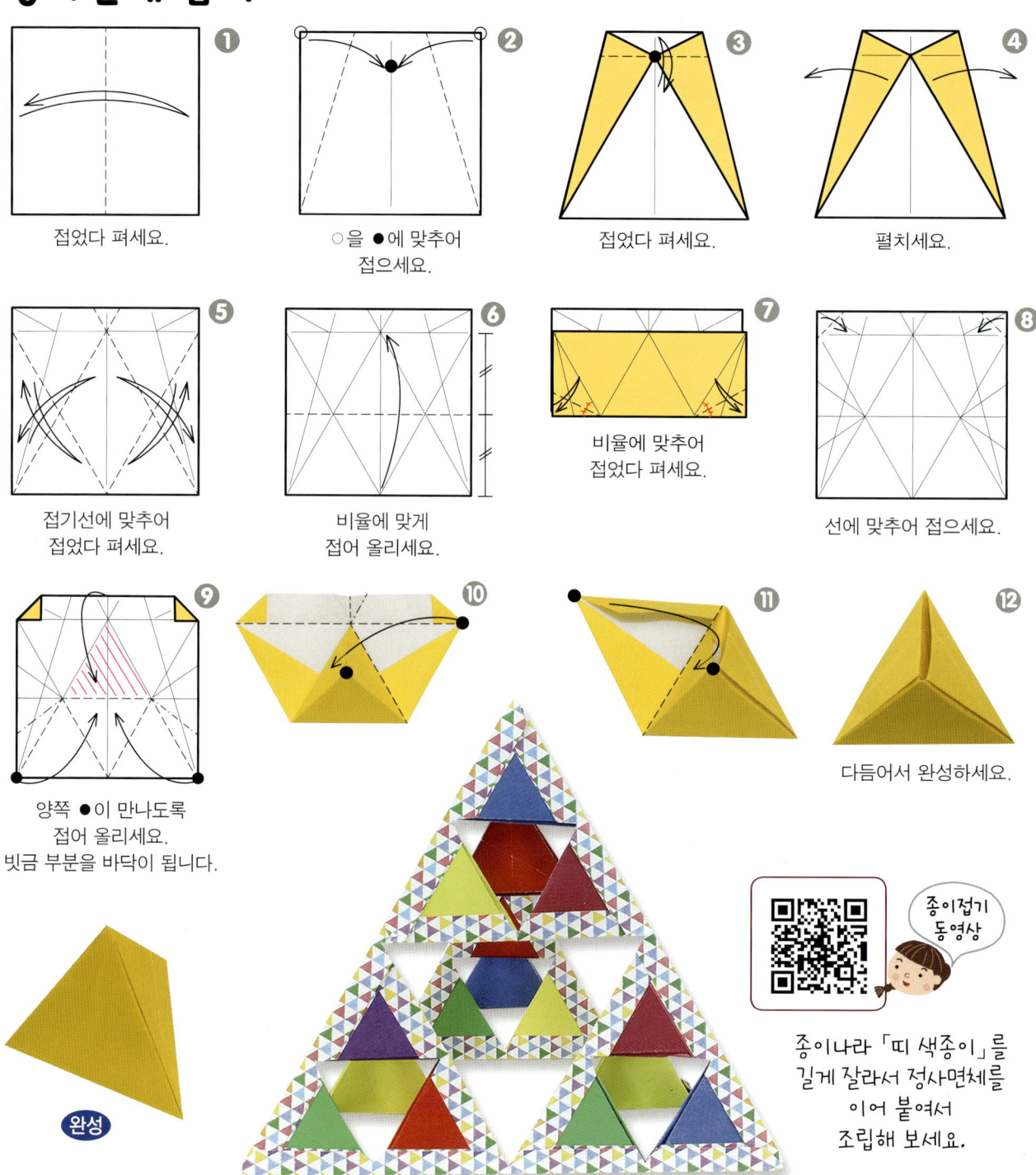

정육면체란? (5학년 1학기)

정육면체는 크기가 모두 같은 정사각형 여섯 개로 둘러싸인 도형입니다. 각 꼭짓점에 모이는 면의 수가 세 개인 다면체인데 다른 말로 정사각기둥이라고도 하기도 해요. 정육면체는 면의 수가 6개, 꼭짓점의 수가 8개, 모서리의 수가 12개예요. 정사각형은 직사각형이라고 할 수 있으므로 정육면체는 직육면체라고 할 수 있지요.

정육면체 접기 1

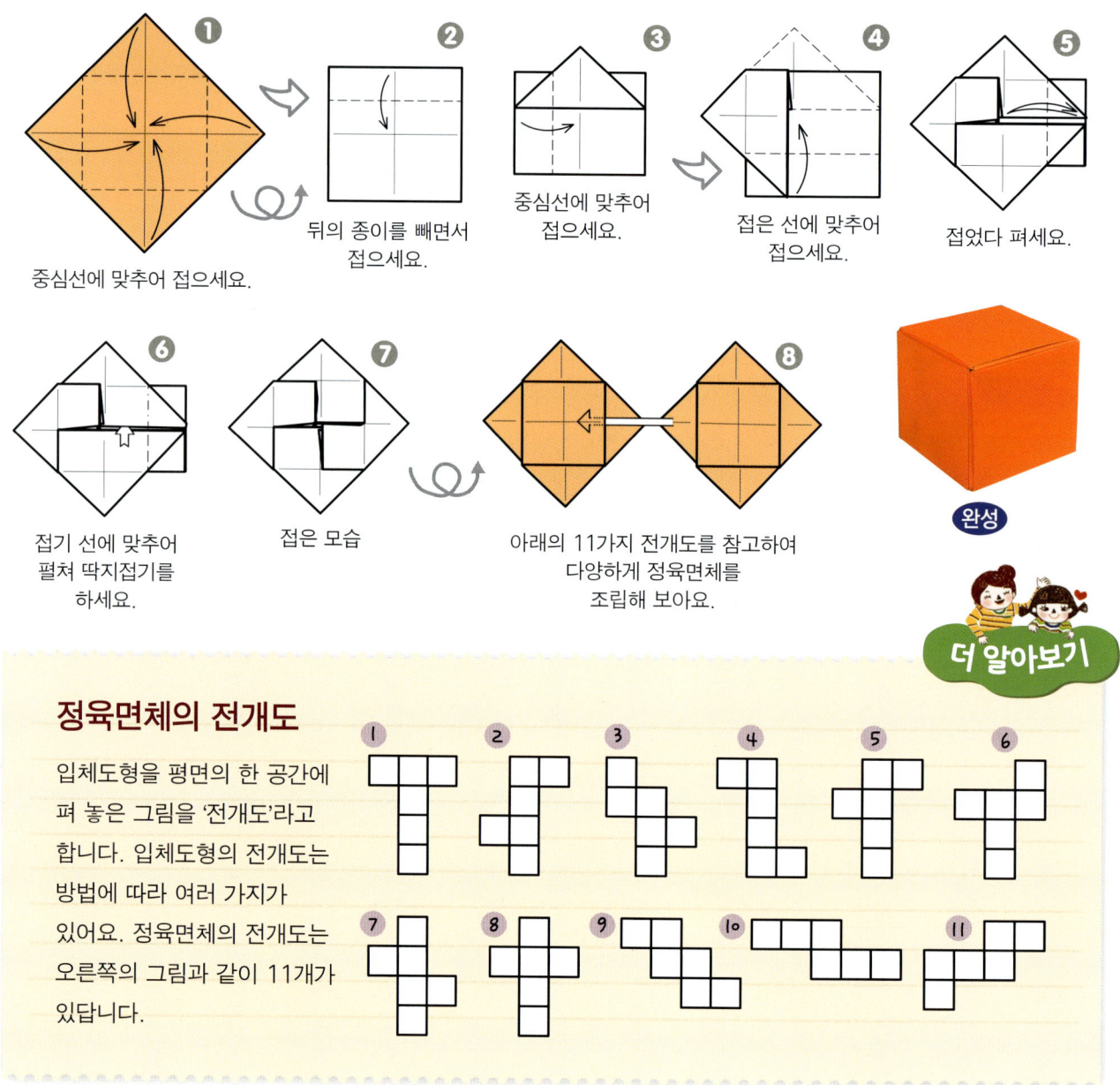

정육면체 접기 2

정육면체 접기 1의 ❼번에서 시작하세요.

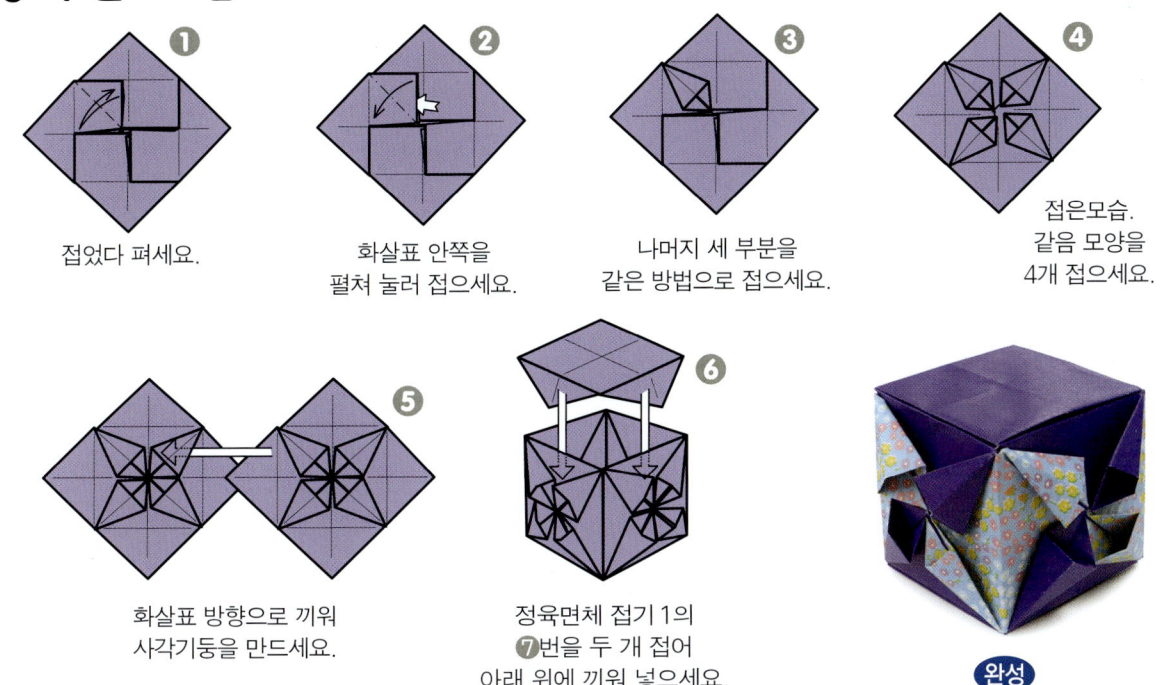

마을 꾸미기

124쪽 정육면체 만드는 과정에서 5개 만을 조립하여 지붕을 씌우면 집이 됩니다. 여러 개를 접은 후 마을을 꾸미거나 소꿉놀이 등 다양한 방법으로 활용해 보세요. 또 여러 개를 접어 위로 확장하거나 옆으로 연결하여 종이 건축물을 완성해 보세요.

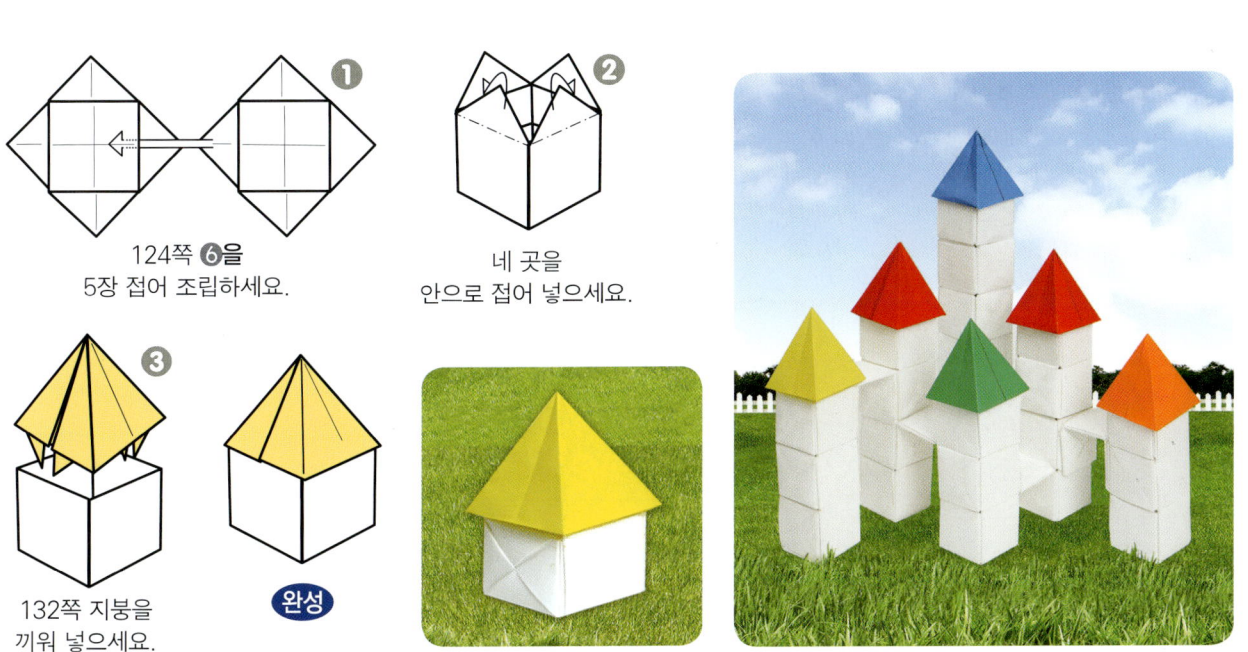

소마큐브 (2학년 1학기)

소마큐브란 크기가 같고 면이 서로 접하는 큐브 네 개 이하로 조합된 불규칙한 모양들(7가지)로 조금 더 커다란 정육면체를 비롯한 다양한 공간 구성을 할 수 있는 입체 퍼즐입니다. 덴마크의 수학자인 피에트 하인(Piet Hein)이 1936년 일정한 공간을 정육면체로 자를 수 있는지를 연구하여 만들었습니다. 상상력과 창의력을 발휘하여 정육면체를 조립해보아요.

한 장으로 접는 정육면체 기본이 되는 7개의 조각을 만들기 위하여 27개의 정육면체를 접습니다. 15㎝×15㎝로 접으면 2.5㎝×2.5㎝, 필요에 따라 5등분 도면으로 시작하면 3×3㎝로 완성됩니다.

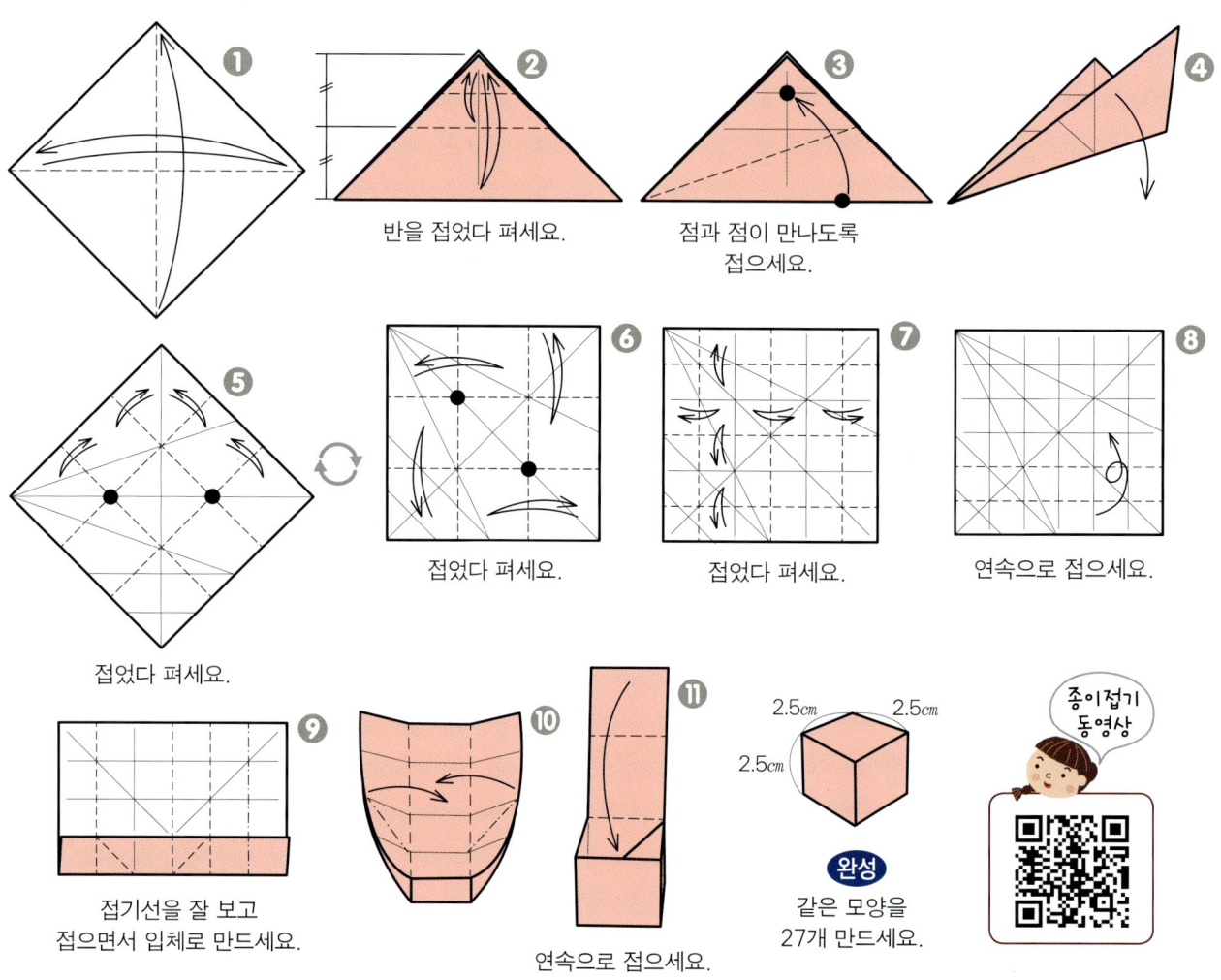

소마큐브 조각 만들기
126쪽의 정육면체를 27개 접은 후, A~G와 같은 모양으로 붙입니다.

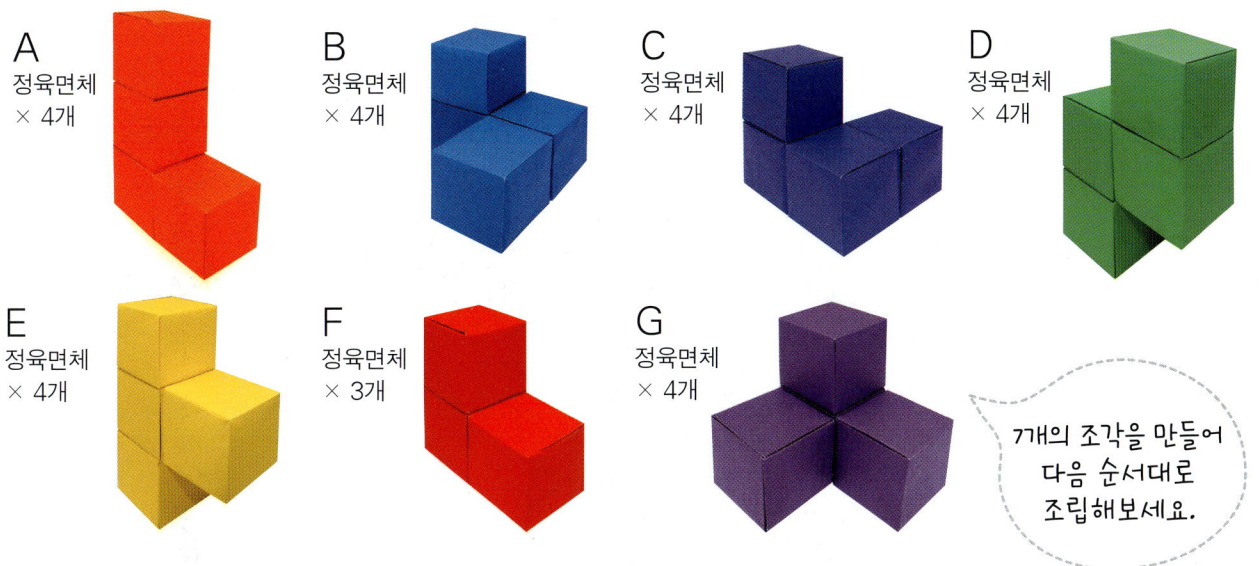

A 정육면체 × 4개
B 정육면체 × 4개
C 정육면체 × 4개
D 정육면체 × 4개
E 정육면체 × 4개
F 정육면체 × 3개
G 정육면체 × 4개

7개의 조각을 만들어 다음 순서대로 조립해보세요.

소마큐브 조각으로 정육면체 만들기
A에서 G까지 7가지로 완성된 소마큐브 조각으로 정육면체를 조립해 보세요.

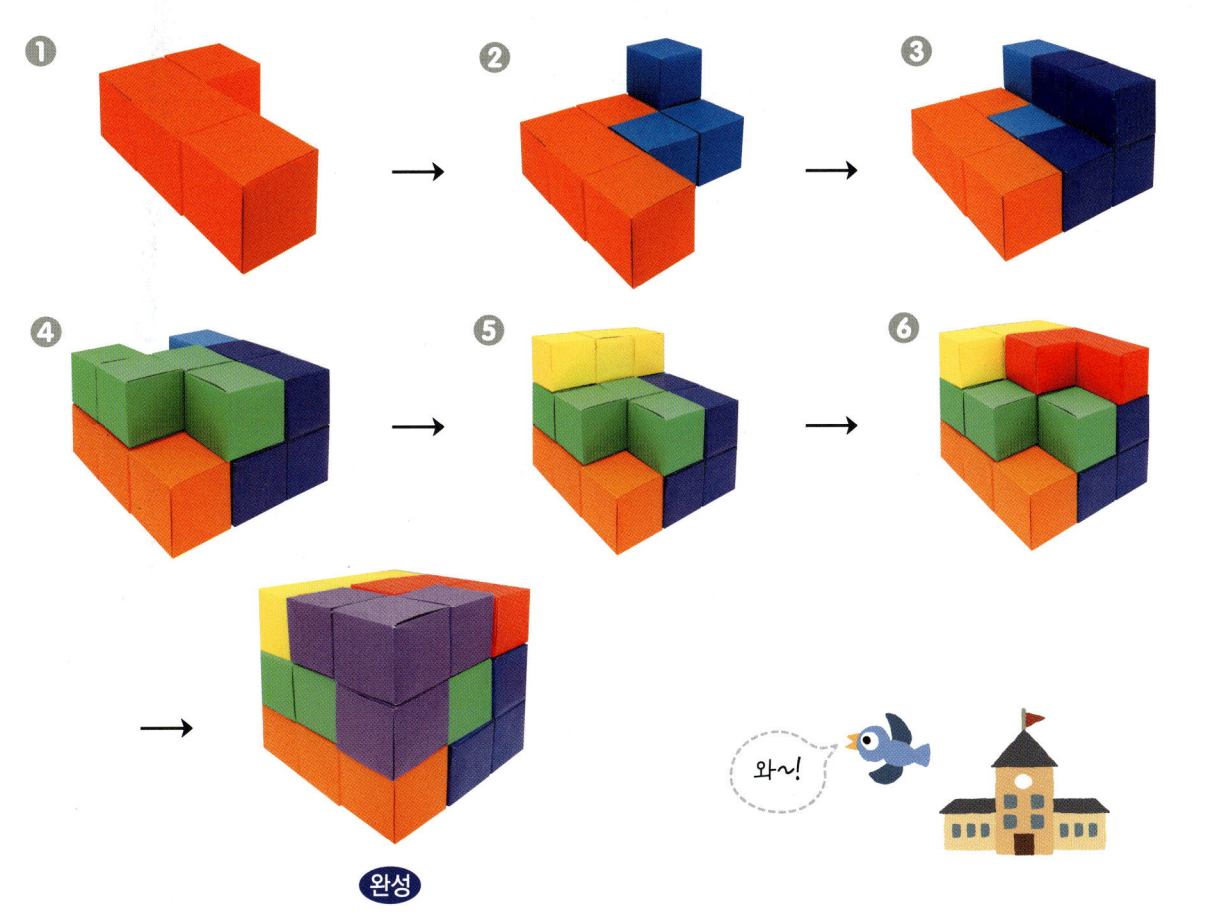

완성

와~!

직육면체 (5학년 1학기)

직사각형 여섯 개로 둘러싸인 도형입니다. 정육면체와 다른 점은 여섯 개의 면의 크기가 다 같지 않은 것이며, 같은 점은 여섯 개의 면과 열두 개의 모서리, 여덟 개의 꼭지각이 있다는 것입니다. 그리고 서로 마주 보는 3쌍의 면의 크기는 합동이고 평행입니다.

주위에서 흔히 볼 수 있는 선물 상자나 택배 상자 등을 펴 보세요. 124쪽에서 배운 정육면체의 전개도 중의 한 가지 방식으로 만들어져 있을 것입니다. 같은 크기의 면이 한 개씩 떨어져 있고, 상자로 만들 때 서로 만나는 선분의 길이는 같아야 합니다. 이러한 전개도의 특징만 잘 지켜준다면 정육면체와 마찬가지로 다양하게 전개도를 그릴 수 있답니다.

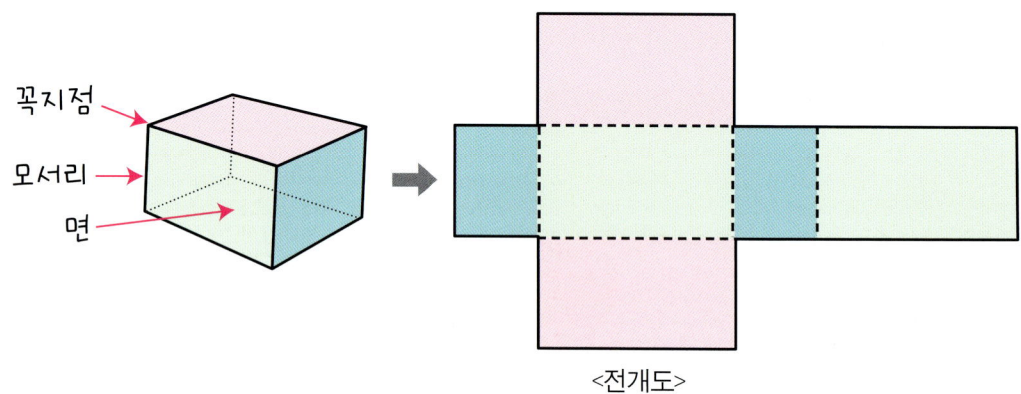

<전개도>

직육면체의 겉면의 넓이와 부피

직육면체에는 위의 <전개도>에서 보는 바와 같이 세 쌍의 면이 합동입니다. 이를 이용하여 겉넓이를 구할 수 있으며 또 108쪽 각기둥의 겉넓이 구하는 방법을 이용하면 됩니다.

부피는 직육면체가 공간에서 차지하는 크기로서 아래 공식으로 구하면 됩니다.

직육면체의 겉넓이 = 밑넓이 × 2 + 옆넓이

직육면체의 부피 = 밑면의 가로 × 밑면의 세로 × 높이

직육면체 접기 (반닫이)

우리나라 옛날부터 내려오는 반닫이 옷장의 모양을 하고 있는 직육면체입니다.
1장으로 접는 것은 조금 어렵지만 도전해 보아요. 완성 한 후에 면의 수, 모서리의 수, 꼭짓점의 수 등을 세어 보세요.

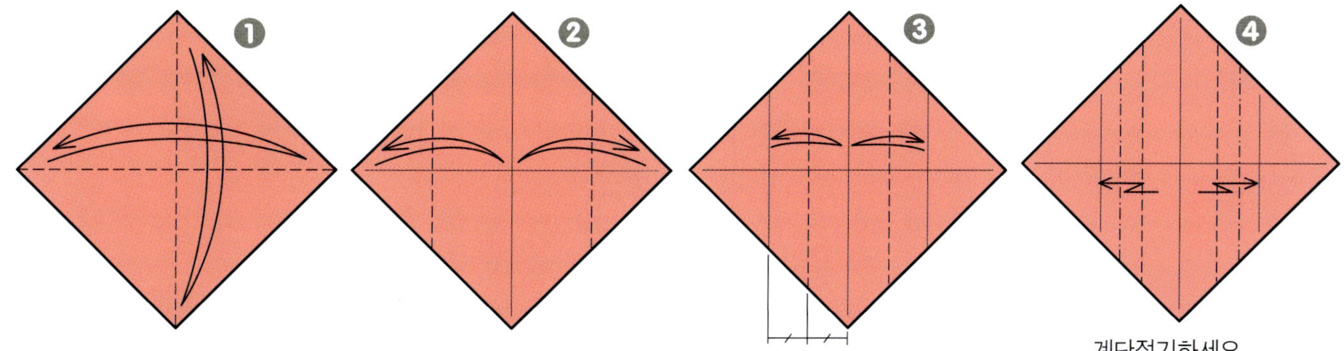

❶ 접었다 펴세요.

❷

❸

❹ 계단접기하세요.

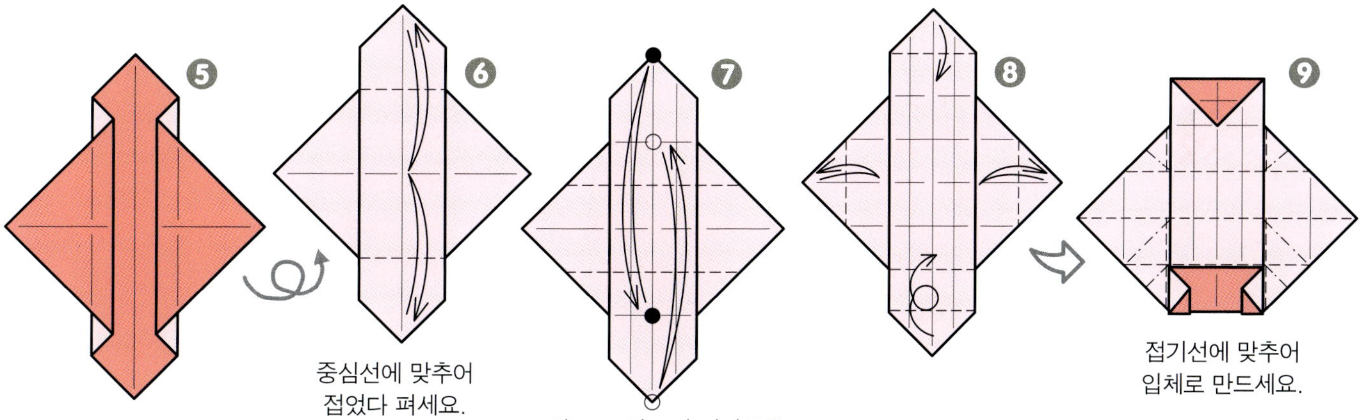

❺

❻ 중심선에 맞추어 접었다 펴세요.

❼ ●와 ●, ○와 ○가 만나도록 접었다 펴세요.

❽

❾ 접기선에 맞추어 입체로 만드세요.

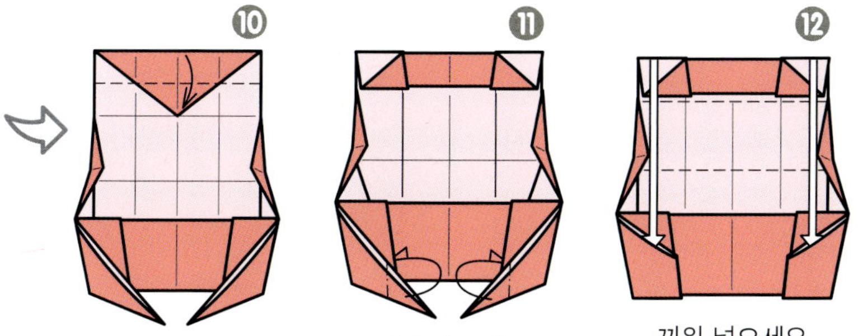

❿ 접기선에 맞추어 접었다 펴세요.

⓫ 끼워 넣으세요.

⓬ 끼워 넣으세요.

완성

종이 도시 만들기 1

종이 마을이나 건축물(구조물) 등을 조립하기 위한 기본 유닛을 접습니다.
같은 유닛으로 정다면체도 조립할 수 있습니다. 상상력에 따라 나만의 다면체, 건축물, 성(Castel)을 만들어 보세요. 여러 사람의 협동작품으로 더욱 좋습니다.

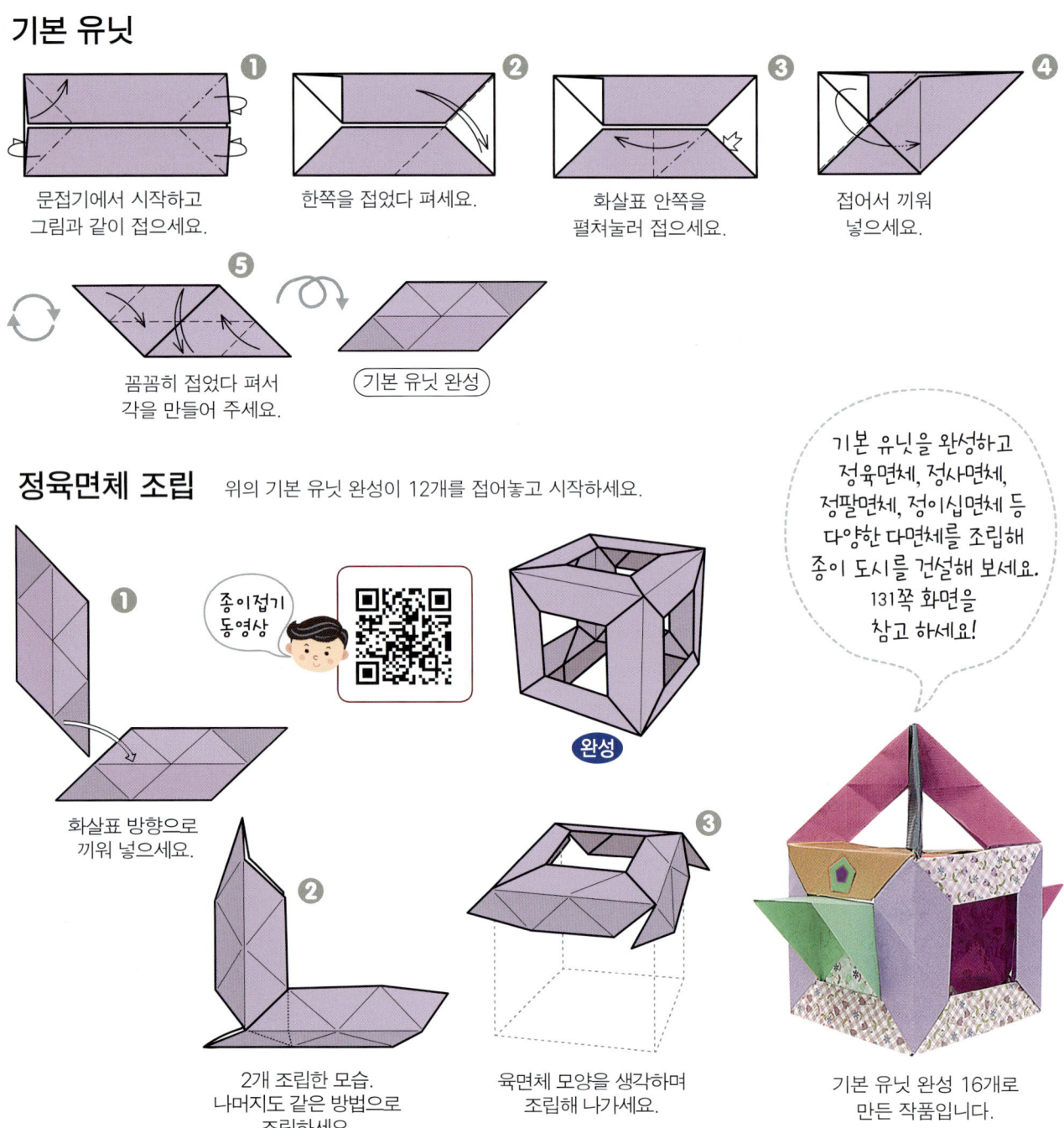

종이 도시 만들기 2 (성 : Castle)

서로 연결할 수 있는 정육면체 유닛(성벽, 종이접기 방법:124~125쪽)을 기본으로 성벽의 벽돌로 이용하였습니다.
다양한 모습을 여러 명이 협동작품으로 표현해도 좋습니다.

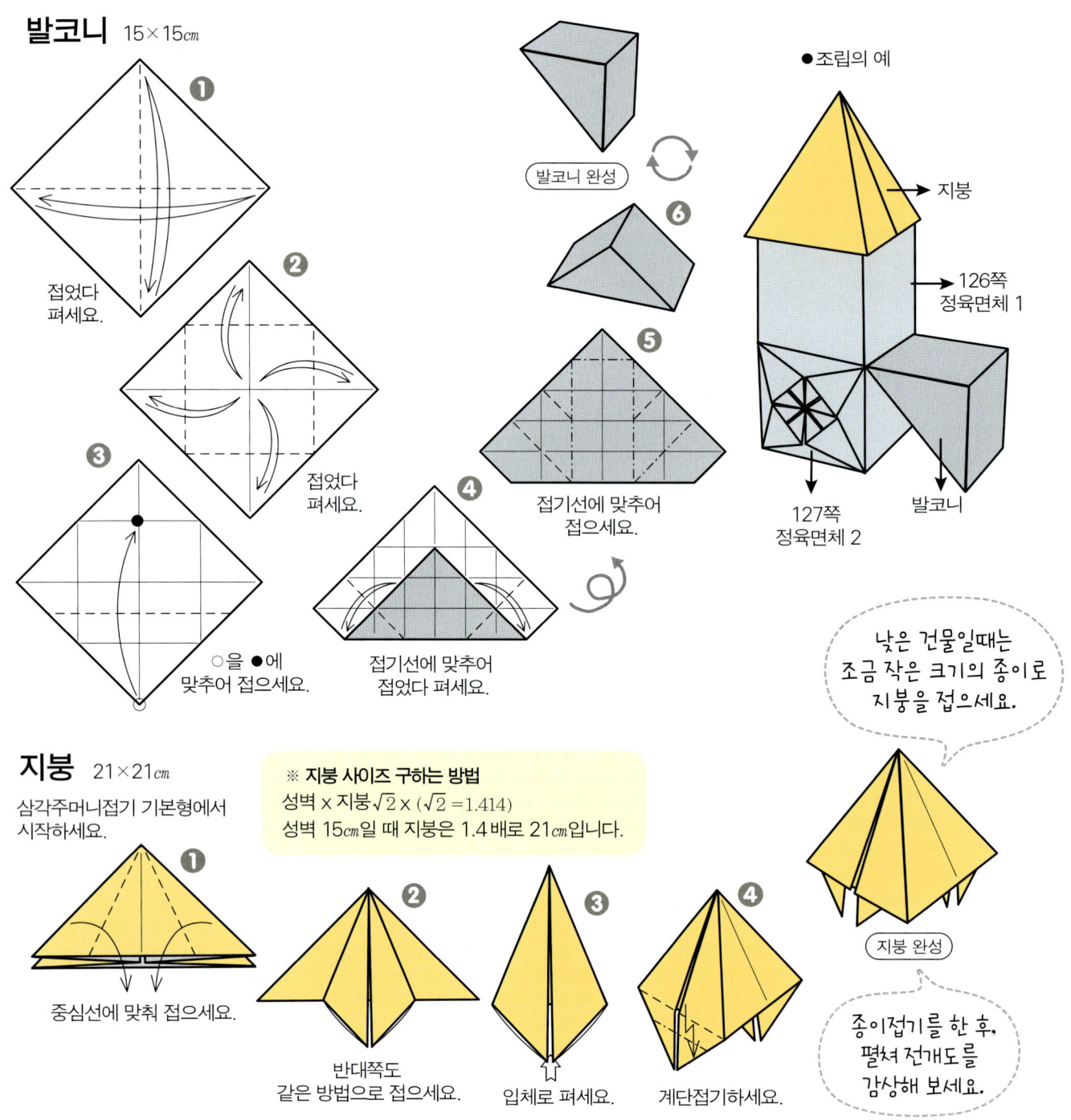

초   판 1쇄 발행 2012년 6월 22일
　　　　 9쇄 발행 2019년 1월 21일
개정증보판 1쇄 발행 2020년 2월   3일
　　　　 7쇄 발행 2022년 8월 22일

지은이 오영재 | **감수** 백석윤 | **펴낸이** 노영혜

기획 정규일 | **편집·디자인** 한연재, 안영준, 강우정, 박선경
작품제작 박선영, 김영미 | **제작·마케팅** 국현철, 최정일 | **인쇄** 세진인쇄

발행처 (주)종이나라 | **등록** 1990년 3월 27일 제1호 | **주소** 우)04606 서울시 중구 장충단로 166 종이나라빌딩 7층
전화 (02)2264-7667 | **팩스** (02)2264-0671 | **홈페이지** http://www.jongienara.co.kr

주문번호 CAD00318 | **ISBN** 978-89-7622-802-4 04690 | **정가** 15,000원

이 도서의 국립중앙도서관 출판예정도서목록(CIP)은 서지정보유통지원시스템 홈페이지(http://seoji.nl.go.kr)와
국가자료공동목록시스템(http://www.nl.go.kr/kolisnet)에서 이용하실 수 있습니다.

ⓒ 이 책의 저작권은 저자와 (주)종이나라에 있으므로 여기에 실린 내용의 무단 복제와 전재를 금하며
전산 장치에 저장·전파할 수 없습니다. 또한 이 책에 수록된 작품을 만들기 위해 재료를 구성하여 판매하는 행위는
저작권 및 부정경쟁방지법에 위반되므로 금합니다.

※ 잘못된 책은 바꾸어 드립니다.

자르세요.

자기주도학습 수학종이접기 어린이 2급☐, 1급☐

★ 심사작품 표시가 없는 부분의 접기도 익혀 보세요.　　　　　※ 신청하시는 급수 ☐에 체크 ✓ 해주세요.

수학 종이접기 어린이 2급

구분	월	일	학습 내용	확인
1			18p 「정사각형 접기 2」로 구성작품	
2			21p 「정사각형으로 알아보는 도형의 이동」 으로 규칙이 있는 무늬 완성하기	
3			36~37p 「직사각형의 활용」구성작품 만들기	
4			42~43p 「평행사변형으로 바람개비 접기」 완성하기	
5			46p 「사다리꼴 접기」스크랩하기	
6			57p 「직각이등변삼각형 접기를 이용한 왕관」완성하기	
7			58p 「정삼각형 오리기·접기」 스크랩하기	
8			59p 「정삼각형으로 코끼리 접기」완성하기	
9			78p 「정육각형 접기」로 메모꽂이나 장식용 벽걸이 완성하기	
10			90p 「원으로 해바라기 접기」완성하기	
★			필기검정	

수학 종이접기 어린이 1급

구분	월	일	학습 내용	확인
1			27p 「전통 문양접기·부채」완성하기	
2			29p 「펜토미노 조각 접기」로 30p 12가지 모양 펜토미노 완성하기	
3			43p 「평행사변형 접기 2 　　　모빌 접기」완성하기	
4			48~49p 「사각형 타일」완성하기	
5			59p 「정삼각형으로 팽이 접기」 만들기	
6			69p 「삼각자 세트 만들기」완성하기	
7			79p 「정육각형 문양 구성」완성하기	
8			92p 「원 속에 들어 있는 여러 가지 도형」스크랩하기	
9			101p 「점대칭도형 접기 1(태극문양)」 완성하기	
10			124p 「정육면체 접기 1」완성하기	
★			필기검정	

종이문화로 세계화를, 종이접기로 평화를!
재단법인 종이문화재단
KOREA PAPER CULTURE FOUNDATION
세계종이접기연합
WORLD JONGIE JUPGI ORGANIZATION

주소 : (04606) 서울시 중구 장충단로 166 종이나라빌딩 3층
　　　　3F Jongienara Bldg. 166 Jangchungdan-ro, Jong-gu, Seoul, Korea 04606
TEL : 02)2279-7900　　　FAX : 02)2279-8333
www.paperculture.or.kr　　www.jongiejupgi.com

수학종이접기 어린이 2급 ■, 1급 ■ 자격인정신청서
MATHEMATICAL JONGIE JUPGI Child 2nd, 1st GEUPSU AUTHORIZATION APPLICATION

신청자기재란 / Description part for applicants

신청인 성명 / Name	
생년월일 / Date of birth	나이 / Age
주소 / Address	우편번호 Zip Code (-)
학교 명 / Name of college/School	학교연락처 / Phone number
전화번호 / Phone number	자택 Home / 직장 Office
	이동전화 Cellphone
	E-mail
재단회원등록번호 / Registration Membership No.	회원구분 / Division — □ 학생 Students □ 일반 General □ 특활 Special □ 기타 Other
필기·실기·검정장소 / Examination site	□ 필기면제 Written test Exemption □ 실기면제 Practical test Exemption □ 기타 Other ( )

사진 Photo (3cm × 4cm)

주관지부·교육원기재란 / Branch·Education Center

명칭 / Name of Branch	
명칭 / Name of Branch Manager	
년등록회원번호 / Banch one year Registra Menbership No.	
연락처 / Phone number	(자택) Home / (핸드폰) Cellphone

지부·교육원이 없는 지역 / Except where Branch·Education Center

기관 명칭 / Organization Name	
지도양성자 성명 / Name of teacher	
지도양성자 년등록회원번호 / one year Registra Menbership No.	
연락처 / Phone number	(자택) Home / (핸드폰) Cellphone

「수학종이접기 어린이2급·어린이1급」자격검정을 받고자 소정의 서류를 갖추어 제출합니다.
I'm submitting all documents to take the assessment to be qualified for Mathematical JONGIE JUPGI Child 2nd, 1st Geupsu.

접수 확인 / Confirmation

년(Year)   월(Month)   일(Day)

신청자 성명 / Applicant's Name   (인) signature

종이문화로 세계화를, 종이접기로 평화를!
재단법인 **종이문화재단**
KOREA PAPER CULTURE FOUNDATION
세 계 종 이 접 기 연 합
WORLD JONGIE JUPGI ORGANIZATION

주소 : (04606) 서울시 중구 장충단로 166 종이나라빌딩 3층
3F Jongienara Bldg. 166 Jangchungdan-ro, Jong-gu, Seoul, Korea 04606
TEL : 02)2279-7900   FAX : 02)2279-8333
www.paperculture.or.kr   www.jongiejupgi.com

수학종이접기 어린이 [자기주도 학습] 자격 코스

수학종이접기 어린이 자격취득 자기주도 학습 코스는

- 「수학종이접기」 책을 구입하여 혼자서 공부하여 급수자격을 취득할 수 있는 제도입니다.
- 재단법인 종이문화재단(문화예술동아리) 어린이 회원(가입비무료)으로서 그 실력을 인정받은 어린이는 누구든지 「수학종이접기 어린이자격」을 취득할 수 있습니다.

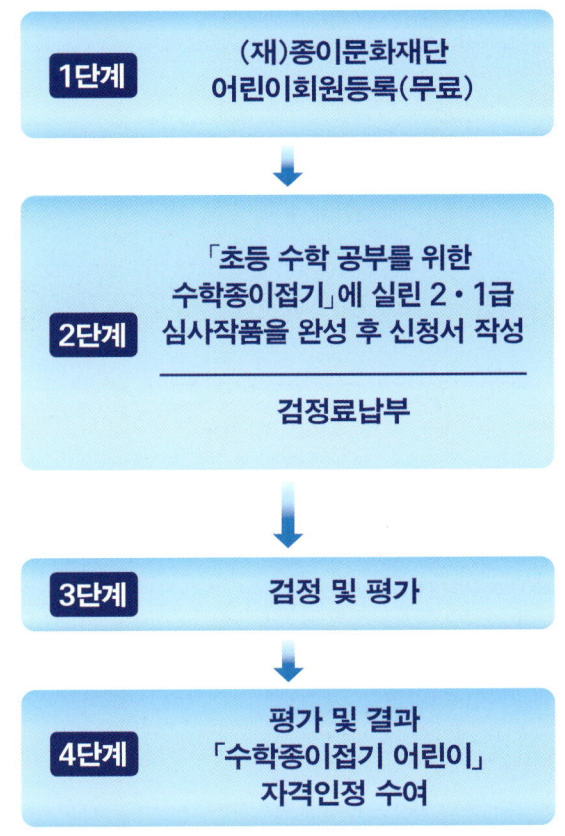

▶ 어린이(초등학생) : 「수학종이접기 어린이 2급·1급」 자격신청서 제출과 동시에 어린이 회원으로 자동 등록

▶ 「초등 수학 공부를 위한 수학종이접기」 교재의 심사작품 완성. (심사작품 아닌 부분의 접기도 스스로 익혀 보세요)
▶ 「수학종이접기 어린이」 자격 신청서 작성.
 (종이문화재단 종이문화교육원·지부, 재단 소속 선생님께 제출합니다. 지부가 없는 지역은 재단 본부 사무처에 제출하세요)
▶ 심사작품을 완성하여 신청서와 함께 검정료 20,000원을 납부

검정료 납부처 : 국민은행 491001-01-141963(종이문화재단)

▶ (재)종이문화재단 산하 한국종이문화산업평가원에서 정하는 종이문화재단 종이문화교육원·지부등에서 검정 및 평가

▶ 약 1개월 후 심사 결과 통보
▶ 합격한 어린이에게는 「수학종이접기 어린이」 자격인정서 수여

▶ 1. 「수학종이접기 어린이」 자격 신청서는 136쪽의 신청서를 사용하세요(복사불가).
▶ 2. 책에 나오는 심사작품을 모두 완성하여 종이문화재단 종이문화교육원·지부또는 재단 소속 선생님께 제출하세요. (교육원, 지부가 없는 지역은 재단 사무처로 우송)
▶ 3. 검정료는 완성한 심사작품과 신청서 제출과 함께 납부합니다.

(04606) 서울 중구 장충단로 166 종이나라빌딩 3층 종이문화재단 Tel 02)2279-7900 Fax 02)2279-8333
(종이문화재단) 홈페이지 (배움터) : www.paperculture.or.kr, www.jongiejupgi.com

종이문화로 세계화를, 종이접기로 평화를!
재단법인 **종이문화재단**
KOREA PAPER CULTURE FOUNDATION
세 계 종 이 접 기 연 합
WORLD JONGIE JUPGI ORGANIZATION

수학종이접기 지도자 자격 코스

자기주도 학습

「수학종이접기 지도사」 자격취득 자기주도 학습 코스는

- 수학종이접기 지도 전문가가 되기 위한 과정으로서 종이접기 지도자 · 취미생활 · 문화예술가 등으로 발전할 수 있는 제도입니다.
- 「수학종이접기 지도사」는 (재)종이문화재단이 공인하는 강사로서, 국내 뿐 아니라 해외에서도 수학을 활용한 종이접기 보급 활동과 지도를 담당할 수 있습니다. 자녀교육을 위해 혹은 교육기관, 복지시설, 문화센터 등에서 활동할 수 있습니다.

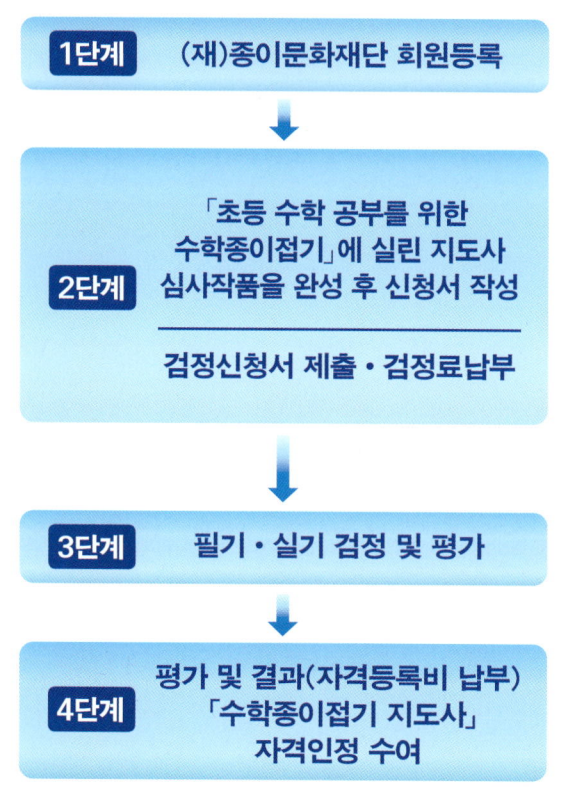

▶ 만 17세 이상이면 누구나 가능
▶ (재) 종이문화재단 전국 종이문화교육원 · 지부 또는 재단 사무처에서 상담
▶ 회원 등록 완료 : 재단 회원 등록비 30,000원,
　　　　　　　　대학생(학생증사본 제출) 20,000원 납부)

검정료 납부처 : 국민은행 491001-01-141963(종이문화재단)

▶ 「초등 수학 공부를 위한 수학종이접기」 **교재**의 심사작품 **완성**.(심사작품 아닌 부분의 접기도 스스로 익혀 보세요)
▶ 「수학종이접기 어린이」자격 **신청서 작성**.
▶ 작품 제출 때 검정료 80,000원 납부

▶ (재)종이문화재단 산하 한국종이문화산업평가원에서 정하는 **종이문화재단 종이문화교육원 · 지부등에서 검정 및 평가**

▶ 약 1개월 후 심사 결과 통보
▶ 「수학종이접기 지도사」자격 인정서 수여함.

▶ 1. 「수학종이접기 지도사」자격 신청서는 140쪽의 신청서를 사용하세요(**복사불가**).
▶ 2. 책에 나오는 심사작품을 모두 완성하여 종이문화재단 종이문화교육원 · 지부또는 재단 소속 선생님께 제출하세요. (교육원, 지부가 없는 지역은 재단 사무처로 우송)
▶ 3. 검정료는 완성한 심사작품과 신청서 **제출과 함께 납부**합니다.

(04606) 서울 중구 장충단로 166 종이나라빌딩 3층 종이문화재단 Tel 02)2279-7900 Fax 02)2279-8333
(종이문화재단) 홈페이지 (배움터) : www.paperculture.or.kr, www.jongiejupgi.com

종이문화로 세계화를, 종이접기로 평화를!

재단법인 종이문화재단
KOREA PAPER CULTURE FOUNDATION
세계종이접기연합
WORLD JONGIE JUPGI ORGANIZATION

자르세요.

자기주도학습 수학종이접기 지도사

★ 심사작품 표시가 없는 부분의 접기도 익혀 보세요.

구분	월	일	학습 내용	확인	구분	월	일	학습 내용	확인
1			21p 「정사각형으로 알아보는 도형의 이동」 (23p 작품 중 두 작품 선택)		11			76p 「대표적 황금비 도형 정오각형 접기」	
2			29p 「펜토미노 조각 접기」		12			80~81p 「정팔각형」접기와 오리기	
3			30p 「펜토미노 퍼즐 게임을 위한 12가지 조각 조립하기」 (8x8의 칸을 채운 사례 중 한 작품)		13			85p 「정육각형 자르기와 문양 구성」	
4			36p 「직사각형의 활용」(37p 작품 중 한 작품)		14			92p 「원 속에 들어있는 여러 가지 도형」	
5			48~49p 「사각형 타일」로 50쪽 문제 해결하기		15			102p 「점대칭도형 접기 2」	
6			57p 「직각이등변삼각형 접기를 이용한 왕관」		16			115p 「각뿔의 종류에 따라 완성할 수 있는 다면체」 중 정육면체	
7			58p 「정삼각형 오리기·접기」		17			124~125p 「정육면체 접기 1·2」 작품 완성	
8			64p 「무게중심을 만날 수 있는 여우접기」		18			127p 「정육면체 소마큐브 조각 만들기」 F, G	
9			69p 「삼각자 세트 만들기」		19			130p 「종이도시 만들기 1」 1층 건물 완성하기	
10			72p 「하트모양, 고깔모양 작품 2가지 완성·문제 해결하기」		20			★ 필기 검정	

종이문화로 세계화를, 종이접기로 평화를!
재단법인 종이문화재단
KOREA PAPER CULTURE FOUNDATION
세계 종이접기 연합
WORLD JONGIE JUPGI ORGANIZATION

주소 : (04606) 서울시 중구 장충단로 166 종이나라빌딩 3층
3F Jongienara Bldg. 166 Jangchungdan-ro, Jong-gu, Seoul, Korea 04606
TEL : 02)2279-7900   FAX : 02)2279-8333
www.paperculture.or.kr   www.jongiejupgi.com

수학종이접기 지도사 자격인정신청서
MATHEMATICAL JONGIE JUPGI INSTRACTOR AUTHORIZATION APPLICATION

신청자기재란 / Description part for applicants

신청인 성명 / Name				사 진 / Photo (3cm × 4cm)
생년월일 / Date of birth		나 이 / Age		
주 소 / Address	우편번호 Zip Code (　－　)			
학교 명 / Name of collage/School		학교연락처 / Phone number		
전화번호 / Phone number	자택 Home	이동전화 / Cellphone		
	직장 Office	E-mail		
재단회원등록번호 / Registration Membership No.		회원구분 / Division	☐ 학생 Students ☐ 일반 General ☐ 특활 Special ☐ 기타 Other	
필기 · 실기 · 검정장소 / Examination site	☐ 필기면제 Written test Exemption　☐ 실기면제 Practical test Exemption　☐ 기타 Other (　　　)			

주관지부·교육원기재란 / Branch · Education Center

명칭 / Name of Branch		지부·교육원이 없는 지역 Except where Branch · Education Center	기관 명칭 / Organization Name	
명칭 / Name of Branch Manager			지도양성자 성명 / Name of teacher	
년등록회원번호 / Banch one year Registra Menbership No.			지도양성자 년등록회원번호 / one year Registra Menbership No.	
연락처 / Phone number	(자 택) Home		연락처 / Phone number	(자 택) Home
	(핸드폰) Cellphone			(핸드폰) Cellphone

「수학종이접기 지도사」자격검정을 받고자 소정의 서류를 갖추어 제출합니다.
I'm submitting all documents to take the assessment to be qualified for Mathematical JONGIE JUPGI Instractor.

접수 확인 / Confirmation

년(Year)　　월(Month)　　일(Day)

신청자 성명 / Applicant's Name　　　(인) signature

주소 : (04606) 서울시 중구 장충단로 166 종이나라빌딩 3층
3F Jongienara Bldg. 166 Jangchungdan-ro, Jong-gu, Seoul, Korea 04606
TEL : 02)2279-7900　　FAX : 02)2279-8333
www.paperculture.or.kr　　www.jongiejupgi.com

종이문화로 세계화를, 종이접기로 평화를!
재단법인 종이문화재단 KOREA PAPER CULTURE FOUNDATION
세계종이접기연합 WORLD JONGIE JUPGI ORGANIZATION

자르세요.